航空装备系统数字化研发质量保证技术

赵 民　杨 超　编著

航 空 工 业 出 版 社

北 京

内 容 提 要

本书介绍了经典的研发质量观念和质量保证技术，基于 ISO/GJB 质量管理体系、PMI 项目管理体系、ISO/IEC/IEEE 系统生命周期流程体系（INCOSE 系统工程）中质量管理要求，论述了数字化研发环境下，面向组织的质量管理和面向产品的质量保证相关的工作项目和管理技术、方法，并展望了航空装备系统数字化研发质量保证技术的发展方向。

本书适合从事航空装备质量管理人员、数字化设计生产人员阅读参考，对于航空高等院校相关专业的师生也有一定参考价值。

图书在版编目（C I P）数据

航空装备系统数字化研发质量保证技术 / 赵民，杨超编著 . --北京：航空工业出版社，2023. 11

ISBN 978-7-5165-3134-1

Ⅰ. ①航… Ⅱ. ①赵… ②杨… Ⅲ. ①航空装备-研制 Ⅳ. ①E154

中国国家版本馆 CIP 数据核字（2023）第 005651 号

航空装备系统数字化研发质量保证技术
Hangkong Zhuangbei Xitong Shuzihua Yanfa Zhiliang Baozheng Jishu

---

航空工业出版社出版发行
（北京市朝阳区京顺路 5 号曙光大厦 C 座四层　100028）
发行部电话：010-85672666　010-85672683

北京天恒嘉业印刷有限公司印刷　　全国各地新华书店经售
2023 年 11 月第 1 版　　2023 年 11 月第 1 次印刷
开本：710×1000　1/16　　字数：288 千字
印张：17. 5　　定价：128. 00 元

编委会

主编： 赵　民　杨　超

参编： 傅　刚　李　华　蒋　成　冯　龙　杨云辉
塞益平　崔荣俊　梁昭磊　张立新　胡晓义
朱晓丹　陈裕兰　蒋代兵　宋雁翔

前　言

2014 年 12 月全军装备工作会议提出："要坚持质量至上，把质量问题摆在关系官兵生命、关系战争胜负的高度来认识，贯彻质量就是生命、质量就是胜算的理念"，高度阐释了装备质量的重要性，提出了装备质量工作的顶层要求。

面对"又好又快"的发展要求，先进航空装备系统研发普遍采用了全数字化基于模型定义技术，集成的数字分析与仿真验证，全数字化样机，数字化平台数据传递，动态产品数据管理，联合研制、并行工程等全新的精益研发模式，从以物理试验、文本传递数据、串行研发流程为主的传统研发模式，转向以虚拟仿真驱动设计、模型传递数据、设计制造高度并行为主的数字化研发模式。数字化环境提供了研发体系路径，但要实现真正的型号成功，必须建立数字化环境下有效的研发质量保证体系。

同时，面对航空装备系统研发质量保证要求，型号技术特点和研发模式对质量工作带来的挑战，不仅需要致力于最终交付的装备系统（产品）满足质量要求，"能用""管用""好用""耐用"（即结果），同时需要致力于研制工作能够保证装备系统满足质量要求（即过程），以及向顾客提供装备系统质量要求能够得到满足的信心（即能力）。

本书针对以上航空装备系统数字化研发要求，结合型号研发质量保证实践，开展了质量保证技术相关研究。

全书共 6 章。第 1 章是引言内容，渐次论述了系统、复杂系统、复杂系统研发等相关概念和含义，分析了航空装备系统研发的特点和要求，阐述了对"质量"定义的理解，介绍了质量管理的发展历史，明确了本书关注的系统层级，以及目的和适用性。

第 2 章介绍了经典的研发质量观念和质量保证技术，同时分析了几种质量管理成熟度评价模型，为航空装备系统研发质量保证技术研究奠定必要的基础。

第 3 章综合分析了 ISO/GJB 质量管理体系、 PMI 项目管理体系、 ISO/IEC/IEEE 系统生命周期流程体系（INCOSE 系统工程）等三个管理体系对产品/项目/型号质量管理的要求及相互间关系，提出综合三个管理体系的要求，提升质量保证能力。

第 4 章、第 5 章是本书的主体内容，综合上述三个管理体系要求，分别梳理了面向组织的质量管理和面向产品的质量保证，相关工作项目和管理技术、方法。

第 6 章展望了航空装备系统研发质量保证技术的发展，提出了下一步可以考虑的重点研究实践方向。

本书可供航空装备系统总体研发单位，以及子系统和部件（如机载成品、地面设备，甚至模块级、器件级产品）承制单位的质量管理专业人员和其他技术管理领域专业人员，一线设计、生产研发人员开展质量保证工作参考；也可供其他军、民用复杂系统研发单位的相关人员使用；还可作为质量工程、系统工程、航空航天工程、机械工程等专业大学高年级学生或研究生的补充读物。

本书编写过程中，参阅了相关著作、文献资料等，谨向原作者深表谢意。

由于时间仓促，加之编者知识、水平的局限，本书难免有欠妥甚至错误之处，恳请读者批评指正，使之不断完善。

作者
2023 年 3 月

目　录

第1章　引　言

1.1　系统研发

1.1.1　系统的定义

“系统”这一术语被政治、学术、商业、教育、工业、军事和技术等方面的许多机构所广泛应用，我们在日常交谈中也常常使用“系统”一词来描述大型的、复杂的“事物”或其联合体。每一个使用者可能在心目中都对这一术语有特定的理解，而且根据语境的不同，可能每一次使用“系统”一词，其含义也不尽相同。

国际系统工程协会（INCOSE）在《系统工程手册》（第4版）中，对“系统”的定义是“一组综合的元素、子系统或组件，以完成一个定义明确的目标。这些元素包括产品（硬件、软件和固件）、流程、人员、信息、技术、设施、服务和其他支持元素。”类似地，ISO/IEC/IEEE 15288：2015《系统和软件工程——系统生命周期流程》中，对“系统”的定义是“交互作用的元素组织起来的组合，以实现一个或多个特定的目的。”

美国MIL-HBK-338B《电子可靠性设计手册》使用了一种比较广义和更显义的定义：“可完成或支持某项使用任务或者包含这两者的设备、人员技能和技术的复合体，一个完整的系统包括在它工作和保养时所需要的所有设备、相关设施、器材软件、后勤保障人员和其他人员，其范围覆盖至在其预期工作环境中达到自足的程度。”这一定义引入了人员（包括寿命期间的系统使用者）及其技能作为系统的组成部分，也包括了应提供的设施和后勤保障，这些基本要素的全体常被概括为交付和使用系统的“能力”，许多行业应用这一术语，在本书后续章节中也会涉及。

1.1.2 系统的层级结构

一个系统的系统元素可能不再被进一步分解（事实上，通常并不是不能再被进一步分解，而是不会、不需再被进一步分解，这类系统元素常被通俗地称为“部件”），也可能会被进一步分解成次级系统元素（即该系统元素也是“系统”，一般称为“子系统”）。确定系统分解成子系统的细化程度的决策，取决于系统的复杂性和作为一个整体观察其功能与接口的能力。在某些阶段，可能有必要限定一个子系统，以便将其指派给外包商进一步分析和设计。

因而，如图 1-1 所示，一个系统可以看作子系统和部件的组合体。系统的主管者在研究系统这一层级时，更关注系统架构分解，可以不需要详细设计其下的子系统。然而，这些子系统的主管者却会把它们的子系统视为头等重要的系统（也就是 INCOSE《系统工程手册》中所称的 SOI，the system of interest，所感兴趣之系统），并可将它进一步分解成下一层级的子系统。

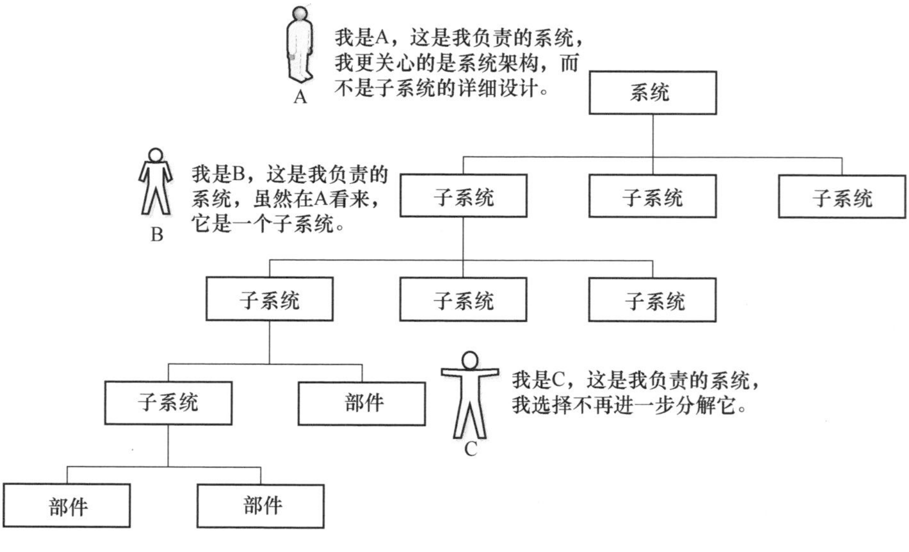

图 1-1　系统的层级结构示意图

系统的层级结构特点十分重要，它与系统研发中最重要的原则——“自上而下设计、自下而上综合”，或者说系统研发V流程（见图1-2）密切相关，这是大多数复杂系统所采取的基本研发模式。系统工程的任务是保证最终的产品组合符合从顶层提出的全部要求。自上而下设计，将顶层要求以可清晰追溯和可测试的形式向下流溯至最下层的产品。自下而上综合，向用户和监管机构证实产品遵循法规、标准和要求的完整性，以及产品对于用途的满足性。

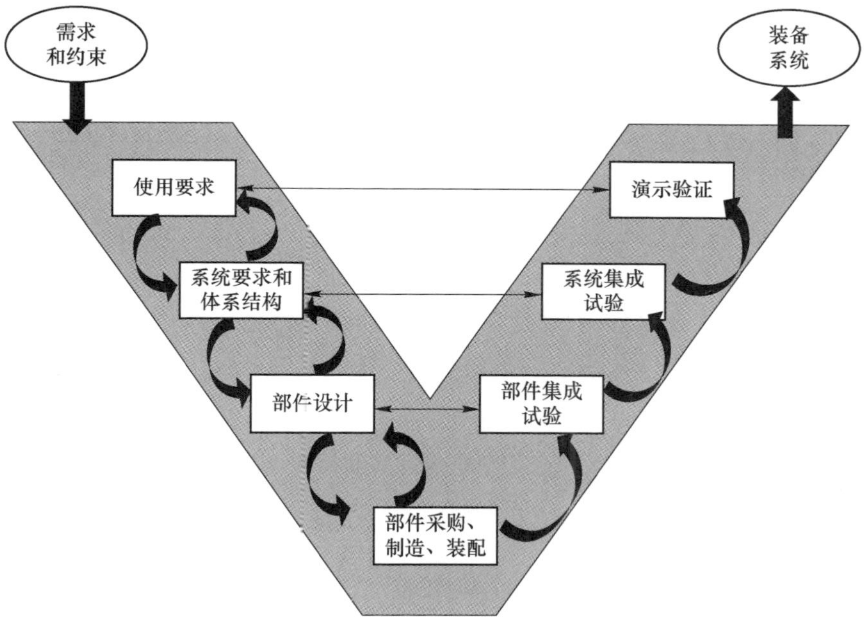

图1-2 系统研发V流程示意图

1.1.3 复杂系统

很难对复杂系统做出精确的量化定义。

根据INCOSE《系统工程手册》（第4版），“复杂的”（complex）基本上不同于“繁杂的”（complicated），在繁杂的系统中，多个部分之间的交互取决于固定关系，这允许对技术问题、时间问题和成本问题进行合理可靠的预测。在复杂系统中，各个部分之间的交互关系呈现出自组织，该自组织中的局部交互作用产生新型模式、非局部模式和涌现模式。也就是说，“复杂的”更侧重于行为，“繁杂的”更侧重于架构、过程。架构、过程繁杂的系统可能行为并不复杂，但繁杂系统在行为发生变化时往往变得复杂。行为复杂的系统的架构、过程不一定繁杂，由很少部分构成的系统有时也可能呈现出惊人的复杂性。本书所关注、探讨的航空装备系统，就是典型的复杂系统（也是一个繁杂的系统）。

本书侧重于从一些实际事例来描述和理解复杂系统。表 1-1 是从文献中收集到的对复杂系统或者复杂产品的典型特征定义和举例。

表 1-1　复杂系统/产品典型特征和举例

序号	典型特征	举例	代表文献
1	定制化，高成本，小批量，需要深度的知识和技艺，涉及多方，与客户、供应商交流频繁	空间扫地机器人系统	Magnaye, et al *arned readiness management for scheduling, monitoring and evaluating the development of complex product systems* Naghizadeh *Managing integration in complex product systems: The experience of the IR-150 aircraft design program*
2	定制化生产，小批量或一次性，高价值，高复杂性	电信系统、空中交通管制系统、飞机发动机、海上石油设备和武器系统	Dedehayir, et al *Disruptive innovations in Complex ProductSystems industries: A case study*
3	复杂的顾客需求，复杂的产品组成，复杂的产品技术，复杂的制造流程以及项目管理要求	航天飞机、飞机、专用汽车、复合机械设备等	Liu L P, et al *A quality control method for complex product selectiveassembly processes* Chen J, et al *Capability index of a complex-product machining process*
4	成本高，工程密集型，技术与管理复杂，小批量，零部件众多	飞机、战舰、卫星、重型机械等	Liu Y, et al *A hierarchical decision model to select quality control strategies for acomplex product*

表1-1(续)

序号	典型特征	举例	代表文献
5	结构复杂、技术先进程度高、研制投入成本高的大型技术设备	重型机械、船舶、飞机、机车、发电设备、大型锅炉、冶金机械、矿山机械、专用设备、大型武器和国防装备	芮菡苕《灰信息背景下的复杂装备可靠性增长 AMSAA 模型研究》
6	研制成本高、技术密集型、单件或小批量生产，用户定制，按照项目进行生产	用户定制化的大型产品、系统、服务和基础设施	Hansen, et al *Hotspots in complex product systems: emerging issues in innovation management* Hobday, et al *Innovation in complex products and system*
7	研制过程涉及大量零部件和人员	航空发动机	Sosa, et al *The misalignment of product architecture and organizational structure in complex product development*
8	由众多零部件构成的大规模系统	工业汽轮机	王路《复杂装备备件库存预测与控制方法及其应用研究》
9	结构规模庞大、零部件众多、加工工艺复杂、制造周期长、可靠性要求高，系统间交互关联、功能结构动态映射	复杂装备、液压机	龚勋《面向复杂装备的工况适应性设计理论，方法及其应用研究》
10	多学科知识集成、组织结构的跨企业性、项目性、用户定制性	飞行器	方志耕，等《基于 ACPI 系统的复杂装备研制过程关键管理优化与计算实验问题分析》

1.1.4 复杂系统研发

研发（R&D）即“研究”（research）和“开发”（development），“研究”包括基础研究和应用研究，“开发”是科学技术和知识的应用。研发活动往往是在前人的技术和经验基础上，创造出更先进的知识、技术，以及新产品，所以说研发工作本身是创造性的工作。

复杂系统研发不仅涉及技术、工程，还涉及组织、流程、制度等多类要素，并且在各个阶段相互交织，这使得复杂系统研发过程也呈现出复杂性。表 1-2 归纳了这种复杂性的几个表现形式。

表 1-2　复杂系统研发过程复杂性的表现形式

序号	复杂性	表现形式
1	系统复杂	复杂系统一般包括功能复杂的多个子系统，且子系统间存在复杂的相互依赖关系，子系统间的交互关系呈现出自组织，该自组织中的局部交互作用产生新型模式、非局部模式和涌现模式
2	技术复杂	复杂系统研发一般采用大量新技术、新方法，技术风险较大，研发具有不确定性，并影响到参研企业的组织模式、技术经验、运营模式、知识和人才储备等，因此企业研发管理也面临着多种不确定因素
3	需求复杂	复杂系统研发多属小批量定制化生产，客户化程度高，需要针对客户小批量需求，提供具体产品；同时研发周期普遍较长，在漫长的研制周期中，项目立项阶段所考虑的市场、经济、政治情况，以及竞争对手/假想敌产品水平、用户需求可能已经发生了很大改变，因此在复杂系统设计和研发管理过程中，需要充分考虑研制周期长带来的影响
4	设计复杂	设计过程需要在质量、安全性、经济性等多种约束间权衡，系统功能和结构的接口复杂
5	过程复杂	复杂系统研发过程一般要综合多种学科、多个工作领域、多方面的研发经验，运用多个复杂研发模型，而且新系统研发本身就是一种创造性活动，有许多未知的因素可能阻碍研发过程。复杂系统研发需要将具有不同工作经历、受教育水平、工作能力的相关人员系统地组织成一个跨行业、跨地域、跨建制的联合团队，并且遵循同一个目标，即在研发质量、成本、进度等严格的资源约束条件下完成既定的研发任务，参研单位之间协同关系复杂
6	管理复杂	复杂系统研发管理需要综合多学科、多领域的知识、技术、人才等资源，组织和控制研发活动，来创造新的产品，显然复杂系统研发管理过程也是具有创造性和综合性的，而且复杂系统研发过程不确定性因素大，制造商、供应商、客户参与方众多，利益关系复杂；采用新的项目组织方法或供应链结构也会带来更多的未知因素

1.2 装备质量的重要性

2014年12月全军装备工作会议提出：**“要坚持质量至上，把质量问题摆在关系官兵生命、关系战争胜负的高度来认识，贯彻质量就是生命、质量就是胜算的理念。”**工作会议将装备质量的重要性进行了高度的阐释，对装备质量工作提出了顶层的要求。

基于战争形态、战略对手、战场空间的深刻变化，装备质量的总体差距，越来越难以用战场上的勇敢和战法来弥补。高强度的现代战争中，在质量与数量之间首先要强调质量，许多战例显示，数量庞大的落后装备越来越难以对抗数量较少的高性能装备，质量是可投入规模的重要保证。装备满足用户需求，首先体现在通用质量特性和专用质量特性上，可用（可用性、战备完好性、运输性、部署性、兼容性等）；好用（保障性、测试性、生存性、互用性、安全性、环境适应性等）；耐用（可靠性、储存可靠性、维修性、抢修性等）；管用（系统效能、功能、性能、作战适用性等）；顶用（任务成功性、固有能力、体系对敌优势、远程化、信息化、智能化等）。

当然，也不应片面强调装备的质量而忽视数量。首先，高强度对抗常常意味着高损耗，无论多先进的装备都必须有一定的数量才能持续作战。其次，面对装备水平很差的对手，使用能够满足作战需要的装备即可，高性能装备反而导致效费比下降。再次，装备体系由多种型号构成的基本特征，决定了装备整体规模必然存在一个足以维持体系架构的最小数量。所以，装备满足用户需求，还体现在“快速形成战斗力”（研发效率等）、“买得起、用得起”（可生产性、经济承受性、效费比等），以及装备规模、装备体系规模和装备体系中重要型号数量（经济承受性、生产效率等）。

1.3 航空装备系统数字化研发的特点和要求

1.3.1 “又好又快”的航空装备发展要求

2014年12月全军装备工作会议上强调，**“把装备建设搞得更好一些、更快一些。”** 这带给我们更深层的启示是：装备发展的两大核心因素——好与快，质量与数量，要统筹兼顾。同步提升装备研发的质量和效率，这是决定装备能力的两个重要因素。

航空装备是现代战争装备体系中的重要组成部分。典型的航空装备系统具有技术风险高、投资强度大、参研单位多、影响范围广及协作配套关系复杂等特点。同时，先进航空装备系统提高研发效率的需求极为强劲，研发过程多技术状态并存，设计、制造、试验高度并行协同，面临着技术和管理上巨大的挑战和风险，因此研究航空装备系统数字化研发质量保证技术是系统解决研发质量和效率矛盾的重要支撑。

1.3.2 主辅机协同研发特点的要求

先进航空装备系统一般包含数百万计的零部件，有数百项的机载成品等配套，需要众多的供应商共同参与，协作配套关系复杂。同时，飞机和配套新成品研制程序存在着复杂的输入输出关系和研制节点的条件关系，这些都充分表明，配套研制进度和质量对飞机整机研制节点实现和实物质量保证有着至关重要的影响。

因而，航空装备型号总体设计单位（总质量师单位）除了做好本单位的总体设计质量管理之外，还要做好型号级的质量管理组织建设，系统开展质量工作和要求的策划，规范型号研制全线全过程的质量控制、监督、审查和评价，推进型号质量保证能力提升，这是确保质量受控的重要手段。

而现代先进航空装备系统配套产品普遍数量较多，由于技术提升需求大，新成品比例居高不下；类别较多，分属众多不同的系统，由不同性质、体制单位承制，承制单位之间往往还存在复杂的配套关系；层次较多，重要度不一，特点多样；承制单位在研发水平、质量保证能力上参差不齐，精细化管理难度极大。

1.3.3 数字化研发的要求

在军、民用航空领域，数字化研发技术和手段已成为企业实现战略转型升级的必然选择，已发展为提升复杂航空装备系统研发效率和研发质量的利器。

先进航空装备系统研发普遍采用了全数字化 MBD（model based definition，基于模型定义）技术，集成的数字分析与仿真验证，全数字化样机，数字化平台数据传递，动态产品数据管理，联合研制、并行工程等全新的精益研发模式，从以物理试验验证、文本传递数据、串行研发流程为主的传统研发模式，转向了以虚拟仿真驱动设计、模型传递数据、设计制造高度并行为主的数字化研发模式。

数字化环境提供了研发体系路径，但要实现真正的成功，必须建立数字化环境下有效的研发质量管理体系。没有数字化环境下有效的质量管理，就不可能有数字化研发的真正成功。

数字化环境下，型号总体设计单位（总质量师单位）需要规范跨研制全线的数字化研发质量流程，明确产品数字化定义、数据协同与质量管理标准，以三维数字样机作为系统间协同、设计与制造协同的共享环境，实现设计和制造信息全数字量传递，取代传统的模拟量传递和协调方式，为虚拟仿真和并行工程的实施提供条件。构建统一流程与标准的数字化研发质量管理模式，保证全机成品接口、技术状态、数据传递的完整、准确和规范，最大程度消除配套成品的研发质量短板。提高设计缜密性、试验充分性，提升装备系统研制质量，降低研制成本，缩短研制周期，提升航空装备系统的总体质量水平和研发效能，这是数字化研发对质量管理带来的新要求。

1.4 质量的定义和理解

“质量”绝非现代工业中的新名词，但人们会根据自己在产品价值链上所扮演的不同角色，而采用不同的标准来认识“质量”。不同的人、不同的立场、不同的组织（或地域）文化都可能产生对“质量”不同的认识。此外，“质量”的含义随着质量专业的发展和成熟也在不断地演变。

1.4.1 关于质量的观点

要想全面理解质量在一个组织的不同部分中所起的作用，就必须认真理解关于质量的各种观点。

1.4.1.1 基于评判的观点

关于质量的一种普遍认识，是将之理解为优异、卓越或超凡（显著高于或超出通常的水平）的同义词。这种认识常为消费者所采用，它不可能被精确定义——你看到时就会认出来。它常常与产品的特征、特性的比较，以及“品牌”的差别有着某种关联。市场营销中，通过宣传质量来形成消费者心目中的一个印象因素。

1.4.1.2 基于产品的观点

另一种观点主张质量是某个特定、可测量的变量的一种表现，质量的差异反映的是某些产品属性在量上的差异，如汽车是四驱还是两驱、发动机是六缸还是四缸。

这种观点通常隐含的认识是：产品特性的较高水平或较多数量对应的就是较高质量，因而可能带来的错误理解是价格越高，质量越好。同时，对于产品特性的评价也会因人而异。

1.4.1.3 基于用户的观点

这一种观点建立在“质量是由顾客的要求来决定的”这一认识的基础

上，将“质量”定义为相对于预期用途的适用性。人们有不同的需要，因而就有着不同的质量标准。例如，对于汽车，有的人想要的是适用于城市通勤的车辆，有的人想要的是适用于户外越野的车辆，那么在他们心目中的“高质量”汽车就是不同的标准，最终的选择也将会不同。

1.4.1.4　基于价值的观点

这一种观点以价值（指有用性或满意度与价格之间的关系）为基础，优质的产品意味着与竞争产品具有同样的有用性而售价更低，或者在同样价格下提供了更大的有用性或满意度。基于价值的质量观体现了在产品特性（质量在顾客方面的体现）与内在效率（质量在生产方面的体现）之间取得平衡的企业目标。

1.4.1.5　基于生产的观点

对质量的第五种认识是以生产为基础的，它将质量定义为制造活动的产出符合规范（specifications，产品或服务的设计师所确定的目标和公差）。

“符合规范”是非常重要的质量定义，因为它提供了一种衡量质量的手段。然而，如果规范不能真正反映出顾客需要或需求，它就是无意义的——这体现了设计质量的重要性（见图1-3）。

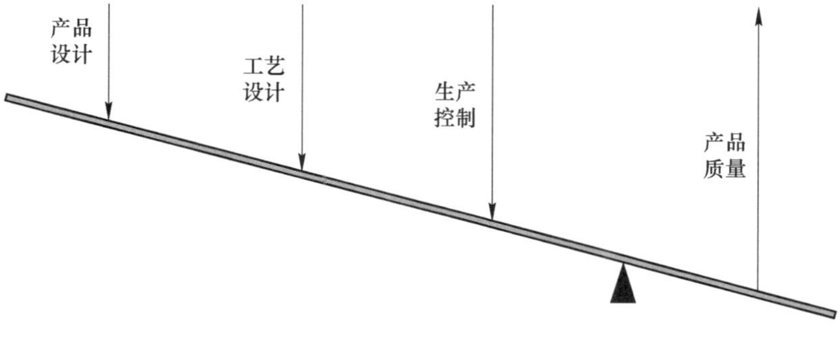

图1-3　设计质量重要性示意图

1.4.1.6 对各种质量观的综合分析

产品质量对于价值链上的所有人员而言都是重要的，但如何看待质量却取决于每个人在价值链上所处的位置，我们可以通过图 1-4 来大致理解。

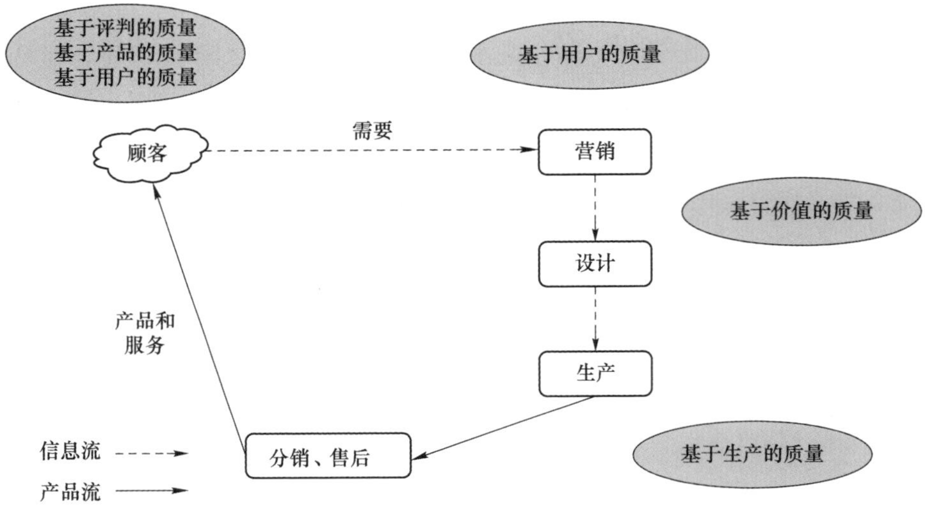

图 1-4　价值链中的各种质量观

1.4.2 对 ISO 9000 中质量定义的理解

ISO 9000（GB/T 19000）《质量管理体系基础与术语》中对“质量”概念做了定义，这也是运用最广泛的质量定义。

实际上，ISO 9000 对“质量”的定义也是发展的。1986 年版标准中对“质量”的定义是：产品或服务满足明确或隐含需要能力的特征或特性的总和；1994 年版定义是：反映实体满足明确或隐含需要能力的特性的总和；2000 年版定义是：一组固有特性满足要求的程度；2008 年版定义是：一组固有特性满足要求的程度；2015 年版定义是：客体的一组固有特性满足要求的程度。

可以发现，2000 年之后，ISO 9000 标准对“质量”的定义已基本稳定，其核心理念是“满足要求”，这与“适目的性”（fitness for purpose）质量概念更为接近。

以下针对最新版（2015 年版）ISO 9000（GB/T 19000）对“质量”的定义（“客体的一组固有特性满足要求的程度”）进行分析。

1.4.2.1　客体

ISO 9000 对“客体”的定义是：“可感知或可想象到的任何事物”，如产品、服务、过程、人员、组织、体系、资源，可能是物质的、非物质的或想象的。

理解“客体”的定义，带给我们的一个启示是：过程、流程也是“客体”，过程、流程也有质量，而且过程质量、流程质量很大程度决定着产品质量。

1.4.2.2　固有特性

ISO 9000 对“特性”的定义是：“可区分的特征”。特性可以是固有的或赋予的，可以是定性的或定量的，有各种类别，如物理的、感官的、行为的、时间的、人因工效的、功能的。ISO 9000 对“固有”的解释是：“固有”（其对应的是“赋予”）是指存在于客体中，意味着本身就存在的，尤其是那种永久的特性。特别地，“质量特性”的定义是“与要求有关的、客体的固有特性”。

理解“固有特性”的定义，带给我们的一个启示是：客体，如产品，可以认为是一系列固有特性的组合表现。而产品研发相关工作都是与固有特性相关的：产品设计是特性的规范、产品生产是特性的实现、产品试验是特性的验证、产品交付是特性的应用、产品保障是特性的延续、产品管理是特性的管理。这些工作的目的都是使“产品固有特性满足要求”，也就是保证产品质量，所以都可以称为“质量工作”。取得的质量成绩是属于产品研制线上每一个人的，当然，每一个人也都有其相应的质量责任。这也可以帮助我们理解 ISO 9001：2015 中“全员积极参与”这一质量管理原则的意义。

1.4.2.3 满足要求

ISO 9000 对“要求”的定义是：“明示的、通常隐含的或必须履行的需求或期望”，“通常隐含”是指组织和相关方的惯例或一般做法，所考虑的需求或期望是不言而喻的。

这里的“要求”更多的是顾客要求。ISO 9000 对“顾客”的定义是：“能够或实际接受为其提供的，或按其要求提供的产品或服务的个人或组织”，例如，消费者、委托人、最终使用者、零售商、内部过程的产品或服务的接收（受）人、受益者和采购方。顾客可以是组织内部的，也可以是组织外部的。

理解“要求”的定义，带给我们的一个启示是：“满足”是相对于一定的“要求”来说的，撇开“要求”谈“满足”与否、谈“质量”高低是没有意义的。“要求”可以理解为“标准”，质量也是有标准的，不同的标准会带来不同的质量评价。

1.4.3 航空装备系统质量

综上理解，可以简单地说，质量就是“满足需求的程度”，包括产品质量和服务质量。

装备系统质量标准就是战斗力要求、用户满意。所以，航空装备系统质量可以理解为：航空装备系统解决方案满足战斗力要求的符合程度和用户满意程度。

质量是在设计、验证、制造、检验、验证、确认、使用、维护等过程中形成的，每一处过程中的“偏差”都会影响“满足需求的程度”，也就是影响质量，例如：

（1）用户需要（needs）到装备系统需求（requirements）的偏差——需求捕获的完整性、正确性；

（2）装备系统需求到设计需求的偏差——需求的逐级分析、分配，需求确认的完整性；

（3）设计对设计需求满足的偏差——设计过程质量保证；

（4）制造对设计的偏差——实物与设计相符，试制、生产过程质量保证；

（5）试验、试飞环境对使用环境的偏差——需求验证的覆盖性、正确性、有效性；

（6）交付和使用维护中对顾客满意的偏差——保障性设计，售后服务保障。

1.5 质量管理的发展历史

人类社会的质量管理活动可以追溯到远古时期，而现代意义上的质量管理是工业文明的产物，伴随着人类社会的经济、技术和文化等客观环境的变化而不断演化和发展。研究质量管理的发展历史可以帮助我们思考：为什么要这样管质量。

1.5.1 远古时期的质量活动

人类自古以来就面临着各种质量问题。捕杀猛兽时，手持的木棒是否结实耐用，是最切身的质量体验；神农尝百草，是最原始的食品安全管理；挥任“弓正”，教大家弯条成弓、削竹为矢、制皮为弦，其中涉及了原材料质量检验；奚仲造车，“方圜曲直，皆中规矩准绳”，已近于现代生产工序质量控制思想。这些从自身的生理和安全需要出发，在实践中逐渐积累，并代代相传的质量知识构成了人类社会最早的质量保证体系。

而且，此时的质量保证已开始与某种形式的度量与检测活动（类似于现在的“计量”和“检验”）联系在一起。黄帝“治五气、设五量、抚万民、度四方”，其中的“五量”，就是五种计量标准。大禹治水，“左准绳、右规矩、载四时”，用“准”取平、用“绳”取直、用“规”画圆、用“矩”画方、用“四时”定方向，可见这些度量工具和方法在当时已经为人所熟练掌握。

甚至，这些“计量”和“检验”工具成为了强烈的文化符号。传说中的华夏民族人文先始——伏羲、女娲，在画像中的最常见形象（见图 1-5）是女娲执“规”、伏羲握“矩”。在华夏文明中，规、矩已成为了秩序、规则的象征。古埃及著名的纸莎草绘画——《阿尼的死亡之书：称量心脏》（见图 1-6）中，逝者的心脏被死神放在天平一侧，与正义女神的一根羽毛比重。其“检验”标准是，如果心脏轻于羽毛，则说明亡者生前正义、纯洁，可享永生；否则，心脏会被怪物吞噬，亡者不能进入来世。天平作为一个重要的文化符号，在古埃及文明中代表了审判、公平。

图 1-5　伏羲、女娲画像

图 1-6　古埃及纸莎草绘画《阿尼的死亡之书：称量心脏》

1.5.2 农耕和手工艺时代的质量保证

随着人类社会发展出部落、村庄，逐渐产生了分工，出现了集市，人们开始相互交换产品（主要是天然产品或天然产品的制成品），但是此时产品制造者往往直接面对最终使用者，产品的质量可以通过人的感官判断以及面对面相互的沟通来确定。

社会进一步发展，尤其是交通便利性提升，催生了商业的出现，产品制造者和最终使用者不再直接接触，而是通过商人来进行交换和交易。产品制造者也从个人，逐渐演变出了“工场”（一般解释为“有若干助手或艺徒投入力量制造由师傅署名的产品的场所”，注意，不是“工厂”）。同时，人们对天然产品的加工深度、产品结构复杂性与无形附加性不断提升，已无法完全通过感官确定产品质量。取而代之的是产生了质量担保，并从口头形式的质量担保逐渐演变为质量担保书。同时，质量规范（产品规格）的概念出现了，可以使彼此相隔遥远的产品制造者、经销商、使用者之间使用统一的质量判断标准，来有效沟通质量信息。在这一过程中，逐渐产生了“标准化”的体系，并形成了“品牌”的意识。紧接着，相应的质量检验方法和测量手段也相继产生，构成了农耕和手工业时期的质量技术体系。

在这一漫长的历史时期，主要的质量保证手段首先是政府质量监管。在《礼记》中就有关于市场监管的记载：“布帛精粗不中数、幅广狭不中量，不粥于市。…… 五谷不时，果实未熟，不粥于市。木不中伐，不粥于市。禽兽鱼鳖不中杀，不粥于市。”这其中，度量衡和质量标准的统一为政府质量监管建立了基础。最著名的就是秦始皇统一六国后，“一法度衡石丈尺，车同轨，书同文”。

这时期，还出现了至今仍在使用的质量追溯制度——“留名制”，“物勒工名，以考其诚，工有不当，必行其罪，以究其情”。图 1-7 是一块南京古城墙用砖，上刻“窑匠黄五、人夫福东海、总甲李仁甫、小甲黄克绍、甲首郑用和”，类似于今天的技术责任制审签：“设计、校对、审核、审定、批准”。尤其对于兵器制造，其“留名制”及相应的质量责任规定则更为严格。清代《洴澼百金方》中有这样的记载：“用兵之日，一器不精，即戕一卒之命，必须造器之时，即镌官匠姓名，送营试验。不堪，坐名鞭贯，临敌误事，必斩以徇。治军器，用军法，理或宜然。”

图 1-7　南京古城墙用砖刻字

“标准化”也在这一时期出现。《考工记》是春秋战国时期记述官营手工业六大类 30 个工种的设计规范和制造工艺的文献，可以认为是先秦官营手工业的标准化操作指导书。例如，文中规定了斧、斤等手工业生产工具制造工艺：“五分其金，而锡居一，谓之斧斤之齐”，齐，剂也，即合金中铜和锡的比例须为 5∶1。文中提出的“天有时、地有气、材有美、工有巧，合此四者，然后可以为良”，是较为系统的造物观，也可以认为是我国较早的对于“质量”的定义。

除了政府质量监管之外，手工艺人通常扮演着产品制造者和检验员的双重角色。虽然这种质量保证可能是“非正式”的，但却是最为可贵的质量保证自发动力。他们对于自己的手艺有着高度的自豪感和自信心，并凭借着娴熟的技艺、个人质量信誉，以及店铺质量文化，竭尽全力来确保产品的质量，塑造质量品牌。

1.5.3 两次工业革命时期的质量检验

18世纪60年代开始的第一次工业革命，使人类社会进入“蒸汽时代”。随着工业生产中机器生产逐渐取代手工操作，一种新型的生产组织形式——工厂诞生，逐渐取代了手工工场。恩格斯（Friedrich Engels）曾在《论权威》中说过，大工厂是以“进门者放弃一切自治”为特征的，也有人将这句话翻译成“一进入工厂大门，就请放弃一切自由”。大工业生产及其管理强调服从管理权威，这种管理权威往往反映为各种规章制度，通过工人遵守规章制度，使其个人意志纳入集体意志。其中的“规章制度”包括设计、工艺、制造等各类标准化规范 这也是保证产品质量的重要手段。

另外，在手工业时代，手工艺人通常扮演着产品制造者和检验员的双重角色。而在第一次工业革命后的工厂，出现“工长”和“工人”的分工，初期一般由工长来执行产品检验的职责。自此，检验职责与制造职责分离（但岗位并没有完全分离），成为了产品质量的最直接保证。产品制造质量保证，进入了“检验质量管理”时代。

至19世纪中期，大机器生产下的资本积累和对殖民地的商品输出与掠夺，使资本主义经济得到进一步发展。同时，自然科学取得突破性进展，并迅速转化为技术，电力成为补充和取代蒸汽动力的新能源。电力工业和电气制造业迅速发展，人类跨入了“电气时代”，也揭开了第二次工业革命的序幕。

第二次工业革命使资本主义生产社会化趋势加强、企业间竞争加剧，这也促使着企业改变低劣、粗暴的管理方式，充分发掘工人的劳动力潜力，以满足市场对产品不断增长的需求。

为了适应当时的大批量机器生产模式，被誉为“科学管理之父”的美国人泰勒（Frederick Winslow Taylor）形成了一套工厂管理的科学方法，即“泰勒制”，有这样几个要点：（1）研究工人操作的时间和动作构成，制定标准操作方法和时间定额；（2）实行差别计件工资制；（3）按标准操作方法对工人进行训练；（4）明确划分管理职能和作业职能，管理工作专业化。泰勒制以提高作业效率、降低生产成本为目的，促使工厂生产管理从经验管理迈入了科学管理，“一方面是资产阶级剥削的最巧妙的残酷手段，另一方面是一系列最丰富的科学成就”（列宁语）。

“泰勒制”中非常重要的一条是划分管理职能和作业职能，这使得工厂内出现了管理人员与工人的分工。随着企业生产规模扩大和产品复杂程度提高，以及产品技术标准、公差制度日趋完善，检验工具和检验技术也随之发展，大多数企业开始设置专门的检验部门，检验工作由工长改由专职检验员来做，从生产工作中完全分离出来。

检验职能的分离和独立，在当时起到了提高工作效率的作用。但是也存在明显的不足：首先，“泰勒制”的核心是将工作细分为特定的任务并全力关注提高效率，质量保证的任务简单地交给了检验人员，使得工厂不得不雇用大量检验员，增加了人力资源成本，而且也增加了检验员的工作压力。其次，检验是在产品产出后进行的事后把关，检验人员发现不合格品，要么报废、要么返修，（当然也有可能让步接收），这就产生了由于不关注事前的过程质量控制而导致的质量成本。也就是说，工厂可以通过检验“挑出不合格品”，保证出厂产品质量是合格的，但是代价高昂。再次，限于统计技术的缺失，当时采用简单粗暴的全数检验方式，成本高（尤其是对于大批量产品），另外对于需要破坏性检验的项目，则很难权衡和执行，如军火的检验（不可能为了检验性能，出厂前把所有炮弹都炸一遍），而且这一点随着世界大战的到来而愈加突出。

1.5.4 两次世界大战期间的统计质量控制

18 世纪、19 世纪的检验质量管理存在两个突出弊端，一是事后控制，二是全数检验。这两个问题在 20 世纪得到改善，其基础是现代统计学的理论发展和在质量管理中的应用。

20 世纪 20 年代，美国贝尔实验室成立了两个研究小组：一个是以休哈特（Walter A. Shewhart）为首的工序控制组；另一个是以道奇（H. F. Dodge）为首的产品控制组。

1924年，休哈特提出了控制和预防缺陷的概念，并创造了“控制图”（control chart），用于解决事后把关不足的问题。1931年，休哈特出版了《工业产品质量的经济控制》，这是第一本正式出版的现代质量管理科学专著。1939年，休哈特又完成了《质量控制中的统计方法》一书，并陆续发表了大量文章，逐渐形成了统计质量控制（statistical quality control，SQC）技术。与此同时，道奇和罗米格（H. G. Romig）提出了抽样检验的概念与方法，并设计了可以运用的“抽样检验表”，用于解决全数检验不足的问题。这样一来，他们便把数理统计技术引入到了质量管理中，解决了检验质量管理存在的两个突出问题（事后控制和全数检验），使质量管理进入了一个新的阶段——统计质量控制阶段。休哈特也被誉为“统计质量控制之父”。

统计质量控制的理论认为，质量管理不仅要做事后检验，还要在发现有不合格的先兆时就进行分析改进，从而预防不合格品的产生。控制图就是运用数理统计原理进行这种预防的工具。

控制图之所以能进行这种预防，主要原理是它可以区分由异常原因引起的异常波动，或是由过程固有的随机原因引起的偶然波动。偶然波动一般在预计的界限内随机重复，是一种正常波动；而异常波动则表明需要对其影响因素加以判别、调查，并使之处于受控状态。控制图（基本形式见图1-8）的最常用法是针对某一项过程/产品质量特性值，首先选择一组稳定合格样本，以其平均值（μ）作为控制图的中心线，向上、下量三倍标准差（3σ）得到控制上、下限。当过程稳定或受控时，绝大多数过程特性值均服从或近似服从正态分布，根据正态分布的性质，特性观测值落在偏离中心3σ以外的概率只有0.27%。所以，我们将生产线上这一过程/产品质量特性的实测值标在上述控制图上，如果有实测值落在控制界限之外，我们则有理由认为此时的过程存在异常波动。例如，某一生产条件发生了异常变化，必须对过程采取措施，加强管理，使过程恢复正常。实际上，除了实测值落在控制界限之外，还有几种情况也表明存在异常，例如，连续9个观测值落在中心线同一侧、连续6个观测值递增或递减等。控制图的出现是质量管理从单纯事后检验转入检验加预防的标志。

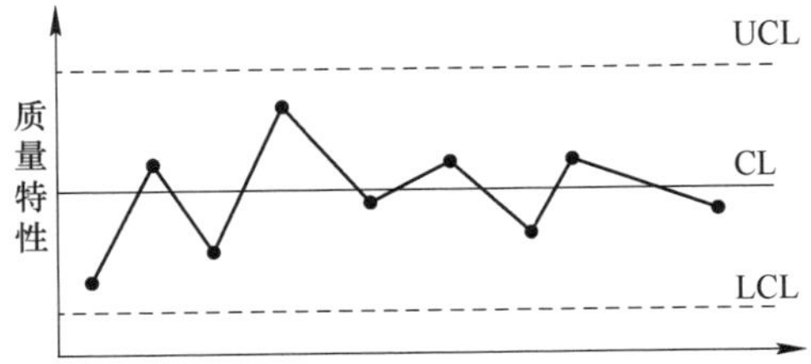

图 1-8　控制图的基本形式

第二次世界大战爆发后，统计质量管理得到了广泛应用。美国军政部门组织一批专家和工程技术人员，于 1941—1942 年间先后制定并公布了 Z1. 1《质量管理指南》、Z1. 2《数据分析用控制图》和 Z1. 3《生产过程中质量管理控制图法》等质量管理办法，强制生产武器弹药的厂商实行，收到了显著效果。战后，美国许多企业扩大了生产规模，除军工企业继续推行统计质量管理方法之外，许多民用工业也采用了这一方法。美国以外的许多国家，也都陆续推行了统计质量管理，并取得了成效。

但是，统计质量控制也存在着缺陷，它过分强调质量控制的统计方法，使人们误认为质量管理就是统计方法，是统计专家的事。而且，在计算机和数理统计软件应用还不广泛的情况下，统计学也使很多人感到难度太大，甚至高不可攀。同时，它定义的质量控制和管理工作只局限于制造和检验部门，忽视了产品设计和售后服务等其他部门的工作对质量的影响。这样，就不能充分发挥产品线上各个部门和员工的积极性，制约了统计质量控制方法的推广和运用。这些问题的解决，又会将质量管理推进到一个新的阶段。

1. 5. 5　战后的全面质量管理

1. 5. 5. 1　“全面”的质量管理理论兴起

20 世纪四五十年代以来，以原子能、电子计算机、空间技术和生物工程等领域的技术突破和应用为主要标志的第三次科技革命（也称“第三次工业革命”），产生了如人造地球卫星、航天飞船、原子弹、第三代战斗机、电子计算机等一大批新型精密、复杂的军民用产品。人们对产品质量的要求越来越高，同时对高质量的需求也从单纯的产品制造质量扩展到产品设计、制造、服务和售后等的全面质量，此时仅仅依赖质量检验和在生产环节运用统计方法已越来越难以保证和提高产品质量，而是要求把企业全员、产品全寿命等作为有机整体加以综合分析研究。同时，20世纪30年代开始形成、50年代得到发展的行为科学管理理论，主张把人的因素作为管理的首要因素，重视人在管理中的作用，强调人的感情和社会因素，注重参与式管理和职工的自我管理，也对质量管理理论产生了影响，促使了一种“全面”的质量管理理论的逐步形成。

1.5.5.2 戴明的故事：从SQC到TQM

从统计质量控制到全面质量管理，有一位过渡性人物要提及，他就是美国的威廉·爱德华兹·戴明（William Edwards Deming）。

1927年，戴明求学期间认识了休哈特，对其提出的统计质量控制理论非常认同，毕业后在美国农业部和人口统计局工作期间，一直致力于统计质量控制理论在美国军民用工业、农业、政府管理等多领域的运用。但是战时的美国，除了军工行业被强制推行统计质量控制以外，其他民用企业对枯燥的统计学并没有很大的兴趣。这也使得戴明意识到，仅是依靠标准或是运用统计方法来进行质量控制是不够的，必须取得企业高层重视，建立全面的质量管理机制。

1950年，日本科学技术联盟（JUSE）邀请戴明赴日本讲授统计质量控制，戴明吸取了在美国推广统计质量控制的经验教训，在教授统计学的同时，更强调了质量管理的理念及重要性，他指出：“高质量可以降低成本，如果能争取一次把事情做好，不造成浪费，就可以降低成本。”同时，“大多数的质量问题是管理者的责任，不是工人的责任，因为整个愚蠢的生产程序是由管理者制定的。”戴明的质量管理哲学令日本人如获至宝，在随后的30年间，戴明在日本各地举办质量管理培训讲座，传授他的管理思想。据估计，日本每5个企业中的最高领导人就有4人曾听过他的讲座。1951年，JUSE设立了“戴明奖”，用以奖励在质量管理方面取得重大成就的企业，成为了日本的国家质量奖。戴明的质量管理讲座也使日本全国掀起了“质量兴国”热，产生了石川馨、田口玄一等质量管理专家，创造了“老七种工具”“新七种工具”等一系列质量管理方法和技术，质量工程学开始形成并得到巨大发展。

戴明在日本早期讲座时曾预言，“只要运用统计分析，建立质量管理机制，5年后日本的产品就可以超过美国。”果然不出其所料，1955年日本的产品质量总体水平超过了美国，到20世纪七八十年代，不仅在产品质量上，而且在经济总量上，日本工业都对美国工业构成了巨大的挑战。

从一组数据可以看出此时期美国制造和日本制造的产品（尤其是民用产品）在质量上的差异已经十分明显。惠普公司在1980年对三家美国公司和三家日本公司所制造的30万个16KB的RAM芯片进行了测试，结果发现日本产芯片的故障率近乎0‰，而美国产品则为11‰~19‰，而且在使用1000h后，美国产芯片的故障率上升到原来的27倍。随着政府安全法规、产品召回以及产品责任诉讼的迅速增加，以及高质量的进口产品在市场上的出现，美国消费者的购买决策变得更加慎重，质量越来越成为企业生存的关键。

转折开始于1980年。电视制作人梅森女士制作了电视纪录片《日本行，为什么我们不行？》（*If Japan Can, Why Can't We?*），并由美国广播公司（NBC）在全美播出，引起轰动。这部纪录片赞扬了日本的制造业质量，而采访主角却是美国人戴明。一夜之间，戴明在美国家喻户晓，美国终于重新发现了戴明，把戴明的质量管理理论请回了美国。而后的整个80年代，美国掀起了一场“质量革命”。例如，施乐公司从1983年开始发起了“质量领先”活动，经过5年的持续改进，公司每百台机器的缺陷率降低了78%，计划外维修降低了40%，制造成本降低了20%，产品开发时间降低了60%，总体产品质量改进了93%，服务响应时间缩短了27%，公司收回了曾经失去的大部分市场。随着企业和行业开始重视质量，政府也认识到质量对于国家经济健康的重要作用。1987年美国设立了波多里奇国家质量奖，成为促进美国企业界质量意识提升的最具影响的手段。

1.5.5.3 “全面质量管理”体系的提出和发展

随着企业管理者开始将质量原则整合到他们的管理系统中，“全面质量管理”（total quality management，TQM）这一概念逐渐流行开来。事实上，1961年美国的费根堡姆（Armand Vallin Feigenbaum）在其著作《全面质量管理》中就提出了“全面质量管理”这一概念，并将其定义为“为了能够在最经济的水平上，并考虑到充分满足顾客要求的条件下，进行市场研究、设计、生产和服务，把企业内部各部门的研制质量、维持质量和提高质量的活动构成为一体的一种有效的体系”，其内涵包括三个方面：（1）全面的质量。不限于产品质量，还包括服务质量和工作质量在内的广义质量。（2）全过程。不限于生产过程，而且包括市场调研、产品开发设计、生产技术准备、制造、检验、销售、售后服务等质量环节的全过程。（3）全员参加。不限于领导和管理干部，而是全体工作人员都要参加，人人有责。

同为美国人的朱兰（Joseph M. Juran）提出的“质量三部曲（质量计划—质量控制—质量改进）”程序、戴明提出的“戴明十四条（领导职责的十四条）”原则、克劳士比（Philip Crosby）提出的“零缺陷”“质量免费”理念等，进一步丰富和优化了“全面质量管理”理论体系。

伴随着全球化制造和企业间合作的增多，全面质量管理的思想与方法逐步被世界各国所接受和运用，也改变了组织关于顾客、人力资源、生产和服务过程的看法。众多的企业高层管理者都认识到，所有重要的经营活动——如组织的领导作用、组织制订战略计划的方式，用于经营决策的数据和信息的搜集方式等，都需要与质量原则保持一致，作为一个系统来共同发挥作用，并随着经营条件和方向的改变持续改进。“质量”的概念演化为“卓越绩效”（performance excellence）的概念，这一概念将所有的经营活动校准和整合在一起，使得组织能够为顾客和利益相关者提供持续改进的价值，并提升组织的整体有效性和可持续发展能力。美国波多里奇国家质量奖为那些希望实现卓越绩效水准的组织提供了一个框架。

与全面质量管理的发展和运用相适应，相应的标准体系也逐渐建立。

1958 年，美国军方制定了 MIL-Q-9858A《质量大纲要求》等系列军用质量管理标准。20 世纪 60 年代中期，北大西洋公约组织（NATO）在 MIL-Q-8958A 的基础上引入了设计质量控制的要求，制定了 AQAP（Allied Quality Assurance Publication，盟军质量保证出版物）质量管理系列标准。1979 年，英国将军方合同环境下质量保证方法引入市场环境，制定了国家质量管理标准 BS 5750。1987 年，基于 BS 5750 标准，ISO 9000 系列国际质量管理标准问世，成为目前应用最广泛的质量管理标准。

1.5.5.4 国内应用

新中国成立之后，全面质量管理在国内也得到了研究和本土化应用、发展。1956 年，被誉为“中国质量管理之父”的刘源张从日本回国。次年，受钱学森之邀，进入中国科学院力学研究所运筹学研究室工作，建立了中国第一个质量管理研究组。刘源张始终致力于倡导、论述与推行中国特色的全面质量管理，在国内多个行业结合企业科研生产实际组织开展质量课题应用研究，取得了显著的效果。

20 世纪 70 年代末和 80 年代，我国很多行业开始推行全面质量管理。进入 90 年代，我国使用翻译法等同采用 ISO 9001，编制了 GB/T 19001 标准，并基于此标准开始推行质量体系认证。另外，根据军工产品和研制特点，在 GB/T 19001 标准基础上增加装备质量管理体系特殊要求形成了 GJB 9001 标准，其版本对应关系见表 1-3。

表 1-3　ISO 9001、GB/T 19001、GJB 9001 版本对应关系表

标准	版本对应关系				
ISO 9001	1987 版	1994 版	2000 版	2008 版	2015 版
GB/T 19001	1992 版	1994 版	2000 版	2008 版	2016 版
GJB 9001	—	1996 版	2001 版	2009 版	2017 版

进入 21 世纪，尤其是 2001 年我国加入 WTO 后，企业面临全新的市场

竞争环境，如何进一步提高企业质量管理水平，是摆在广大企业面前的现实问题。2004 年，GB/T 19580《卓越绩效评价准则》发布，卓越绩效模式引入我国，提供了向世界级组织提升的途径。各行业各企业也越来越注重创建适应自身特点的，面向组织的质量管理模式和面向产品的质量保证模式。

2012 年为贯彻党中央、国务院关于质量工作的要求和部署，我国设立了中国质量奖。一系列优秀的质量管理模式和方法不断涌现，进一步丰富了中国特色的全面质量管理体系。

1.6　本书目的、适用性及内容概要

1.6.1　本书关注的系统

本书所关注、探讨的“系统”指的是航空装备系统（常以战斗机装备系统为例），可进行如图 1-9 所示的典型分解。

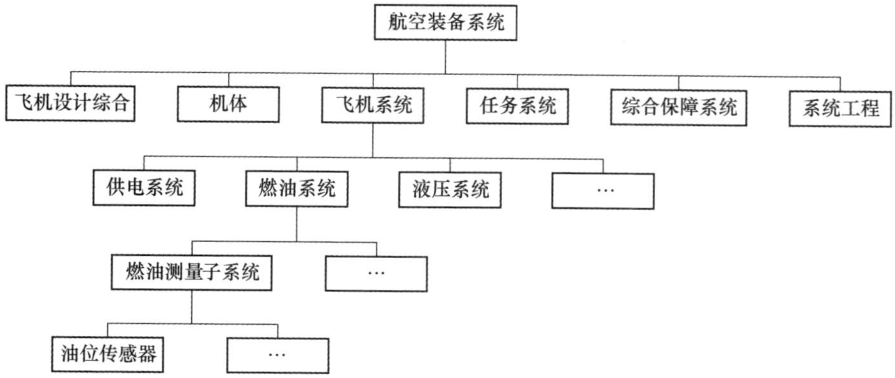

图 1-9　航空装备系统的典型分解示例

需要特别说明的是，航空装备系统不单单指飞机平台，还包括了综合保障系统、人员（包括研发团队、生产团队，也包括飞行员、机务等使用者）技能，以及研发体系和研发管理体系等，这些方面可以理解为，能够持续更新、交付和提供使用装备系统，并确保形成战斗力的“能力”。

在本书中，航空装备系统亦常称为“型号”。

1.6.2 本书目的和面向读者

虽然本书主题是航空装备系统数字化研发质量保证技术研究，但并无意全面、深入讨论复杂的管理理论，更多的内容是从实践出发、又落脚在实践，介绍在实际研发质量保证过程中，开展的相关管理技术和方法的研究，以及形成的相关理解。

本书内容主要是围绕航空装备系统（常以战斗机装备系统为例）总体研发质量保证展开，但是本书所面向的读者却不仅仅是航空装备系统总体研发单位里传统的质量管理专业人员。

（1）本书介绍的航空装备系统研发质量保证，遵循“全面质量管理”理念，不仅包括质量策划、质量控制、质量审查等传统中界定的质量管理、质量保证工作，还包括与质量相关的其他技术管理流程。因而本书面向的不仅仅是传统的质量管理专业人员，也适用于其他项目管理领域（如需求管理、技术状态管理、可靠性等通用质量特性管理、标准化与计量保证等）的专业人员，以及一线设计、生产研发人员。

（2）本书所关注、探讨的航空装备系统所包含的子系统和成品，仍然可以进一步细分，因而仍然可以视之为“系统”。所以本书基于航空装备系统总体研发的质量保证论述，以及管理技术和方法的研究与实践成果，也适用于子系统和部件、产品的研发质量管理。因而本书也同样面向航空装备子系统和部件（如机载成品、地面设备，甚至模块级、器件级产品）承制单位的相关人员。

（3）本书内容同样适用于其他军民用复杂系统研发，包括军用舰艇、商用海轮，军民用航空、航天飞行器，地面车辆、雷达、通信设备等，这些系统与复杂航空装备系统在技术特点、研发模式、质量管理需求等方面存在众多的共同点。因而本书也同样面向这些军民用复杂系统研发单位的相关人员。

（4）本书还可作为质量工程系统工程、航空航天工程、机械工程等专业大学高年级学生或研究生的补充读物，尤其是作为了解航空工业研发管理实际运作情况的参考。

1.6.3 必需的说明

基于本书内容的限制，做出以下几点必要说明。

（1）本书并未追求对航空装备系统研制全过程质量工作的全面覆盖（例如，本书未包含装备批量生产过程质量管理及交付后服务保障相关内容），而是重点面向从方案设计到鉴定/定型的研发阶段，突出从设计源头出发的“研发”质量工作，包括装备总体设计和系统集成研发的质量保证，以及对配套产品研发过程质量管理的顶层控制等。

（2）本书内容主要以战斗机装备系统为例，可能并未覆盖其他类型的航空装备系统研发质量保证的特殊要求和做法。

（3）本书研究的典型管理技术和方法，主要是航空装备系统研发质量保证工作的一些主要做法、特色做法，并未追求对相关管理技术和方法的全面覆盖论述。

（4）本书编制考虑了行业通用性，但是本书研究的管理技术和方法，仍难免基于复杂航空装备系统（尤其是战斗机）的研发特点。其他军民行业产品研发单位在应用本书所述的管理技术时，需要注意适用性，应识别适应本行业产品的研发特点和过程特性。

1.6.4 本书结构及内容概要

本书共6章。

第1章是引言内容，渐次论述系统、复杂系统、复杂系统研发等的概念和含义，分析航空装备系统研发的特点和要求；分析质量术语定义，介绍质量管理的发展历史，明确本书关注的系统层级，以及目的和适用性。

第2章介绍经典的研发质量观念和质量保证技术，同时分析几种质量管理成熟度评价模型，为航空装备系统研发质量保证的实践技术研究奠定必要的基础。

第 3 章综合分析 ISO/GJB 质量管理体系、PMI 项目管理体系、ISO/IEC/IEEE 系统生命周期流程体系（INCOSE 系统工程）等三个管理体系对产品/项目/型号质量管理的要求，及相互间关系，提出了综合三个管理体系要求提升质量保证能力的提升路径。

第 4 章、第 5 章综合上述三个管理体系要求，分别梳理了面向组织的质量管理和面向产品的质量保证，相关工作项目和管理技术、方法。

第 6 章展望航空装备系统研发质量保证技术的发展，提出了下一步可以考虑的重点研究实践方向。

第2章　研发质量保证技术

2.1　概述

在航空装备系统研发过程中，需要紧盯国内外质量管理技术发展，针对性地在研发过程中创新和运用先进的质量保证技术，以满足质量保证需求。

本章重点研究复杂系统研发质量保证涉及经典的管理观念、技术（包括管理成熟度评价），为航空装备系统研发质量保证技术研究奠定必要的基础。

2.2　经典的研发质量观念

2.2.1　零缺陷的质量观

零缺陷的质量观要求全员“从开始就正确地进行工作”“一次就把工作做好”，以完全消除工作缺点为目标的质量管理活动。零缺陷并不是说绝对没有缺陷，或缺陷绝对要等于零，而是指要以“缺陷等于零”为最终目标，每个人都要在自己工作职责范围内努力做到无缺陷。它要求从一开始就本着严肃认真的态度把工作做得准确无误，在研发中从产品的质量、成本与消耗、计划节点等方面的要求进行合理安排，而不是依靠事后的检验来纠正。

第一次把正确的事情做正确，包含了三个层次：做正确的事、正确地做事和第一次做正确，三个因素缺一不可。

（1）做正确的事：辨认出顾客的真正需求，从而制定出相应的战略。

（2）正确地做事：经营一个组织、研发一种产品或服务，以及与顾客打交道所必需的全部活动，都符合客户和市场的客观要求。

（3）第一次做正确：防止不符合要求的成本的产生，从而降低质量成本，提高效率。

零缺陷的质量观特别强调预防性系统控制和过程控制，要求第一次就把事情做正确，使产品符合对顾客的承诺要求。零缺陷观念可以提高全员对产品质量和业务质量的责任感，从而保证产品质量和工作质量。

2.2.2 顾客满意的质量观

“顾客满意”的观念提出是在20世纪80年代初。当时的美国市场竞争环境日趋恶劣，美国电话电报公司（AT&T）为了使自己处于有利的竞争位置，开始尝试性地了解顾客对目前企业所提供服务的满意情况，并以此作为服务质量改进的依据。

顾客是“接收产品的组织或个人”，顾客可以是组织内部的，即内部顾客；也可以是组织外部的，即外部顾客。对于组织内部来说，“下一道工序”就是“上一道工序”的顾客；依据产品的“供应链”，顾客可以分为中间顾客与最终顾客、现实顾客与潜在顾客。对顾客的细化、分类和研究，有利于我们针对不同的顾客需求进行不同方式的刺激和引导，从而使顾客满意，以实现组织的目标。

顾客满意的质量观要求全面、深入和准确地掌握顾客各方面的需求，包括潜在的需求，为企业产品的市场定位、开发设计、改进和创新及时提供依据。同时，将调查分析获得的顾客有关产品的功能、质量、价格和外观等方面的需求，全面准确地转化为产品设计改进的技术参数、成本元素，并在严格按产品设计或改进要求组织生产的过程中，坚持“下个环节就是顾客”的方针，推动开展“让顾客满意”的活动，以生产出符合顾客要求的产品，达到顾客满意。

2.2.3 预防的质量观

预防的质量观强调复杂系统的质量管理从产品设计和工艺设计出

发，延伸到研发的每个过程的管理，同时每个相关人员都要能按要求作业，确保产品质量。

首先强调质量是设计出来的，在设计的时候就要考虑设计的有效性、可靠性，特别要考虑到工艺可行性，因为最终的设计都是靠工艺来实现的。大部分的产品质量在设计的时候就决定了，这是质量得以保证的最初始源头。

工艺设计是重要的质量影响因素，怎样将设计转化为具体产品，用什么样的工艺来实现产品，用什么样的设备来制造，工装怎样设计，具体工艺参数是怎样的，原材料和零部件的要求怎样，人员该怎样操作和检验，如何防错等都是需要考虑和验证的。工艺从人、机、料、法、环、测等方面对质量进行了保证。

如果产品和工艺两方面的设计都验证无误的话，关于质量的保证就交给相关联的操作人员了，每个人都要按要求进行操作，不接受、不制造、不传递不合格产品。组织需要做的，就是建立机制来保证每个人都能按要求进行作业，每个人在按要求作业的同时，需要考虑是否有更好的方法来提升质量，只有这样才能持续改善。

2.2.4 标准化的质量观

标准不只是产品制造过程中要达到的目标，在服务、管理方面也起着决定性的作用。标准以最大满足消费者需求为原则制定和改进，以市场的接受程度衡量标准的价值，是市场和消费者需求量化后的标尺。企业的一切生产活动、管理模式、服务规范均应以标准为目标，使企业所有成员在企业运作中，有一个量化的明确目的。

在企业的质量管理中，标准贯穿质量活动的全过程，只有有了标准，工作才有了具体的目标。有了切实可行的严格标准，其产品质量才有更好的保障，以确立在竞争中的优势。

2.2.5 持续改进的质量观

“改进”是质量管理七大原则（ISO 9001：2015）之一，是增强满足要求的能力的循环活动，无论处于何种行业背景，使用 PDCA 方法保持质量管理体系的持续改进，都是在不断发展变化的外部环境下保持体系有效性的必要和有效手段。质量管理是个循序渐进并且需要长期坚持的过程，在设计、生产等过程不断追求精益求精，持续改进和提升是质量管理的重要方面。因此，持续的质量改进是组织永恒的目标，在任何时候都具有重要意义。

PDCA 方法，又称“戴明循环”，包括如下。

（1）P 阶段：发现用户的要求，并以取得最经济的效果为目标，建立质量目标以及达到目标的具体措施和方法。

（2）D 阶段：按照所制订的计划和措施去付诸实施。

（3）C 阶段：对照计划，检查措施执行的情况和效果，及时发现计划实施过程中的经验和问题。

（4）A 阶段：根据检查的结果采取措施、巩固成绩、吸取教训。

为了解决和改进质量问题，PDCA 循环中的 4 个阶段还可以具体划分为 8 个步骤，如图 2-1 所示。

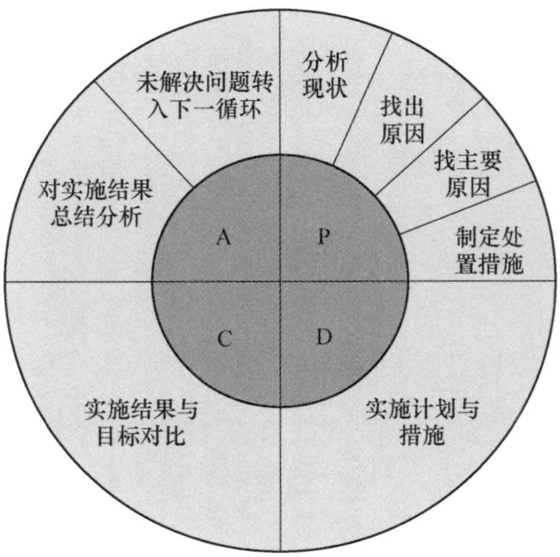

图 2-1　全面质量管理 PDCA 循环 8 个步骤

在这一过程中，需要收集和整理大量的质量数据，并用科学的方法进行系统的分析。最常用的统计方法是排列图、因果图、分层法、调查表、散布图、直方图、控制图（即“老七种工具”）。

2.2.6　全面的质量观

在第 1.5.5 节，我们介绍了全面质量管理的发展历史。其内涵包括三个方面：（1）全面的质量；（2）全过程；（3）全员参加。

全面质量管理基于“企业管理是一个过程”的理论，即企业在不同时间内，应完成不同的工作任务，企业的每项生产经营活动，都有一个产生、形成、实施和验证的过程。

全面质量管理通常由结构、技术、人员和变革推动者 4 个要素组成，只有这 4 个方面全部齐备，才会有全面质量管理的变革（见图 2–2）。

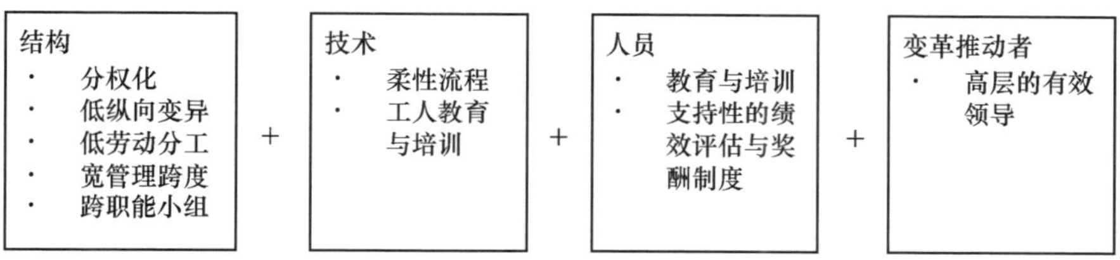

图 2–2　全面质量管理的变革要素

全面的质量观同时提倡预防的质量观，即在设计和制造过程中以预防为主，由管理结果，转变为管理过程不良因素，消除质量隐患。尤其注重产品的研发过程质量管理，通过提高产品质量、改善产品设计、加速生产流程、鼓舞员工的士气和增强质量意识、改进产品售后服务，提高市场的接受程度、降低经营质量成本、减少经营亏损、降低现场维修成本、减少责任事故。

2.2.7　精益的质量观

精益思想源于日本丰田公司的多品种、小批量、高质量和低消耗要求的丰田生产方式。《改变世界的机器》一书首次将丰田生产方式命名为精益生产，并提出将精益思想从生产制造领域扩展到产品开发、协作配套、营销网络以及经营管理等各个领域。

精益思想的核心就是消除浪费、创造价值，以较少的投入——较少的人力、较少的设备、较短的时间和较小的场地创造出尽可能多的价值，同时也越来越接近用户，提供他们确实想要的东西，其目标是强调“用尽善尽美的过程为用户创造尽善尽美的价值”。

丰田公司精益研发从人、流程、工具与技术三个方面总结提炼了产品开发体系模型，总结出 13 条可执行的实施原则，这些原则囊括了丰田产品开发体系的整体理论和实施方法。三个子系统相互依存并交互影响，不论其中哪个子系统发生变化都将影响到其他两个子系统的状态，如图 2-3 所示。

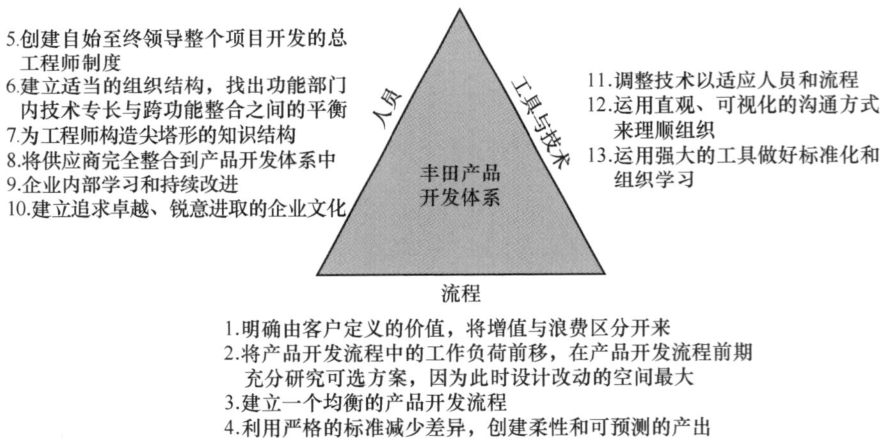

图 2-3　丰田产品开发体系模型

精益思想最先应用于生产过程中，后来逐渐传递到研发过程中，但是它们之间是有区别的。

生产制造过程是一种重复、稳定、有次序、有明确起点和终点的活动，其依据的是已有的产品研发成果。生产过程要求持续稳定，不希望产生变异，引起风险损失，所以严格要求操作人员按照既定标准和规程工作。

而研发过程是一个从无到有的探索过程，鼓励创新，允许合理的风险，具有柔性的起点和终点。生产过程传递的是物理的实物产品，而研发过程传递的是信息和知识。信息和知识的利用比实物要方便得多，而且并行的多个研发过程之间可以互相利用已经得到的有用信息和知识，这样既可以让已有知识信息得到增值，也可以减少重复试错的概率。这种优势是遵循顺序的生产过程所不具备的。

精益研发的核心目标是在控制产品成本的前提下，大幅提升产品的质量和技术含量，从而增加产品附加值，增强企业竞争优势，常见的解决方案包括：设计方法学、正向研发、研发价值流分析、先进的研发工具、研发知识工程和数据管理等，通常需要采取先进研发设计方法，优化和规范研发流程，并将知识、工具和质量与研发流程深度融合，通过研发的模式转型和正向设计能力建设实现企业研发能力和质量保证能力的提升。

2.3　经典的质量保证技术

2.3.1　产品质量先期策划

2.3.1.1　概述

产品质量先期策划（advanced product quality planning，APQP）是基于戴明 20 世纪 50 年代提出的质量策划原理建立起来的。当前，汽车行业将 APQP 作为 ISO/TS 16949《质量管理体系——汽车生产件和相关服务件组织应用 ISO 9001 的特殊要求》实施过程中的 5 大核心工具之一强制推行。

APQP 将质量管理活动提前，在装备研制早期进行质量策划，建立明确的目标，并以结构化的框架系统规划产品实现过程中的与质量相关的业务活动，通过这些业务活动在产品的研制周期中建立成熟稳定的过程，并识别、监控、消除或降低风险，以达到保证质量、保证成本、按时交付的目的。

APQP 的实施应以产品项目为载体，通过建立质量策划框架，形成规范的实施指南、模板和检查单，在整个过程中监控关键业务活动的交付物等，以实现对于产品实现过程的质量保证。

APQP 的成功实施需要管理层从产品研发周期的初期就做出承诺与支持；需要建立产品研发相关部门人员组成的跨职能的 APQP 团队；并且需要制订一个包含所有策划的业务活动并在团队中达成一致认同的 APQP 要素工作计划。

2.3.1.2 技术和方法

APQP 的原理通过阶段、元素和交付物来定义。

阶段代表了从概念到批量交付产品所采取的逻辑步骤，每一阶段的结束有明确的输出（里程碑）。元素是指在特定阶段所需完成的活动。交付物是一个活动有效完成形成的有形证据。

（1）APQP 阶段

APQP 方法把与质量相关的业务活动，分为策划、产品设计与开发、过程设计与开发、产品与过程确认、生产使用与交付后服务 5 个阶段进行规划（见图 2-4）。每个阶段的业务活动致力于达成以下目标。

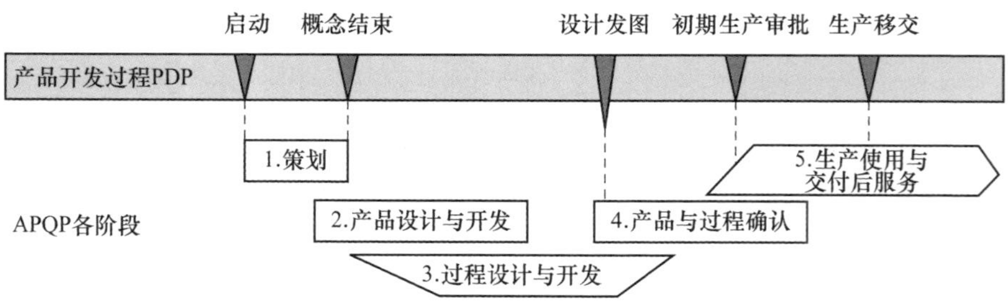

图 2-4　产品开发过程与 APQP 阶段

策划阶段：收集所有适用于项目/产品的技术和非技术要求；制定产品和项目质量目标；决定产品模块的自制和外购；产生一个经相关方同意

的 APQP 要素工作计划时间表。

产品设计与开发阶段：将产品规范转化为稳健的产品定义；提供经验证和确认的产品设计；团队评估后同意产品可制造和试验。

过程设计与开发阶段：建立一个稳健的制造过程，以满足顾客对于产品质量和数量的要求；明确对于制造过程及其产出的控制方法。

产品与过程确认阶段：启动首次重要的生产运行；开展首件鉴定；收集数据证明制造、试验和装配过程满足顾客要求。

生产使用与交付后服务阶段：记录经验教训，用于持续改进；确保生产过程是经过确认的稳健的过程；在生产过程中实施波动管理。

（2）APQP 要素

APQP 要素是在每一阶段所要完成的关键活动，这些活动的完成将作为项目管理过程的一部分进行监控。每个行业 APQP 要素的设置有所不同，表 2-1 包含航空工业 APQP 的一系列常用要素，但是即使在航空工业内，也并非每个项目都要应用所有的要素，要素的适用性还应针对每个项目进行评估。

表 2-1　航空工业 APQP 各阶段常用要素

序号	阶段	要素	
1	策划	1.01	项目输入
		1.02	产品设计要求
		1.03	项目目标
		1.04	初步的系统规范、研制规范和产品规范
		1.05	初始关重件和关重特性
		1.06	初始物料清单（BOM）
		1.07	初始过程流程图
		1.08	初始寻源计划
		1.09	工作说明（SOW）
		1.10	APQP 工作计划
		1.11	技术状态管理计划

表2-1(续)

序号	阶段	要素	
2	产品设计与开发	2. 01	设计风险分析（DFMEA/FTA）
		2. 02	通用质量特性设计
		2. 03	面向制造和装配的设计
		2. 04	关重件和关重特性
		2. 05	设计图样与文件
		2. 06	设计评审
		2. 07	初始寻源计划的风险分析
		2. 08	样件制造
		2. 09	设计验证和确认
		2. 10	生产可行性评估
3	过程设计与开发	3. 01	过程流程图
		3. 02	生产准备计划
		3. 03	过程失效模式与影响分析（PFMEA）
		3. 04	控制计划（试生产）
		3. 05	关键过程（关键工序）
		3. 06	物料搬运、包装、标识和零件标记批准
		3. 07	工作站文件
		3. 08	初始产能评估
		3. 09	供应链风险管理
		3. 10	试生产准备状态检查
4	产品与过程确认	4. 01	小批量投产
		4. 02	测量系统分析（MSA）
		4. 03	初始过程能力分析
		4. 04	控制计划（生产）
		4. 05	产能验证
		4. 06	首件鉴定
		4. 07	产品确认
		4. 08	生产件批准程序（PPAP）
		4. 09	批生产准备状态检查

表2-1(续)

序号	阶段	要素	
5	生产使用与交付后服务	5. 01	绩效测量
		5. 02	服务保障绩效及目标实现计划
		5. 03	持续改进措施
		5. 04	经验教训

（3）交付物

交付物是为每个要素定义的特定输出。应对交付物进行评估，以确保活动已经按定义完成。每个交付物应具备一项相关的检查单，检查单包含一系列闭合的问题（如是/否的问题），用于评估交付物的质量。

检查单也用于：作为证据的参考文件和偏离记录；记录纠正措施；基于每个问题的答案建立红/黄/绿等级。

2. 3. 2　精益研发

2. 3. 2. 1　概述

与生产中出现浪费相似，产品研发过程中也存在多种类型的浪费，例如，方向冲突、原型错误、沟通障碍、知识遗弃以及结果失控等。如何消除产品研发过程中的诸多“浪费”，以降低研发成本，由精益生产理论衍生出了“精益研发”的概念。

精益研发的原则包括以下几个方面。

（1）准确把握客户需求

精益研发的“精”体现在追求研发精品。而这一切都是建立在准确理解客户需求的基础上，因为产品的价值最终是由客户决定的，只有满足或超越了客户需求的产品才是精品、高品质产品。

（2）强调设计源头控制

精益研发在产品设计阶段就强调产品的质量管理，而不是等到产品批量生产时才去采取措施提高产品质量。产品研发是产品物理结构产生的源头，从产品源头控制质量是最有效的做法。

（3）关注产品全生命周期

强调设计源头控制并不意味着精益研发仅仅着眼于产品的研发设计阶段，例如，通过 DFM（design for manufacturability，面向制造的设计）技术，它还综合关注了产品生产控制。

（4）价值工程符合性

精益研发一方面追求高品质产品，注重功能附加值的提升，提高产品价值；另一方面降低产品的成本，实现产品满足客户需求的同时成本最低，为企业创造最大的效益。

2.3.2.2 技术和方法

精益研发相关的技术和方法理论包括如下。

（1）精益研发的三维框架和“4×4 法则”

精益研发理论建立由产品维、逻辑维和认知维组成的三维框架，将一维的（研发进程）描述改变为三维的表达。

产品维描述产品或系统研发的进程，随着研发阶段的转换和系统成熟度推进完成产品的研发。逻辑维描述产品开发的思考逻辑，设计开发方法、活动和实施步骤。认知维描述在产品研发中的认知研究和积累，以往知识使用和新知识产生，常称为“能力建设”。

精益研发的三维框架为复杂产品系统研发提供了全周期和大视野的研发流程、工具，让离散且隐性的研发质量指标实现显性化、看板化、系统化和偏差动态“归零化”。同时，认知维的建立让研发有了经验指导和可参考模式，知识的不断积累可以最大限度地减少和消除研发过程中的各种浪费，让研发变得精益。

其中，精益研发方法强调产品研发流程（即产品维）与设计方法学（即逻辑维）的结合，产品研发与设计活动分为 4 个域：客户域、功能域、物理域和工艺域，企业产品研发流程分为 4 个阶段：概念设计、方案设计、详细设计和设计定型，它们共同形成了精益研发的“4×4 法则”。

在“4×4 法则”中，产品研发的每个阶段，必须完整走过设计活动的

4 个域，才能进入下一个阶段，因此产品研发过程应该完整走过 16 个子环节（常称为 16 个方格）。对每一个方格，需要清楚定义各自的法则：来自上游方格的输入信息，向下游方格的输出信息，本方格中的流程、数据和设计工具以及产生的知识（即知识维）。同一产品的研发，不同方格的规则都不同，不同产品的研发，相同位置方格的规则都相同或相似，因此，“4×4 法则”能够使产品研发流程更加规范化和标准化。

精益研发的三维框架和“4×4 法则”如图 2-5 所示。

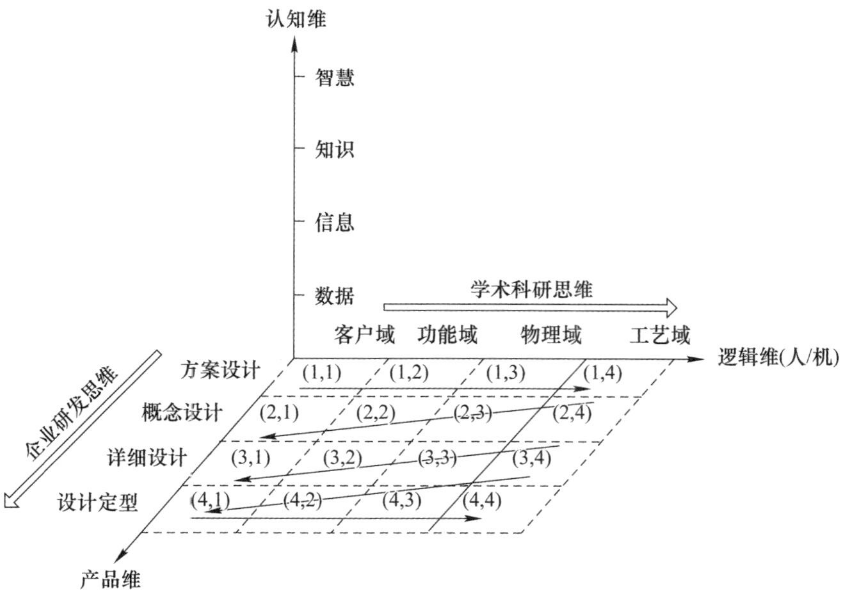

图 2-5　精益研发的三维框架和“4×4 法则”

（2）面向全生命周期的研发

精益研发作为一个研发体系涵盖了装备产品的全生命周期，需将设计、制造、试验等都纳入到这个体系中。其中，面向 X 的设计（design for X，DFX）是一项重要技术。

DFX，如 DFM 也是并行工程的核心技术。设计与制造是产品生命周期中最重要的两个环节，如果一个产品设计不具备可制造性，或者是不能迅速地进行批量生产，那么即使这个产品的性能、功能、质量都是最好的，如果在设计和制造之间没有交互，极有可能造成无法生产、设计反复，进而严重影响整个产品的研制生产效率。

对于试验测试来说，如果能够更好地积累过往的试验数据，提升试验数据的二次利用效率，可以有效避免设计和制造中错误的重复出现，尤其是数字化技术的引入，开展虚拟化试验，对于降低试验成本，提高试验成功率具有重要的作用。

（3）精益研发核心技术

精益研发是企业实施差异化战略的一种有效途径，能够推动产品不断升级，使产品实现高性能、高品质和高利润，为此，精益研发管理应实施以下 5 项“引擎技术”。

工程仿真：通过定量分析手段，评估产品性能。

设计优化：通过综合评估手段，改善产品性能。

创新设计：通过定性分析手段，突破研发瓶颈。

质量设计：通过统计分析技术，提升产品质量。

知识管理：通过知识工程方法，积累重用知识。

2.3.3 集成产品开发

2.3.3.1 概述

集成产品开发（IPD）是运用多个学科组成的小组来系统地进行新产品开发，以满足客户需求为理念，集成和并行执行产品开发的过程。最先将 IPD 付诸实践的是 IBM 公司，近年来国内外许多高科技公司均开始采用 IPD 研发模式，如波音公司和华为公司等，都取得了较大的成功。实践证明，IPD 既是一种先进思想，也是一种卓越的产品开发模式。

IPD 强调企业的质量管理需要在企业整体发展战略的前提之下制定和实施，结合市场环境，采取并行式的研发模式，实现跨职能团队和结构化的并行研发，从而在节约时间的同时提高研发的效率。

2.3.3.2　技术和方法

（1）IPD 核心思想

IPD 核心思想包括以下几个方面。

新产品开发分阶段决策。对于高科技企业来说，新产品开发最重要的是投资决策，选择失误，造成的不仅是资源浪费，更可怕的是失去市场机会和企业发展的机会。IPD 对新产品开发进行分阶段投资，加强阶段决策，减少投资失误，即使失误，也能使损失降至最低。

基于市场定义新产品开发目标。新产品开发的目的是企业赢利（包括未来能赢利），所以新产品开发是面向当前或未来（能预见到的未来）的市场需求。IPD 强调基于市场的创新，把正确定义产品概念、市场需求作为流程的第一步，强调一开始就把事情做正确，并且在产品的整个生命周期都从客户的要求出发制订有关计划。

协调高效的项目团队。在项目初期，即由不同功能部门共同参与，组成产品开发的跨部门核心项目小组，统一协调指挥。

大量采用并行工程。并行工程是缩短产品研制周期的重要手段，它通过严密的计划、准确的接口设计，将之前流程中的许多后继活动提前进行。并行工程不光是产品设计活动的并行展开，也包括其他相关部门的活动。不只关心如何把产品“成功”地开发出来，还要在开发阶段就要关心如何及时地把产品生产出来、并销售出去。

结构化与非结构化之间的合理平衡。产品开发是一种创新活动，但不是什么都从头做起，是有限度的创新。IPD 流程也是有限度的结构化，它强调在结构化与非结构化之间找到合理的平衡点。这不同于生产流程，理想的生产流程是拷贝，强调以全程固化的流程来保证产品的一致性。

（2）IPD 质量保证活动

IPD 重要的创新就是结构化流程和关键阶段划分，一般定义为 6 个阶段：概念阶段、计划阶段、开发阶段、验证阶段、发布阶段、全生命周期管理阶段。

同样，IPD 研发质量管理也强调流程结构化，要求具有可管理的、清晰的层次结构，以及界限分明的阶段划分。

针对新产品研发，制订相应的开发计划与研发质量管理计划，包括开发与管理内容、人员角色与职责、资源需求、评价活动和产品时间表等。根据每个阶段的业务特点，进行研发质量的策划和优化，将质量管理活动融入到具体产品研发活动的始终。

同时，采取阶段总结和问题追踪机制，每个阶段和关键节点都必须定义输入和输出标准，以保证研发过程整体受控，只有通过节点审查才能进入下一个环节，以利于把控过程活动和输出质量。

IPD 研发流程中主要质量管理活动如图 2-6 所示。

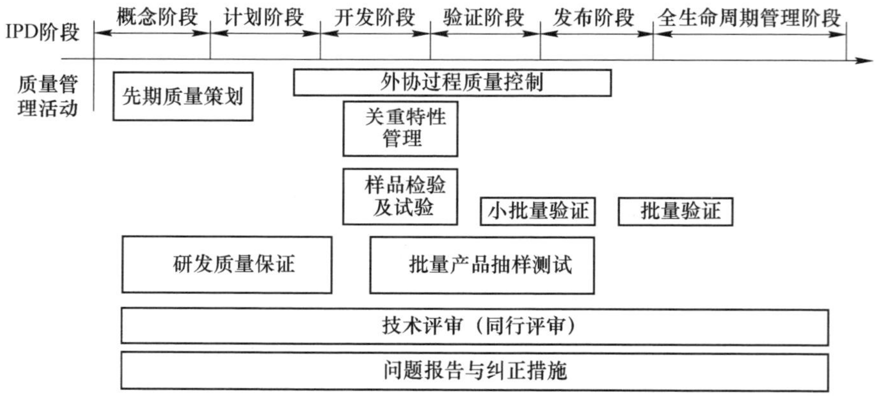

图 2-6　IPD 研发流程中主要质量管理活动

（3）IPD 逻辑框架

IPD 框架中各要素的逻辑关系如图 2-7 所示，定义了产品研发质量管理工作流程划分，清晰了项目实施过程中各时间节点把控，明确了每个阶段的主要工作内容。

具体体现在以下方面。

①产品研发工作被视为一种投资行为。IPD 框架强调用投资的理念和方法来管理产品研发，主要包括对产品研发进行投资组合分析和管理，以及在产品研发过程中进行投资决策判断。

②基于市场需求的创新。市场需求影响企业战略，IPD 框架认为任何

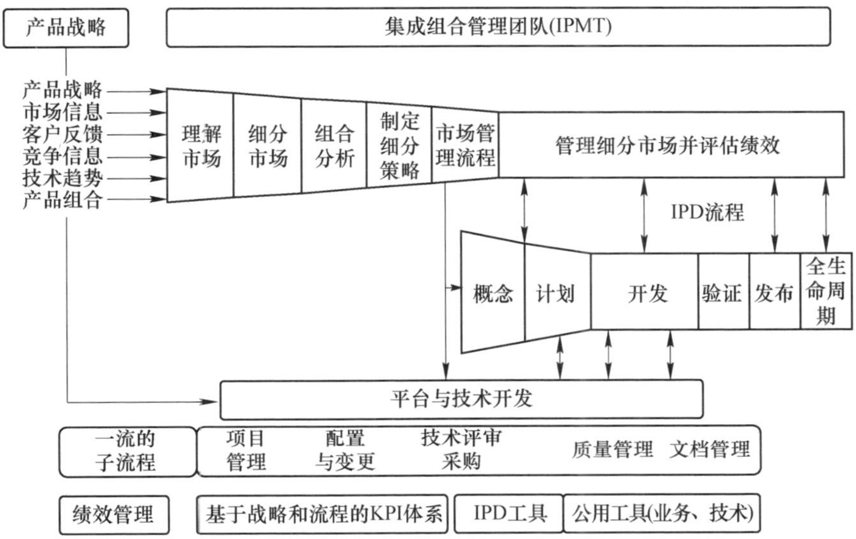

图 2-7　IPD 整体框架

企业行为都必须在遵循企业发展战略，在进行充分的市场调研和竞争分析的基础之上展开。

③基于平台的异步开展模式和重用策略。不管是技术开发还是产品开发都需要考虑到技术（尤其是平台技术）的复用，同时以模块化推进产品异步开发，同时开发不同的模块，加快产品开发进度。

④技术开发和产品开发分离。

⑤注重跨部门之间协同。以项目为单位，打破部门之间的壁垒，不同部门人员为了同一个项目而临时组合成一个团队，不同资源为了同一个项目而临时组合利用，实现跨部门之间最大化的合作。

⑥结构化的并行研发流程。产品研发活动在标准制度的规范下实现并行开展。

⑦产品线和能力线并重。在项目组织上，建立横向的产品线组织，同时建立纵向的能力线（资源部门），加强两条线的合作，不断提升各自领域的能力。

⑧职业化人才梯队建设。

2.3.4 六西格玛管理

2.3.4.1 概述

六西格玛管理是一项科学的质量管理工具和方法，它基于六西格玛设计（design for six sigma，DFSS）方法进行流程的设计和改善，通过阶段化的优化改善，减少设计、生产和制造的变异，提升产品的一致性，提高组织运营效率和运营质量，降低组织成本，提高顾客的满意度，进而提升组织的营利能力，实现其存在的价值。

同时，六西格玛管理可以与全面质量管理体系、精益生产、卓越绩效、供应链管理等众多的管理理论和方法进行整合，从而为组织创造竞争力，为持续发展输入动力。

2.3.4.2 技术和方法

六西格玛管理采用了 DMAIC 的方法对组织进行改善，具体包含 5 个过程阶段：定义（define）、测量（measurement）、分析（analysis）、改进（improvement）、控制（control）。

六西格玛管理流程和步骤如图 2-8 所示。

（1）定义阶段

主要是定义和界定问题的范围，主要工作是分析客户之声和客户需求，定位问题，确认项目目标、项目实施的步骤以及项目收益，明确项目成员的角色和职责，确认项目周期，制定项目章程。主要工具有：头脑风暴、亲和图、流程图、卡诺模型、顾客之声、SIPOC（高级流程图）、SD-CA（标准化维持循环）、劣质成本分析、树图、平衡计分卡、因果图等。

（2）测量阶段

主要是建立过程流程图和价值流程图，对拟改善的过程进行分析，考察这些过程的构成和步骤；对测量系统进行分析，评估是否需要改进；收集资料，量化过程能力，完成对过程能力的分析；对产生问题或缺陷的原

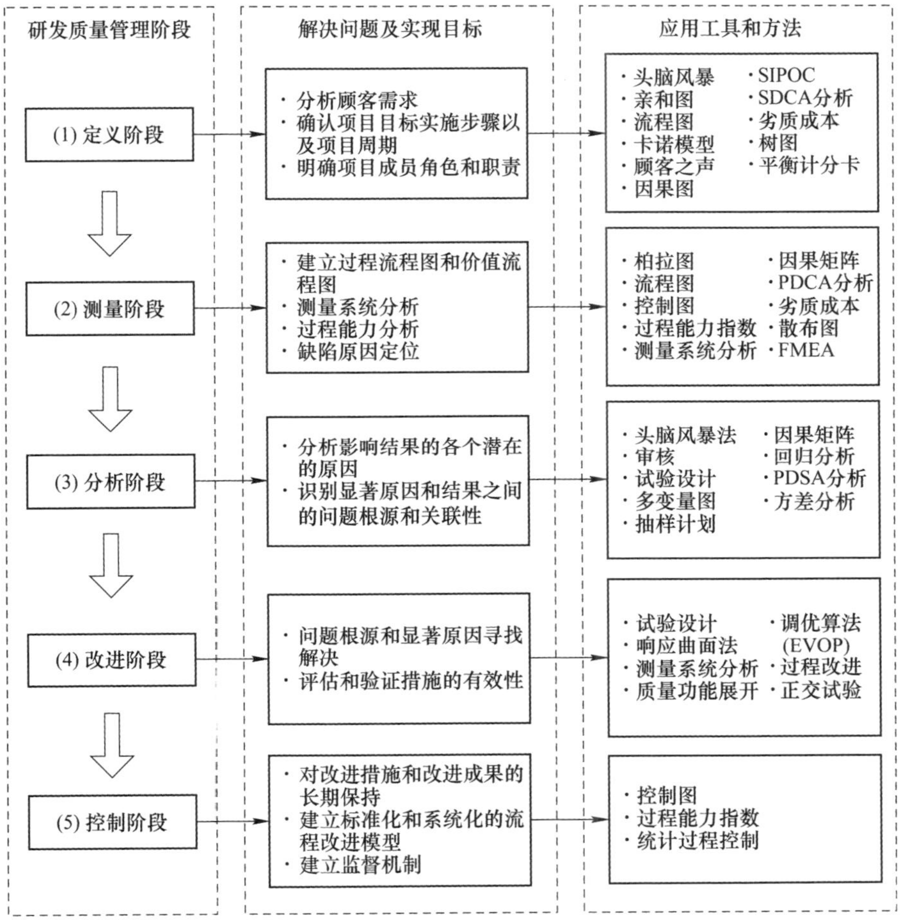

图 2-8　六西格玛管理流程和步骤

因进行定位。主要工具有：柏拉图、流程图、控制图、过程能力指数、劣质成本、因果矩阵、Gage R&R（量具再现性与重复性分析）、测量系统分析、检查表、PDCA 分析、散布图、失效模式与影响分析、抽样计划等。

（3）分析阶段

主要是根据事实和统计数据，分析影响结果的各个潜在的原因，调查和分析显著的原因，识别显著原因和结果之间的问题根源和关联性。主要工具有：头脑风暴法、审核、试验设计、多变量图、因果矩阵、抽样计划、回归分析、PDSA（计划—执行—学习/评估—运用）分析、假设检验、方差分析、劣质成本分析等。

（4）改进阶段

主要是针对分析阶段找到的问题根源和显著的原因寻找最佳解决方案，并且评估和验证这些措施的有效性。主要工具有：试验设计、响应曲面法、测量系统分析、质量功能展开、调优算法（EVOP）、过程改进、正交试验。

（5）控制阶段

主要是对改进措施和改进成果的长期保持，建立标准化和系统化的流程改进模型，并建立监督机制，旨在控制变异和消除变异，为组织建立起长期化的质量的改善策略和控制方案。主要工具有：控制图、过程能力指数、统计过程控制。

六西格玛管理流程更多地将制造环节的风险提前至设计环节来进行降低和释放，通过一系列有效的分析手段，将设计方案约束在尽可能小的风险范围内，从而实现生产过程的高质量要求。

2.3.5 其他技术和方法

除上述的经典技术之外，复杂装备系统研发过程中通常还会采用其他的质量保证技术和方法，如表 2-2 所示。

表 2-2 复杂装备系统研发质量保证其他技术和方法

类别	管理子流程	典型技术、方法和工具
研发管理类	项目管理	工作结构分解（WBS）
		组织管理
		综合主计划（IMP）/综合主进度（IMS）
		项目进度计划/项目进度实施
	技术风险管理	故障树分析（FTA）
		故障模式、影响及危害性分析（FMEA）
		优势、劣势、机遇、威胁（SWOT）
		技术性能度量（TPM）

表2-2（续）

类别	管理子流程	典型技术、方法和工具
研发管理类	技术状态管理	产品生命周期管理（PLM）
		产品数据管理系统（PDM）
		技术状态管理（CM）
	设计性能评估管理	项目管理评审（PMR）
		成熟度评价（ME）
	能力建设	平台化建设
		知识工程
		信息系统集成与综合
研发技术类	需求管理	质量功能展开（QFD）
		需求管理系统平台
	设计质量管理	面向X的设计（DFX）
		试验设计（DOE）
		公理设计（AD）
		稳健设计（RD）
		动态系统建模、仿真和综合分析集成环境
	过程质量控制管理	统计过程控制（SPC）
		测量系统分析（MSA）
		波动管理（VM）
	质量优化验证管理	质量改进（PDCA）
		验证总计划（VMP）
		建模与仿真（M&S）
		虚拟产品开发（VPD）
		计算机辅助技术（CAX）
		校核、验证和确认（VV&A）

2.4 质量管理成熟度评价理论及模型

为有效评价复杂系统研发质量保证效果，从而提升质量保证能力和强化过程质量管控，最终降低系统研发质量风险，除了上述研发过程质量保证技术之外，还有一种重要的技术/工具内容是研发质量管理成熟度评价理论及模型，主要包括如下几种模型。

2.4.1 克劳士比质量管理成熟度模型

克劳士比管理顾问中心在克劳士比成熟度方格理论的基础上，从组织质量文化现状分析入手，构建了质量管理成熟度模型，分为不确定期、觉醒期、启蒙期、智慧期、确定期5个阶段（见图2-9），针对每个阶段从管理层的认识和态度、质量管理在组织管理中的地位、问题处理、质量改进活动、公司质量心态总结5个方面给出了详细阐述（见表2-3），展开评价指标体系，根据测评结果得出面向组织的质量管理成熟度水平。

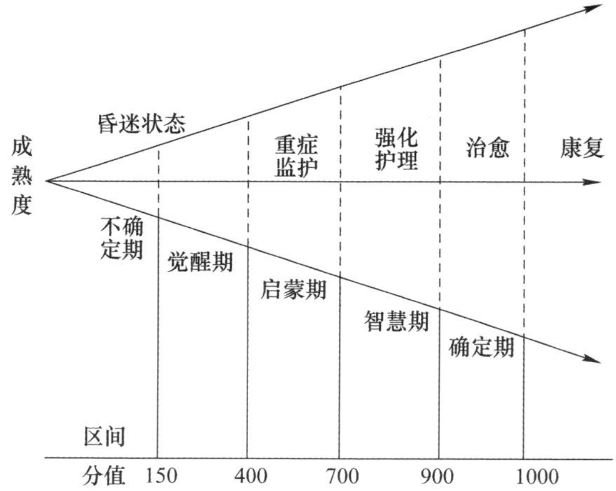

图2-9 克劳士比质量管理成熟度模型

表2-3 克劳士比质量管理成熟度模型的5个阶段

评估项目	第一阶段：不确定期	第二阶段：觉醒期	第三阶段：启蒙期	第四阶段：智慧期	第五阶段：确定期
管理层的认识和态度	不理解质量是管理的工具，将“质量问题”归咎于质量部门	认识到质量管理或许有价值，但不愿投入时间或金钱来改进	参加质量改进计划，对质量管理有较多认识，比较支持和协助	参加活动，完全了解质量管理基本原则，并充分认识个人在持续改进中的角色	认为质量管理是公司管理系统中的基本部分

表2-3(续)

评估项目	第一阶段：不确定期	第二阶段：觉醒期	第三阶段：启蒙期	第四阶段：智慧期	第五阶段：确定期
质量管理在组织管理中的地位	质量是制造部门或工程部门的事；组织内可能没有检验部门，比较注重产品的评估和分类	任命强有力的质量负责人，但他的基本任务是使生产顺畅，是生产或其他部门的一部分而已	质量部门向管理层负责，所有评估结果纳入正式报告，质量经理在公司管理层有一定地位	质量经理成为公司重要成员之一，报告有效的工作情况，采取预防措施，参加与顾客有关的指派的特殊活动	预防成为基本重点，质量被认为是公司的先导
问题处理	头痛医头、脚痛医脚，无法解决问题，也没有清楚的质量标准，组织内各部门互相攻击	组成工作小组来解决重大问题，但没有长远的整体处理问题的决策和方法	建立通畅的纠错活动沟通渠道，公开面对问题，并有计划地加以解决	问题在其发展初期就能发现，所有的部门都接受公开的改进建议，并实施改进活动	除了一些极少的例外，问题都已被预先防止了
质量改进活动	没有组织质量活动，也不了解这样的活动	“兴趣所致”时会尝试一些短暂的改进活动	完全了解并落实每一个步骤，执行 14 个改进步骤	继续实施 14 个步骤行动，并开始“走向确定”	质量改进是日常的、持续的活动
公司质量心态总结	“我们不知道为什么我们的质量会有问题”	“总有质量问题是不是绝对的?”	“经过管理层的承诺和质量改进活动，我们已能发现并解决我们的问题”	“缺陷预防是我们日常工作的一部分”	“我们知道为什么我们没有质量问题”

同时，克劳士比质量管理成熟度模型还给出了 14 个改进步骤：管理层的决心→质量改进小组→质量的衡量→质量成本的评估→质量意识→改正行动→为零缺陷计划设立一个特别委员会→主管教育→零缺陷日→目标设定→消除错误成因→赞赏→质量委员会→从头再来。

2.4.2 麦肯锡质量模型

麦肯锡公司基于对160多家企业的跟踪调查，考察质量对企业经营的影响，设计了一个四级模型，如图2-10所示。每个阶段以不合格品率、返工率、过程能力等为特征，同时模型选择了最高管理层参与、质量目标、注重预防、供应商参与等14项质量要素。

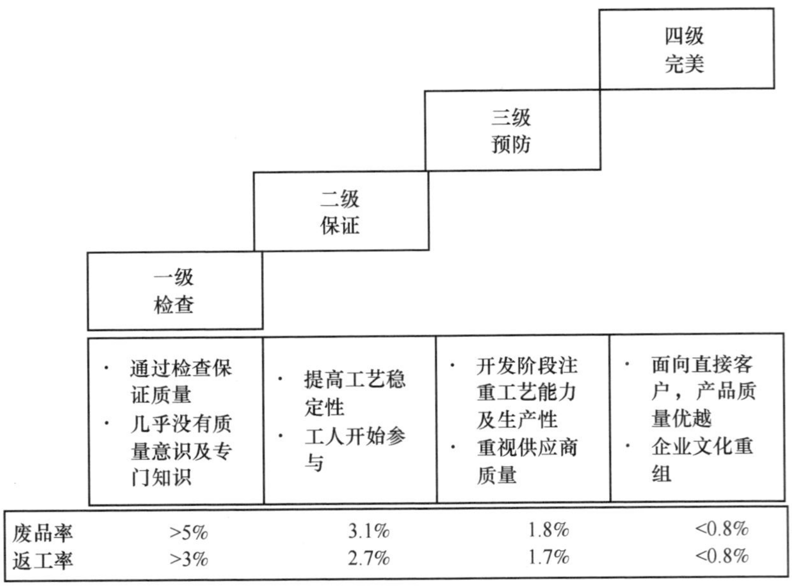

图2-10　麦肯锡质量模型

第一级：检查

处于这一级的企业保证质量的主要方式是进行临时性和最后阶段的检查，然后消除次品。质量功能与其他功能分离，几乎独立负责产品质量。这些企业的最终产品容易出现重大缺陷。其废品率超过5%，返工率超过3%，工艺、服务和设计质量甚至都未经检测。研究开发工作同生产几乎相互完全脱节。

第二级：保证

即使是第二级的企业，质量目标仍主要通过生产部门实现，通过生产部门进行生产工艺的优化和稳定化。废品率和返工率分别为3.1%和2.7%。许多处于第二级的企业开始检测其工艺过程的稳定性，但其Cpk（过程能力指数）通常低于1.33，因而低于质量要求的最低限度。服务质量已经明确，设计质量的测定标准还没有确定。

第三级：预防

在第三级，产品设计与生产工艺相互影响，而且在此阶段产品首次出现面向客户的特征。废品率与返工率分别为1.8%和1.7%，生产过程Cpk值达到1.67以上，因而极为稳定。这些企业为了最大限度地降低成本，最大程度地提高质量，与供应商密切协作。

第四级：完美

第四级的企业都有一种内在的文化氛围，此种氛围下的方方面面都有助于质量的提高。每一名雇员都意识到质量对于企业成功的重要性，都在寻求提高质量的途径，都在为达到完美无缺、实现“零次品原则”而奋力拼搏。实现此种状态的一个前提是与内部的客户及供应商保持良好的关系。

第四级的企业的另一个特征是，始终如一地面向外部客户，并最大程度地优化从供应商到客户这一流程中所有重要程序。这种面向客户的做法是不可或缺的，它可以使企业认识到增值所在，并通过优越的设计质量在实践中实现这种价值。优质企业努力通过在不断提高质量的过程中不断提高标准。废品率与返工率都低于0.8%。生产过程极为稳定，Cpk值通常为2.0。

2.4.3 ISO 9004 成熟度模型

ISO 9004：2009 / GB 19004—2011《追求组织的持续成功质量管理方法》给出了一套“自我评价工具”。自我评价是参照选定的标准，对组织的活动和结果所做的综合和系统的评审。自我评价能使组织全面了解其绩效和管理体系成熟度方面的情况，也能帮助组织识别需改进和（或）创新的区域，并确定后续措施的优先次序。

ISO 9004 给出的自我评价工具采用 5 个成熟度等级，包含关键要素的自我评价表和具体要素自我评价表，采取了类似于克劳士比方格的成熟度模型。

在关键要素的自我评价中，主要包含九大关键要素，如表 2-4 所示。

表 2-4　关键要素的自我评价——关键要素和成熟度等级之间相互关系

关键要素	成熟度等级				
	等级 1	等级 2	等级 3	等级 4	等级 5
管理者的关注点是什么？(管理)	关注产品、股东和某些顾客，对变化、问题和机会临时做出反应	关注顾客和法律法规要求，有一些计划，以应对问题和机会	关注员工和某些相关方。确定了应对问题和机会的过程并予以实施	关注对已识别的相关方的需求的平衡。强调持续改进是组织关注的焦点之一	关注对新相关方的需求的平衡。将最佳绩效作为组织的首要目标
采用什么领导方法？(管理)	采用反应式的、自上而下的指令式方法	采用反应式的、由各级管理者做决策的方法	采用主动的、由被授权人做决策的方法	采用主动的、员工高度参与决策的方法	采用主动的、以学习为导向的、授权所有层次的员工参与决策的方法
如何做出重大决策？(战略和方针)	根据来自市场和其他来源的非正式输入做出决策	根据顾客需求和期望做出决策	根据战略并考虑相关方需求和期望做出决策	根据将战略展开的运营需求和过程做出决策	根据组织在灵活性、敏感性和持续的绩效方面的需求做出决策
为达到预期结果需要做什么？(资源)	以临时性方式管理资源	有效地管理资源	高效地管理资源	高效地管理资源，同时考虑资源的缺乏问题	对资源的管理和使用进行策划和高效的部署，并使相关方满意

表2-4(续)

关键要素	成熟度等级				
	等级 1	等级 2	等级 3	等级 4	等级 5
如何开展活动?(过程)	没有系统的方法开展活动，仅有一些基本工作程序或作业指导书	按职能开展活动，建立了基本的质量管理体系	按照基于过程的质量管理体系开展活动，该体系是有效和高效的，并具有灵活性	具备有效和高效的质量管理体系，过程间具有良好的相互关系；该体系具有敏捷性并支持改进，过程强调了已识别的相关方的需求	具备支持创新和开展标杆对比的质量管理体系，且该体系强调新的和已识别的相关方的需求和期望
如何达到结果?(监视和测量)	以随意的方式达到结果。 纠正措施是临时的	达到一些预期结果。 以系统的方式采取纠正措施和预防措施	达到预期结果，特别是达到已识别的相关方所要求的结果。 始终如一地实施监视、测量和改进活动	达到稳定的、正面的和可预期的结果，且具有持续性的趋势。 以系统的方式实施改进和创新活动	达到的结果超过行业平均水平，并能长期保持。 在全组织内实施改进和创新活动
如何监控结果?(监视和测量)	确定了财务、商业和生产性指标	对顾客满意、产品的关键实现过程和供方绩效进行了监视	对员工和相关方的满意度进行了监视	关键绩效指标与组织的战略一致，并得到了监视	将关键绩效指标纳入过程的实时监视中，并能就绩效与相关方进行高效的沟通

表2-4(续)

关键要素	成熟度等级				
	等级 1	等级 2	等级 3	等级 4	等级 5
如何确定改进的优先次序?(改进、创新和学习)	基于错误、投诉或财务准则，确定改进的优先次序	基于顾客满意数据或纠正措施和预防措施，确定改进的优先次序	基于某些相关方的需求和期望，以及供方和员工的需求和期望，确定改进的优先次序	基于来自其他相关方的动向和输入，以及对社会、环境和经济变化的分析，确定改进的优先次序	基于来自新的相关的输入，确定改进的优先次序
如何学习?(改进、创新和学习)	员工各自随意地学习	从组织的成功和失败中系统地学习	组织内实施系统的和共享的学习过程	组织内建立了学习和共享知识的文化,以此来推动组织的持续改进	组织的学习过程与相关方共享，并支持变革和创新
注：组织在单个要素的当前成熟度等级是指已达到的、与某一准则之间没有差距的最高等级。					

2.4.4 质量奖评价模型

2.4.4.1 日本戴明质量奖

戴明质量奖的评价项目共有 6 个方面，其评价模型和评价项目见图 2-11。

戴明质量奖已经成为一种企业持续改进和创新变革的工具，日本企业以申请戴明质量奖作为动力和桥梁，积极推动全面质量管理，并以此成就日本企业的质量竞争力。

戴明质量奖分为戴明奖、戴明应用奖和戴明控制奖。戴明奖授予在质量管理方法研究、统计质量控制方法以及传播全面质量管理的实践方面做出突出贡献的个人。戴明应用奖授予质量管理活动突出，在规定的年限内

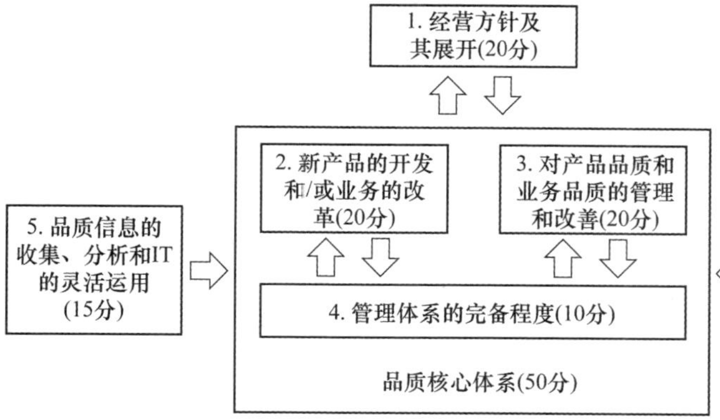

图 2-11　戴明质量奖评价模型

通过运用全面质量管理方法，获得与众不同的改进效果和卓越业绩的企业，戴明应用奖也会授予国外的企业。戴明控制奖授予企业中的一个部门，这个部门通过使用全面质量管理方法，在规定的年限内获得与众不同的卓越改进效果。

戴明质量奖已成为享誉世界的奖项。日本的松下、丰田和美国的佛罗里达电力等企业都曾获得戴明应用奖。企业通过申请戴明质量奖，把全面质量管理作为企业参与市场竞争的武器，纳入到企业经营战略中去，而且使经营战略得到贯彻实施。戴明质量奖促进企业建立和完善企业综合管理体系，推进企业的标准化活动，提高企业的管理和质量改进意识，提高全员积极参与全面质量管理活动和质量改进的积极性，提高产品质量、劳动生产率和企业凝聚力，使质量改进和标准化活动成为企业的自觉行动。

2.4.4.2　美国波多里奇国家质量奖

美国波多里奇国家质量奖是世界上“卓越绩效模式”的典范，其评价模型如图 2-12 所示。

波多里奇国家质量奖评价模型总分为 1000 分，并且每个指标都有自己的权重。7 个指标经过加权，结果可以分为 5 个等级。

（1）200 分以下，很差，淘汰企业；

（2）200~400 分，较差，无竞争力；

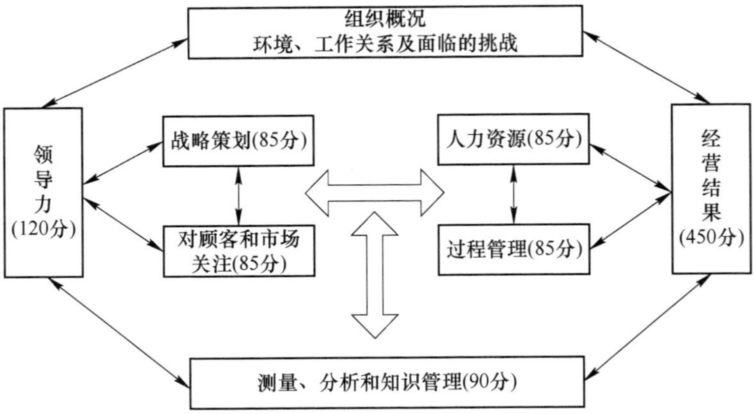

图 2-12 波多里奇国家质量奖模型

（3）400~600 分，一般，竞争力一般；

（4）600~800 分，良好，有竞争力；

（5）800 分以上，卓越，竞争力极强。

波多里奇国家质量奖由美国商务部国家标准技术局（NIST）负责管理，每年评审一次。根据来自美国企业、大学、政府部门、咨询机构和其他组织的反馈信息，评奖标准每两年修改一次，以期让标准适应经济社会的发展。

波多里奇奖评价标准的设立遵循以下原则：

（1）质量奖是一套全国性的质量评价体系；

（2）为质量奖的评审和信息交流提供基础；

（3）为跨组织的合作提供一个平台；

（4）提供一套动态的国家奖励评价制度。

波多里奇奖评价标准有助于提高美国产品和服务质量的绩效标准和期望水平。在对企业关键的质量要求和运作业绩有着共同了解的基础上，评价标准能够促进企业之间以及企业内部的交流与共享，还可作为企业计划、评估、培训及其他用途的工具。

波多里奇奖评价的核心价值观包括：有远见的、着眼于未来的领导人，顾客驱动的卓越绩效模式、全面的视野与管理创新、企业和员工的学习、注重雇员和合作伙伴、注重成果和创造价值、对市场的敏捷反应和社会责任。

波多里奇奖卓越绩效模式是全面质量管理的一种实施细则，是多年实践的具体化和标准化。它为企业或其他组织提供了一个沟通、诊断和评价的平台，使得企业或其他组织能够用同一种语言来讨论和沟通企业的经营管理，能够帮助企业驾驭管理复杂的系统。有助于企业管理实现重点突出与全面兼容的结合，有利于企业正确评价、引导和规范所属各部门和员工的行为，使得企业管理层的努力能够保持在企业成功和实现企业愿景的正确方向上，从而帮助企业获得世界级质量。

2.4.4.3　欧洲质量奖

欧洲质量奖是由欧洲委员会（EC）、欧洲质量组织（EOQ）和欧洲质量基金组织（EFQM）共同发起的，是欧洲最负声望的组织奖。欧洲企业的卓越化模式首创于 1991 年，最初是一个用于企业自我评价的模式，后来被用于企业申请欧洲质量奖的评价基础，现在被称为 EFQM 卓越化模式。

欧洲质量奖的使命是激励和帮助欧洲的企业，改进它们的经营活动，并最终达到顾客满意、雇员满意，达到社会效益和企业效益的卓越化，同时支持欧洲企业的管理人员加速实施全面质量管理这一在全球市场竞争中获得优势的决定性因素的进程。

欧洲质量奖注重企业的经营结果、顾客满意和服务、人力资源开发，强调分享产品和技术信息的重要性。在欧洲质量奖卓越化模式的 9 个要素中，每个要素在评奖过程中所占的百分比如下：领导作用占 10%，战略与策划占 8%，员工投入占 9%，战略与合作关系占 9%，过程管理占 14%，顾客对产品评价占 20%，人力资源效果评价占 9%，社会效益评价占 6%，经营结果占 15%。

欧洲质量奖奖项分为质量奖、单项奖、入围奖和提名奖。

（1）质量奖

欧洲质量奖授予被认定是质量管理最好的企业。获奖企业质量管理的各类方法和经营结果是欧洲或世界的楷模。

（2）单项奖

单项奖授予在领导作用、顾客对产品评价、社会效益评价、人力资源效果评价和员工投入、经营结果等卓越化模式的一些基本要素中表现优秀的企业。

（3）入围奖

入围奖意味着企业在持续改进质量管理的基本原则方面，获得了较高的水准。

（4）提名奖

提名奖意味着企业已经达到欧洲质量奖卓越化模式的中等水平。提名奖有助于鼓励企业更好地进行质量管理，并激励他们进一步去努力。

欧洲质量奖的目的和美国波多里奇国家质量奖及日本戴明质量奖是一样的，都是为了推动质量改进运动、提高对质量改进重要性和质量管理技术方法的意识，对展示出卓越质量承诺的企业进行认可，以提高欧洲企业在世界一体化市场上的竞争力。

2.4.4.4 中国质量奖

中国质量奖是经中央批准的、由国家市场监督管理总局主办的、政府在质量管理领域授予相关组织和个人的最高荣誉。中国质量奖旨在推广科学的质量管理制度、模式和方法，促进质量管理创新，传播先进质量理念，激励引导全社会不断提升质量，建设质量强国。中国质量奖分为中国质量奖和中国质量奖提名奖，评选周期为2年。中国质量奖的评审包括材料评审、陈述答辩和现场评审。

武器装备领域组织的中国质量奖申报材料内容，即评审要素主要包括如下。

（1）重要指标

①质量水平（含质量安全、风险管理、质量诚信、质量管理、质量水平、质量文化、质量教育、质量基础、质量改进等）；

②创新能力（含创新成果、创新能力、研发投入、管理创新、经营创

新、创新文化、市场价值、社会价值等)；

③行业影响（含产品规划、产品影响、用户需求、用户关系管理、用户满意等)；

④经营绩效（含财务指标、消耗指标、市场竞争力、社会责任、军事效益等)。

（2）质量水平

质量水平部分数据指标进一步的文字描述、补充和解读，还包括组织在质量安全、质量水平、质量发展、质量控制和质量创新等方面的具体表现和总结。

①质量安全，包括质量责任、质量诚信和风险管理等方面；

②质量水平，包括组织产品的关键质量指标和顾客满意度水平等方面；

③质量发展，包括质量战略、质量文化、质量基础和质量教育等方面；

④质量控制，包括科研生产过程控制、服务保障过程控制等方面；

⑤质量创新，包括理论模式、技术方法和改进攻关等方面。

（3）创新能力

创新能力部分数据指标进一步的文字描述、补充和解读，还包括组织在技术创新、管理创新、理念创新、模式创新和创新价值等方面的具体情况和总结。

①技术创新，包括技术的先进性和创新能力等方面；

②管理创新，包括管理的实用性和有效性；

③理念创新，包括理念的前瞻性和适宜性；

④模式创新，包括模式的独特性和可推广性；

⑤创新价值，包括经济价值和社会价值等方面。

（4）行业影响

行业影响部分数据指标进一步的文字描述、补充和解读，还包括组织在产品发展和用户满意等方面的具体情况和总结。

①产品发展，包括产品规划、产品影响等方面；

②用户满意，包括用户需求、用户关系管理、用户满意度等方面。

（5）经营绩效

经营绩效部分数据指标进一步的文字描述、补充和解读，还包括组织在经济效益、社会效益和军事效益等方面的具体情况和总结。

①经济效益，包括财务绩效、税收贡献等方面；

②社会效益，包括社会责任、社会影响等方面；

③军事效益，包括履行军事使命、国防建设贡献等方面。

（6）组织质量管理制度、模式、方法总结

组织质量管理制度、方法、模式简介，包括内容描述、理论基础等，可以是涵盖组织整体的质量管理体系，也可以是局部的质量管理方法；举例说明组织质量管理制度、方法、模式实践中对提升质量、改进管理发挥的作用和起到的效果；与同行业其他组织相比较，本组织质量管理制度、方法、模式具有先进性、独特性、可推广性。

（7）质量工艺方法创新及成效

具有代表性的、解决行业关注的、普遍性重要质量基础问题，并取得成效的质量工艺方法创新内容。

包括：方法名称，所解决的问题描述，问题原因分析（突出数据分析、质量工具的使用），问题解决对策（突出质量工艺方法的创新等），质量工艺方法创新描述（利用图表、图片和文字等形式，按照 PDCA 的形式，说明质量方法创新项目所解决的问题、使用的质量工具和创新方法、取得的创新成果以及可复制推广的实践经验等内容），创新解决问题的成效，产生的军事、经济效益和社会价值，可复制推广的创新内容。

2.4.5 国际铁路标准 IRIS 认证

IRIS（international railway industry standard）是国际铁路行业标准，由欧洲铁路行业协会（UNIFE）发起，应用于轨道交通设备领域整车及零部件企业。

IRIS 覆盖 ISO 9001 的所有要求，并在此基础上融入铁路行业的特殊要求，更加注重客户导向、多现场管理、投标管理、项目管理、成本管理、知识管理、首件检查等要求。

基于IRIS国际铁路行业标准开展管理成熟度评价和认证，旨在建立一个全球一致的铁路质量体系要求，通过认证的企业能快速进入国际铁路行业采购链。

IRIS认证包括12个Knock-Out（K.O.）问题（见表2-5），K.O.问题在现场评审前开始，当一个K.O.问题没有达到要求时，整个审核就失败了，要重新开始认证。

表2-5　IRIS认证的Knock-Out（K.O.）问题

序号	条款	问题
1	4.1	质量管理体系——总要求： 当合同执行过程中有转包或外协的情况发生，是否有转包的程序，其内容包括：可行性研究、风险分析、策划、顾客沟通和首件检验。并且，这些内容达到了一个适当的水平
2	7.3	IRIS认证范围中第19类产品的设计和开发（信号系统）： 组织应用于开发高集成系统的原则是否与CENELEC标准或其他等同标准相一致？软件设计过程必须明确执行EN50128标准要求中与IRIS证书中的预期使用范围相关的安全集成水平
3	7.3.2	设计和开发输入： 组织是否能够确保其新技术/新产品引入顾客项目前得到确认
4	7.3.6	设计和开发确认： 组织是否能够确保报告、计算和测试结果等能够展示对所有相关的工作条件，产品均能满足规定的要求？ 对于IRIS第19类认证产品（信号系统），用于确认和验证的概念和方法以及组织的设定是否完全符合相关要求
5	7.3.8	设计批准： 对于IRIS第19类认证产品（信号系统），组织是否提供了文件化的程序规定了符合本标准的安全情况和批准要求
6	7.5.2	生产和服务提供过程的确认： 是否根据合同要求，对特殊合同进行管理

表2-5(续)

序号	条款	问题
7	7.7	项目管理： 组织是否实施文件化的项目管理方法或系统，或新产品开发过程中阐述了项目管理的适用领域，描述职责和任务，整合组织内所有相关职能部门形成多功能小组
8	7.7.5	项目质量管理： 组织是否能够确保过程来管理项目的可交付成果
9	7.9	首件鉴定： 组织是否提供了文件化的程序，用以规定在新产品首次批量生产时（或任何随后会导致先前的首件检验结果失效的变更发生时）代表性产品的检验、验证和文件化要求
10	7.10	调试/客户服务： 组织是否提供现场服务过程？ 现场服务过程是否包括：产品交付后，当出现问题时需采取的措施，包括问题调研、报告提交，及针对该服务信息所采取的行动
11	7.13	更改控制： 在变更实施前，是否规定了验证、确认和批准活动，以确保与顾客要求一致
12	8.3.1	不合格过程的控制： 当企业管理过程发生偏离时，组织是否规定了过程用以： （a）识别、记录偏离，如果企业管理过程不符合，应采取适当行动，纠正不合格过程？ （b）评估是否过程偏离会导致产品不合格？ （c）按照本标准条款8.3要求，识别并控制不合格产品

除了K.O.问题之外，IRIS认证还包含开放式（open）问题和封闭式（closed）问题。开放式（open）问题的评估分为5个等级（“zero”不及格、“poor”一般较差、“defined”基本合格、“qualified”良好、“optimized”优秀）打分，分值分别为0分、1分、2分、3分、4分，以此评估过程的成熟阶段以及实施的等级情况。封闭式（closed）问题则只分一般（YES）和不及格（NO）两种打分，分别计为2分和0分。

2.4.6　航空航天改进成熟度模型（AIMM）

国际航空航天质量组织（IAQG）开发的航空航天改进成熟度模型（AIMM），重点从模型原型、评价途径、质量管理体系经验分析、OASIS（结构化信息标准促进组织）数据统计分析等角度，结合 AIMM 编制团队专家质量管理体系评价知识背景，基于 AS 9100 标准开发质量管理体系能力评价模型，用以评价组织达到质量管理体系各条款要求的能力与水平。

AIMM 旨在提供一个框架来评价组织在实现 AS 9100 兼容的质量管理体系时达到的成熟度级别，这个框架包括一套完整的成熟度评估标准，以表格的形式，用于确定每个预期结果的成熟度级别。

AIMM 评价模型包含 5 个等级：初始（performed）、管理（managed）、部署（defined）、预测（predictable）、优化（optimizing），见表 2-6 描述。

表 2-6　AIMM 成熟度等级描述

水平	等级	描述
0	不完整	没有达到预期的结果
1	初始	实现了预期的结果，但以一种不可重复的方式
2	管理	过程产生了预期的结果，这些结果是一致地实现和控制的，但主要是在项目/产品级别
3	部署	实现预期结果的过程是在整个组织中定义和部署的
4	预测	实现预期结果的过程是根据定量目标和措施进行系统管理的
5	优化	组织的目标是通过不断改进、提高效率和创新过程，做到最优化

成熟度评价标准只适用于第 1 级至第 5 级，当没有达到第 1 级时，将分配为第 0 级。

2.4.7　能力成熟度模型集成（CMMI）

能力成熟度模型集成（capability maturity model integration，CMMI），初衷是将各种能力成熟度模型集成到一个框架中，建立一种从集成产品与过程发展的角度出发、包含健全的系统开发原则的过程改进。

CMMI 最显著的运用是在软件研发领域，例如，运用 CMMI 推进软件采购方法的改革，美国政府工程项目，绝大多数都要求承包商有一定的 CMMI 级别作为参加投标的资格。

CMMI 为工业界和政府部门提供了一个集成的产品集，其主要目的是消除不同模型之间的不一致和重复，降低基于模型改善的成本。CMMI 将以更加系统和一致的框架来指导企业改善软件过程，提高产品和服务的开发、获取和维护能力。CMMI 成熟度等级包含了一些有关的专用实践和共用实践，这些实践与一组预先定义的、改进组织整体绩效的过程域有关。组织的成熟度等级提供了预测其在软件工程学科中的绩效的一种方法。经验表明，当组织将其过程改进工作集中在可管理数目的过程域上时可以达到最佳效果，并且这些过程域需要随着组织的改进而日益精化。

成熟度等级是一个已定义的、组织过程改进的进化台阶。每个成熟度等级表示组织过程的一个重要部分已经成熟，并为它进入下一个成熟度等级做好准备。成熟度等级根据是否达到与每组预定过程域相关的专用目标和共用目标来判定，CMMI 共分 5 个成熟度等级，每一等级构成了前进过程中改进基础的一个层次。

（1）成熟度等级 1：初始级

在成熟度等级 1，过程通常都是随意、无序的。组织通常不提供支持过程的稳定环境。在这些组织中，成功依赖于其中人员的能力和勤奋，而不依赖于使用已经证实的过程。尽管是这种随意、无序的环境，成熟度等级 1 的组织常常仍能生产可用的产品，提供可接受的服务；不过经常超出其项目的预算和进度。

成熟度等级 1 的组织的主要特征是过分承诺，在遇到困难时会放弃过程，并且不能重复他们以往的成功实践。

（2）成熟度等级 2：已管理级

在成熟度等级 2，组织的项目已确保其过程按照方针进行策划并得到执行。这些项目聘用有专业技能的人员，这些人员拥有足够的资源，以便产生受到控制的工作产品；这些项目都考虑到了利益相关方需求；这些项目都受到监督、控制和评审；这些项目都受到评价，以保证符合其过程说明。成熟度等级 2 反映的过程纪律有助于确保在有压力的情况下保持现有的实践。在这些实践都到位的情况下，项目都能按照其文档化的计划进行实施和管理。

在成熟度等级 2，工作产品的状态和服务的交付在规定的时间点（例如，在主要里程碑和主要任务完成时）对管理者是可见的。在利益相关方之间建立承诺并在需要时进行修订。工作产品受到适当的控制。工作产品和服务满足其规定的过程说明、标准和规程。

（3）成熟度等级 3：已定义级

在成熟度等级 3，过程已经得到了很好的定义和理解，并用标准、规程、工具和方法进行了描述。作为成熟度等级 3 的基础，组织的标准过程集已经建立，并随着时间流逝而不断改进。这些标准过程用于建立整个组织的一致性。项目按照剪裁指南剪裁组织的标准过程集，以建立项目的已定义过程。

成熟度等级 3 和成熟度等级 2 的关键区别是标准、过程说明和规程的范围。在成熟度等级 2，这些标准、过程说明和规程在过程的各个特定实例（如某个具体项目）之间可以有很大差别。在成熟度等级 3，一个项目的标准、过程说明和规程都是为了适合具体项目或组织的情况，而从组织的标准过程集中剪裁出来的，因此，除了剪裁指南所允许的差别之外，这些标准、过程说明和规程都是一致的。

另一个关键区别是：在成熟度等级 3，过程一般描述得比成熟度等级 2 更加严格。一个已定义过程明确地阐述了其目的、输入、入口准则、活动、角色、测量、验证步骤、输出和出口准则。在成熟度等级 3，通过对过程活动的相互关系、过程的详细测量值、过程的工作产品和服务的理解，使过程得到更加积极主动的管理。

（4）成熟度等级 4：已定量管理级

在成熟度等级 4，组织和项目为质量和过程绩效建立了定量目标，并将其用作管理过程的准则。这些定量目标是根据顾客、最终用户、组织和过程实现者的需要建立的。

在成熟度等级 4，对于所选择的子过程，收集并统计分析该过程绩效的详细测量值。将质量和过程绩效测量值纳入组织的测量库以支持基于事实的决策。标识过程变异的特殊原因，并在适当时纠正特殊原因的根源以防再现。

成熟度等级 4 和成熟度等级 3 之间的关键区别是过程绩效的可预测性。在成熟度等级 4，过程绩效使用统计技术和其他定量技术加以控制，并且是可定量预测的。在成熟度等级 3，过程通常只是可定性预测的。

（5）成熟度等级 5：优化级

在成熟度等级 5，是根据对过程中固有变异的共因的定量理解，组织持续地改进它的过程。

成熟度等级 5 关注通过增量式和创新式的过程和技术改进来持续地改进过程绩效。建立组织的定量过程改进目标，持续地修订过程改进目标，以反映日益变化的经营目标，并将这些目标用作管理过程改进的准则。对照定量的过程改进目标，测量并评价已部署的过程改进的效果。无论是已定义过程，还是组织的标准过程集，它们都是可测量的改进活动的对象。

成熟度等级 5 和成熟度等级 4 之间的关键区别是所涉及的过程变异类型。在成熟度等级 4，组织关注过程变异的特殊原因，并提供结果的统计可预测性。虽然过程可以产生可预测的结果，但是，这些结果可能不足以实现已确定的目标。在成熟度等级 5，组织关注过程变异的共因，并且改变过程（移动过程绩效的均值或者降低所经历的固有过程变异）以改进过程绩效并实现已确定的定量过程改进目标。

2.4.8 几种质量管理成熟度模型综合分析

几种研发质量管理成熟度评价方法的共同点在于：都采取了多级层级结构，描述了质量管理从低级到高级的变化模式，每个模型都有一个清晰的从混乱到优化的管理提升路径。

不同点在于：

（1）关注点不同

如克劳士比质量管理成熟度模型和麦肯锡质量模型关注的是质量管理

的阶段性，ISO 9004 则是关注质量管理和运营的符合性，戴明质量奖关注全面质量管理工具在产品实现或项目推进中的应用，波多里奇国家质量奖关注的是质量管理的先进性。

（2）应用领域

虽然几类质量管理成熟度评价模型重点面向组织评价，但是如克劳士比质量管理成熟度模型、麦肯锡质量模型、ISO 9004 成熟度模型的评价内容侧重于关注的是产品实现或项目过程的质量保证应用，而以美国波多里奇国家质量奖为代表的卓越绩效模式，则关注组织整体的经营质量与管理质量。

（3）评价要素不同

评价目标的不同，必然导致几种质量管理成熟度模型在评价要素选择上有所不同。

第 3 章　质量保证能力提升

3.1　ISO/GJB 质量管理体系要求

ISO（国际标准化组织）9001 系列标准是目前全球应用最广泛的质量管理标准。

我国使用翻译法等同采用 ISO 9001，编制了 GB/T 19001 标准，又根据军工产品和研制特点，增加装备质量管理体系特殊要求形成了 GJB 9001 标准，我们在 1.5.5.4 节梳理了其版本对应关系。

GJB 9001C—2017（ISO 9001：2015、GB/T 19001—2016）为承担军队装备及配套产品论证、研制、生产、试验、维修和服务任务的组织规定了质量管理体系要求，并为实施质量管理体系评定提供了依据。组织根据该标准实施质量管理体系的潜在益处是：

（1）稳定提供满足顾客要求以及适用的法律法规要求的产品和服务的能力；

（2）促成增强顾客满意的机会；

（3）应对与组织环境和目标相关的风险和机遇；

（4）证实符合规定的质量管理体系要求的能力；

（5）证实具备承担装备建设相关任务的能力。

该标准是在七大质量管理原则基础上制定的，包括：

（1）以顾客为关注焦点；

（2）领导作用；

（3）全员积极参与；

（4）过程方法；

（5）改进；

（6）循证决策；

（7）关系管理。

主要内容如图 3-1 所示。

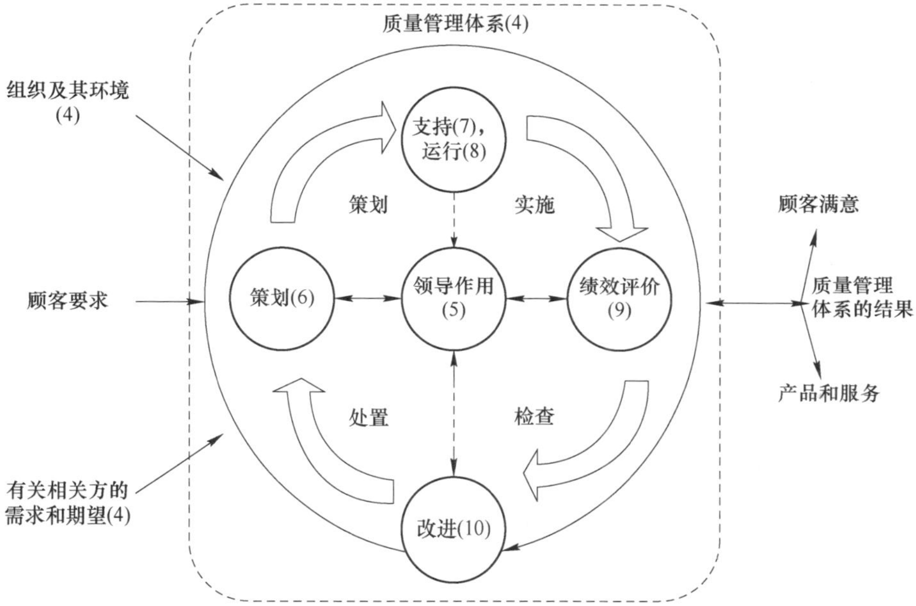

图 3-1　标准结构在 PDCA 循环中的展示

（引用自 GB/T 19000—2016 图 2）

在 ISO 9000：2015《质量管理体系基础和术语》（GB/T 19000—2016）中，关于质量管理的术语包括：

（1）质量，客体的一组固有特性满足要求的程度。

（2）管理，指挥和控制组织的协调活动。

（3）质量管理，关于质量的管理。质量管理可包括制定质量方针和质量目标，以及通过质量策划、质量保证、质量控制和质量改进实现这些质量目标的过程。

①质量策划：致力于制定质量目标并规定必要的运行过程和相关资源以实现质量目标；

②质量保证：致力于提供质量要求会得到满足的信任；

③质量控制：致力于满足质量要求；

④质量改进：致力于增强满足质量要求的能力。

“质量管理”与“质量策划”“质量保证”“质量控制”“质量改进”属于从属关系，如图 3-2 所示。

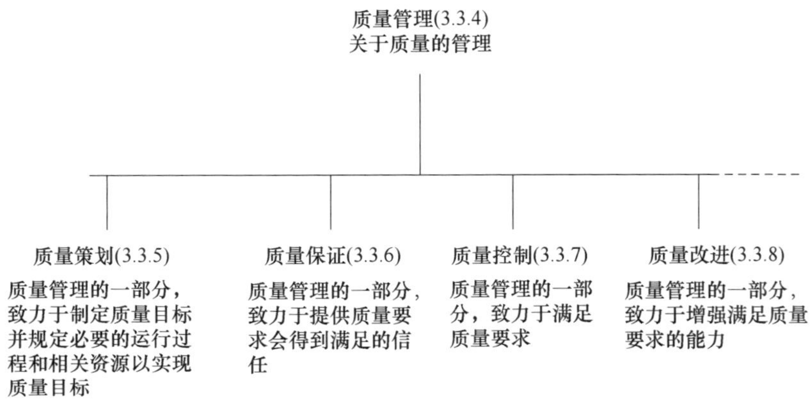

图 3-2　ISO 9000 中质量管理术语的关系

（引用自 GB/T 19000—2016 图 A. 6）

3.2　PMI 项目管理体系中的质量管理要求

复杂装备系统研发过程通常以项目的形式存在。项目是为创造独特的产品、服务或成果而进行的临时性工作。

项目管理就是将知识、技能、工具和技术应用于项目活动，以满足项目的要求，使组织能够有效且高效地开展项目。

在 PMI（美国项目管理协会）第六版《项目管理知识体系指南（PM-BOK 指南）》中，阐述了十大项目管理知识领域：

（1）项目整合管理；

（2）项目范围管理；

（3）项目进度管理；

（4）项目成本管理；

（5）项目质量管理；

（6）项目资源管理；

（7）项目沟通管理；

（8）项目风险管理；

（9）项目采购管理；

（10）项目相关方管理。

“项目质量管理”作为十大项目管理知识领域之一出现，包括把组织的质量政策应用于规划、管理、控制项目和产品质量要求，以满足相关方目标的各个过程。此外，项目质量管理以执行组织的名义支持过程的持续改进活动。

项目质量管理过程包括：

（1）规划质量管理，识别项目及其可交付成果的质量要求和/或标准，并书面描述项目将如何证明符合质量要求和/或标准的过程。

（2）管理质量，把组织的质量政策应用于项目，并将质量管理计划转化为可执行的质量活动的过程。

（3）控制质量，为了评估绩效，确保项目输出完整、正确，并满足客户期望，而监督和记录质量管理活动执行结果的过程。

3.3　ISO/IEC/IEEE、INCOSE 系统工程体系中的质量保证要求

ISO/IEC/IEEE（国际标准化组织/国际电工委员会/电气和电子工程师协会）15288：2015《系统和软件工程——系统生命周期流程》、INCOSE（国际系统工程协会）《系统工程手册》（第 4 版）给出了对“系统工程”（systems engineering）的定义。

系统工程是一种使系统能成功实现的跨学科的方法和手段。系统工程专注于：在开发周期的早期阶段定义客户需要与所要求的功能，将需求文件化，然后再考虑完整问题，即运行、成本、进度、性能、培训、支持、试验、制造和退出问题时，进行设计综合和系统确认。系统工程把所有学科和专业群体综合为一种团队的努力，形成从概念到生产再到运行的结构

化开发流程。系统工程以提供满足用户需要的高质量产品为目的，同时考虑所有客户的业务和技术需要。

NASA Systems Engineering Handbook（《NASA 系统工程手册》）对“系统工程”的释义包括，“系统工程是用于系统设计、实现、技术管理、运行使用和退役的专业学科方法论”“系统工程是技术决策时查看系统‘全貌’的途径，是在确定的使用环境下和规划的系统生命周期中达到利益相关者性能需求的途径”“系统工程是在通常有相反作用的约束下，开发满足系统需求可行系统的科学和艺术”“系统工程方法面对不同利益和多样化甚至冲突的约束，寻找安全平衡的设计方案”。

综合来说，系统工程是一个视角，基于系统思考的视角；是一个流程，包括技术流程和管理流程，其流程具有支持发现、学习和持续改进的迭代式方法论；是一门专业，专注于整体（系统）设计和应用的学科而不是各个部分。

ISO/IEC/IEEE 15288：2015《系统和软件工程——系统生命周期流程》（INCOSE《系统工程手册》）中识别了支持系统工程的 4 个流程组，包括技术流程组、技术管理流程组、协议流程组和组织的项目使能流程组，共 30 个流程，见图 3-3。

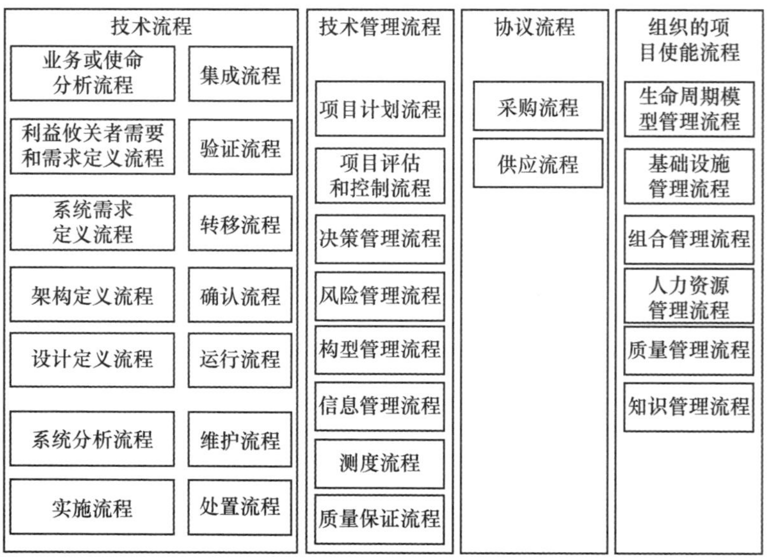

图 3-3　支持系统工程的 4 个流程组

（ISO/IEC/IEEE 15288：2015）

其中，在技术管理流程组中包括“质量保证流程”。

- 质量保证流程：目的是确保组织的质量管理流程在项目中的有效应用。

在组织的项目使能流程组中包括“质量管理流程”。

- 质量管理流程：目的是确保产品、服务和质量管理流程的实施满足组织的和项目的质量目标并达到客户满意。

INCOSE《系统工程手册》（第 4 版）更进一步详细阐明了执行这两个流程所需的实践和活动。从两个流程的 IPO（输入—流程—输出）图可以发现，两者互为输入输出、相互促进和支撑，如图 3-4 所示。

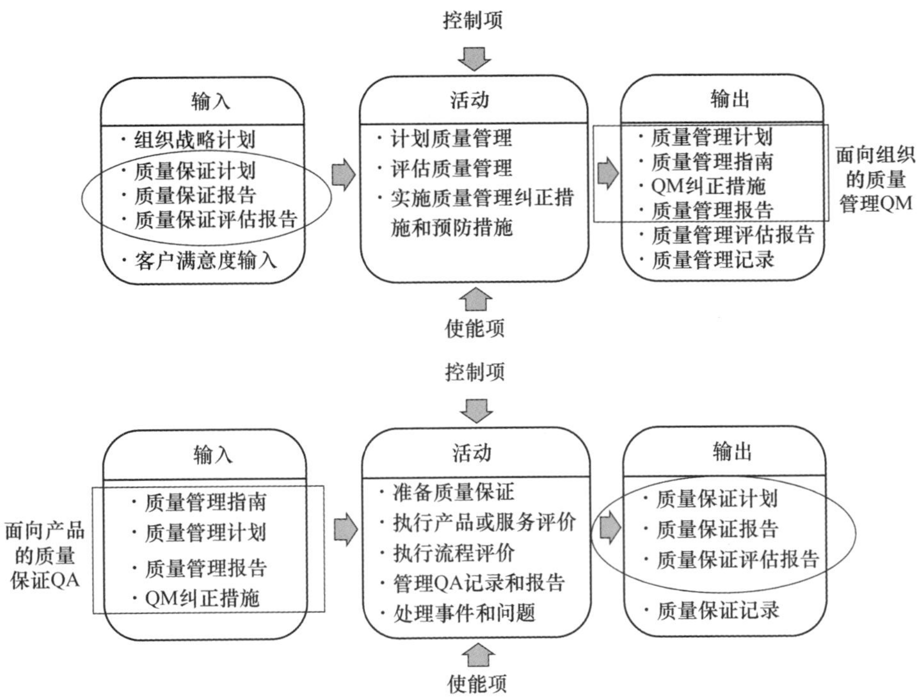

图 3-4　质量管理流程和质量保证流程的输入输出关系示意图

3.4 对三个管理体系中的质量管理/保证要求的综合分析

从术语出发，综合分析上述三个管理体系中的质量管理/保证要求，基本情况可参见表 3-1。

表 3-1 几个管理体系对质量管理相关术语定义的综合分析

领域	面向产品（项目）的术语			面向组织的术语
ISO 9000	质量保证			质量管理/ 质量保证
	质量策划	质量控制	质量改进	
项目管理	规划质量管理	管理质量	控制质量	
系统工程	质量保证			质量管理

质量管理相关术语可分为面向产品（项目）的术语和面向组织的术语两大类，例如，系统工程体系明确将二者区分为面向产品的质量保证流程和面向组织的质量管理流程；项目管理体系侧重于面向产品（项目）；ISO 9000（GJB 9001）质量管理体系则二者兼具。

系统工程体系将面向组织的“质量管理流程”归类于组织的项目使能流程组，表明了面向组织的质量管理对于产品（项目）质量保证的指导、“使能”、控制和支持作用。

面向产品（项目）的质量管理术语较为复杂，但总体来说，几个管理体系对面向产品（项目）的质量保证要求的内涵思路是基本统一的。

一是 PDCA（策划—实施—检查—处置）循环的思路。

例如，ISO 9000（GJB 9001）质量管理体系的“质量策划—质量控制—质量改进”术语、项目管理体系的“规划质量管理—管理质量—控制质量”术语，虽然其表述不一，但是其内涵均包括了 PDCA 循环的各个要素。

二是质量“V&V”（验证和确认）的思路。

在系统工程中，有技术“V&V”（verification & validation，验证和确认）的概念，其中，验证旨在确保“产品被正确地构建”、确认旨在确保

“正确的产品被构建”。

在质量管理 PDCA 循环的 C（检查）阶段，我们将技术“V&V”的概念引申过来，称为质量“V&V”。质量“V&V”中，验证旨在确保“质量被正确地形成”、确认旨在确保“正确的质量被形成”。更通俗地讲，验证旨在确保过程质量受控，策划的各项质量保证/控制活动（包括质量部门做的，也包括研发、生产等部门做的）都按质量保证/控制要求完成；确认旨在确保结果质量达标，确保工作成果（可能是文件、模型、产品实物等）符合质量验收标准。

在几个管理体系中，在 PDCA 循环思路的“C”环节，都包含有质量“V&V”（验证和确认）的思路和相关工作内容。

需要说明的是，以上基于简化的原则，从术语出发对几个管理体系中的质量管理/保证要求的综合分析不一定全面，但是这样的简化、综合分析有助于我们理解实际质量管理工作的运行。

3.5　质量保证能力提升——三个管理体系的综合

面对航空装备系统研发质量保证要求，及其技术特点和研发模式对质量工作带来的挑战，首先需要致力于实现能够向用户及时提供满足需求的装备系统，实现其从“能用”到“管用”“好用”和“耐用”的超越，最终交付的装备系统（产品）满足质量要求（即结果）。同时，需要致力于研制工作能够保证装备系统满足质量要求（即过程），以及向顾客提供装备系统质量要求能够得到持续满足的信心（即能力）。

基于上述对三个管理体系中的型号质量管理要求的综合分析，GJB 9001（ISO 9001、GB/T 19001）标准是我国装备系统研发领域目前应用最广泛的，主要面向组织的质量管理标准，是航空装备系统研发质量保证工作的基础。同时，为适应新型航空装备系统研发质量工作面临的挑战，在 GJB 9001 面向组织的质量管理体系基本要求、“基本资质”的基础上，还需要同时面向产品、面向复杂装备系统研发，基于型号技术特点和研发模式，本土化落实“全面质量管理”思想，包括 PMI 项目管理体系和 ISO/

IEC/IEEE、INCOSE 系统工程体系对型号质量管理的要求，识别产品（型号）质量影响因素，将与质量实现密切相关的流程“全面”纳入体系，具体化充实 GJB 9001 中产品实现质量管理要求，建设面向产品和面向组织并重的型号质量保证体系，同时从注重结果转变到过程、结果和能力并重，推动研制质量保证能力全面提升，确保装备研制质量持续满足要求。

综合 ISO/GJB 质量管理体系、PMI 项目管理体系、ISO/IEC/IEEE 系统生命周期流程体系（INCOSE 系统工程）三个管理体系对型号质量管理的要求，本书第 4 章、第 5 章，将分别从面向组织的质量管理和面向产品的质量保证，论述其管理技术研究。

第 4 章　面向组织的质量管理

4.1　概述

4.1.1　组织的定义

在 ISO 9000：2015《质量管理体系基础和术语》（GB/T 19000—2016）中对于“组织（organization）”的定义是：为实现目标，由职责、权限和相互关系构成自身功能的一个人或一组人。组织的概念包括，但不限于代理商、公司、集团、商行、企事业单位、行政机构、合营公司、协会、慈善机构或研究机构，或上述组织的部分或组合，无论是否为法人组织，公有的或私有的。

本书所称“组织”，一般指航空装备系统的各参研单位，包括总体设计单位、总体制造单位和产品配套单位等，尤其常以型号总体设计单位举例。

4.1.2　ISO/GJB 质量管理体系要求

GJB 9001C—2017（ISO 9001：2015、GB/T 19001—2016）为承担军队装备及配套产品论证、研制、生产、试验、维修和服务任务的组织规定了质量管理体系要求。

ISO/GJB 质量管理体系要求整体来说是面向组织的标准体系，其中其正文的第 8 章“运行”偏向于面向产品研制过程质量管理要求，其他几个章节则是显著的面向组织的质量管理要求，包括：

（1）第 4 章，组织环境

①理解组织及其环境；

②理解相关方的需求和期望；

③确定质量管理体系的范围；

④质量管理体系及其过程。

（2）第 5 章，领导作用

①领导作用和承诺，总则、以顾客为关注焦点；

②方针，建立质量方针、沟通质量方针；

③组织的岗位、职责和权限。

（3）第 6 章，策划

①应对风险和机遇的措施；

②质量目标及其实现的策划；

③变更的策划。

（4）第 7 章，支持

①资源，总则、人员、基础设施、过程运行环境、监视和测量资源、组织的知识；

②能力；

③意识；

④沟通；

⑤成文信息，总则、创建和更新、成文信息的控制。

（5）第 9 章，绩效评价

①监视、测量、分析和评价，总则、顾客满意、分析与评价；

②内部审核；

③管理评审，总则、管理评审输入、管理评审输出。

（6）第 10 章，改进

①总则；

②不合格和纠正措施；

③持续改进。

4.1.3　ISO/IEC/IEEE、INCOSE 系统工程要求

面向组织的质量管理流程在 ISO/IEC/IEEE 15288：2015《系统和软件工程——系统生命周期流程》（INCOSE《系统工程手册》）的系统工程体系中，属于组织的项目使能流程组的六个流程之一，其 IPO（输入—流程—输出）图见图 4-1。

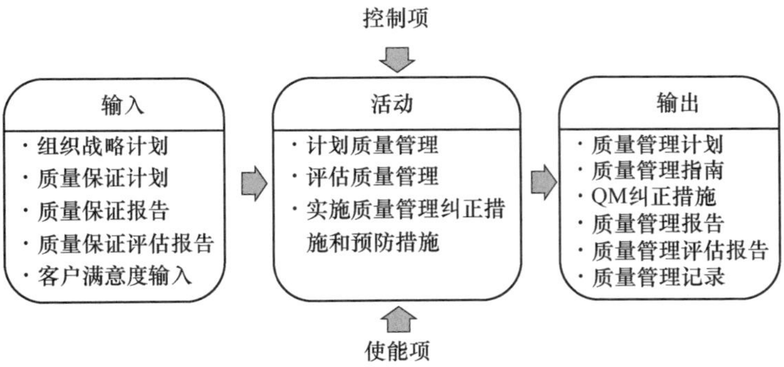

图 4-1　质量管理流程的 IPO 图

（引用自《系统工程手册》（第 4 版）图 7.6）

质量管理流程目的是确保产品、服务和质量管理流程的实施满足组织和项目的质量目标并达到客户满意。

3 个流程活动包括如下。

（1）计划质量管理

①识别并评估与组织战略计划一致的质量指南并进行优先级排序。建立质量管理指南——策略、标准和程序。

②建立组织和项目的质量管理目的和目标。

③建立组织和项目的质量管理职责和权限。

（2）评估质量管理

①对项目评估进行评价。

②依据与需求和目标的符合性，评估客户满意度。

③持续改善质量管理指南。

（3）实施质量管理纠正措施和预防措施

①当被指明时，推荐适当的措施。

②在组织内以及与利益攸关者维持开放沟通。

4.1.4 要求的综合分析

对于型号/产品研发而言，面向组织的质量管理强调的是其指导、“使能”（enable）、控制和支持作用。

对于装备系统研发单位来说，质量管理基本依据是 GJB 9001《质量管理体系要求》，遵循质量管理七项原则，同时综合 ISO/IEC/IEEE、INCOSE 系统工程体系对面向组织的质量管理的要求。其中，对型号/产品研发质量保证“使能”作用最显著的管理工作是：以关注顾客、增强顾客满意和不断创新、追求卓越为出发点，构建适应型号/产品研发质量保证需要的质量组织架构和质量责任体系；建立并持续完善覆盖型号/产品实现过程的组织质量流程体系；营造适宜的组织质量文化，使质量流程和要求在全员型号/产品研发活动中贯彻实施；开展组织质量改进活动，确保质量体系要求始终满足型号/产品研发质量保证需要。

本章也将重点研究以上面向组织的质量管理工作中常用的技术/方法。

4.2 全员参与的组织质量管理组织架构和质量责任体系

“全员积极参与”是质量管理七大原则（ISO 9001：2015）之一，也是全面质量管理的本质特征之一。

对于一个组织而言，只有全员积极参与质量管理，组织的质量方针、质量目标以及质量体系要求才能真正落地。对于具体项目而言，业务工作实施主体也是质量保证主体，只有依靠项目团队的每一位成员充分发挥主观能动性，履行自身质量责任，保证自己的工作质量和产品质量，才能最终实现整个项目的高质量。

航空装备系统研发质量是各环节、各专业工作的综合反映，是研发团队共同努力的结果。任何一个环节、任何一个人的工作质量都会不同程度地、直接或间接地影响型号的质量。因此，打造一支面向型号研发、全员参与质量的团队，强化项目的横向协调和纵向管控，充分调动人员的积极性和创造性，人人参与质量，人人履行责任，是保证研发质量的必要条件。

4.2.1　全面质量管理组织架构和质量专家部署

建立全面质量管控组织架构，强调在质量管理专职部门之外，建立装备研发团队（设计师系统）的质量保证组织架构。以型号总体设计单位举例，在以最高管理者为主任的质量管理委员会的领导下，各研究部设立质量主管部领导、部质量员，各研究室/专业设立质量员，结合组织质量管理体系专业和型号质量保证专业，构建起“所—部门—室”三级的全面质量管理组织结构，确保组织内型号研制质量管理要求得到快速落实，质量信息得到有序传递。

选择与型号质量保证密切相关的质量体系建设、技术状态管理、项目管理、成品管理、设计与验证、软件工程化、通用质量特性设计、检验检测、采购、综保、售后、信息化、质量成本管理、教育培训等专业领域，具有丰富工程经验和管理经验的专家，成立覆盖装备研发过程的组织级质量专家团队。其主要职责是：结合工作实际，分析研究本专业领域质量管控的薄弱环节，提出针对性的质量改进措施，持续提升组织及本专业的设计研发能力和质量保证能力。

4.2.2　层次化、多维度的全员质量责任定义

根据以下三个原则，细化明确质量职责，建立全员质量责任清单。

（1）自上而下、分类分级、层层分解原则

根据上级关于质量职责定义相关文件规定，以组织《质量手册》、程

序文件和职责权限相关规章制度为顶层依据和输入，从最高管理者到一线员工，按照行政线、设计线、质量线三条主线，层层分解，梳理组织内各级人员质量责任。

（2）面向组织和面向产品“一岗双责”原则

每个节点上的岗位既在面向组织的质量体系建设和实施中承担质量责任，又在面向产品的具体型号研发质量保证中承担质量责任，因而从质量体系建设与运行、项目质量管理两个维度，规定各级、各类人员质量责任。

（3）“业务谁主管、质量谁负责”责任机制

突出项目主管领导或负责人是该项目质量第一责任人；突出业务工作实施主体是质量保证主体，全体员工对自己工作质量负责，对质量个案（个性问题）负责；突出质量管理人员的质量策划、监督、检查、考核及服务的职能，对质量管理体系有效性负责，对总体质量（普遍性问题）负责。

以型号总体设计单位举例，各部门/专业承接所质量体系要求，对照全员质量责任清单，结合本部门/专业技术特点和实际情况，细化质量责任，建立部门/专业技术质量工作制度。在班组建设和管理中，进一步细化明确每一位员工的质量责任。层层分解细化、承接落实，形成“所—部门/室—岗位/人员”层次的质量责任体系。

4.3 基于过程方法的组织质量管理体系建设

GJB 9001C—2017（ISO 9001：2015、GB/T 19001—2016）第 0.3.1 节强调，“本标准倡导在建立、实施质量管理体系以及提高其有效性时采用过程方法，通过满足顾客要求增强顾客满意”。基于过程方法开展组织质量管理体系建设，可采用以下做法。

4.3.1 过程识别和定义——质量管理体系架构的建立

建立质量管理体系，对组织所涉及的过程进行管理，首先必须完整地识别和定义组织涉及的所有过程。全面的过程识别和定义是过程方法中最基础的，同时也是在实际工作中最容易忽视的工作项目。

识别组织涉及的过程（工作项目），首先要准确定义组织的目的（核心使命）、方针（核心价值观）和目标（质量目标）。因为组织涉及的过程，本质上就是为了实现核心使命、体现核心价值观、达到质量目标，而应该要开展的工作项目。

可分顾客导向过程（COP，与顾客直接相关的过程，多是产品实现过程）、管理过程（MP，由组织管理层直接操控，组织各部门都参与的过程）、支持过程（SP，由组织的某些部门操控，对其他过程起支持作用的过程）和评价过程（AP，对上述过程进行运行评价，并提出和实施改进的过程）定义一级过程，再根据质量管理体系要求展开成二级、三级、四级过程。

运用系统方法识别过程间的接口、相互间的关系，分析过程的层次和性质，最终形成相互联结的过程网络体系，如图 4-2 所示。

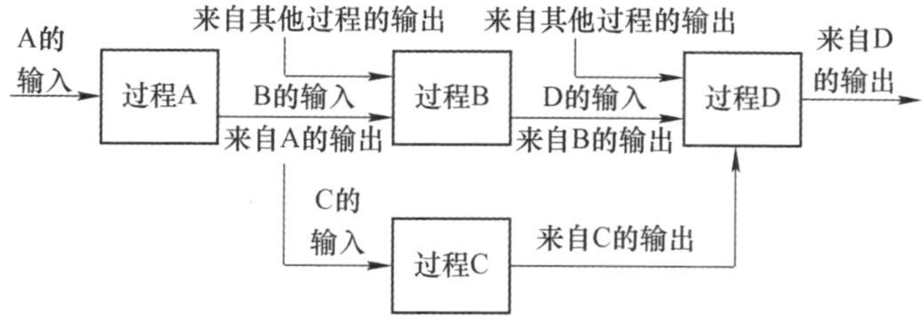

图 4-2 过程网络体系示意图

实际构建的质量管理体系过程关系图，表现第一级和第二级过程的一个例子如图 4-3 所示。

ISO/TC176/SC2/N525 Guidance on the Documentation requirements of ISO 9001 指出，“ISO 9001 要求一个文件化的质量管理体系，而不是文件的体

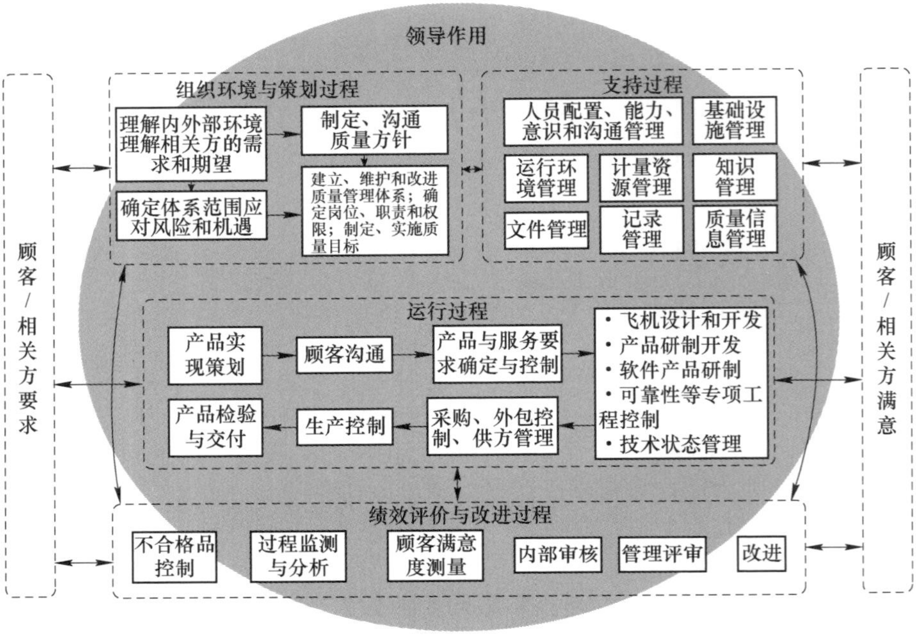

图 4-3　质量管理体系过程关系图

系”，质量管理体系文件只是质量管理体系的一种载体，不是质量管理体系建设的唯一目的。但是，在过程得到识别和定义后，一项重要工作仍是将体系流程文件化。

GJB 9001C—2017（ISO 9001：2015、GB/T 19001—2016）也要求，“组织应按照本标准的要求，建立、实施、保持和持续改进质量管理体系，包括所需过程及其相互作用。在必要的范围和程度上，组织应保持成文信息以支持过程运行。”

质量管理体系文件和质量管理体系过程也存在着对应的关系，如图 4-4 所示。

实际构建的质量管理体系过程与体系文件关系图，主要表现第一级和第二级过程的一个例子，见图 4-5。

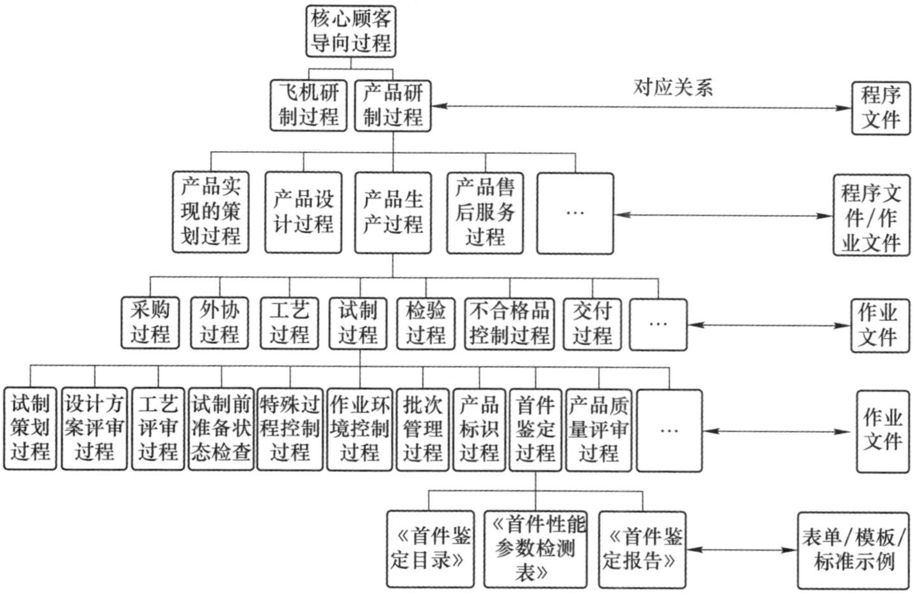

图 4-4　层次结构的过程与体系文件对应关系

4.3.2　过程梳理和策划——单份质量管理体系文件的编制

识别了组织过程，建立了过程层次结构图，对应地建立了质量体系文件层次结构图，并识别了过程所有者（责任单位），形成了文件编制计划，下一步的工作就是如何编制一份质量管理体系文件。

梳理已有过程、策划全新过程，基于过程的相关方（顾客、员工、供方、社会等）要求，识别过程三大因素（输入、活动、输出），明确界定过程资源，确定过程的全部要求（过程规范），将确定的要求进行量化，转化为清晰、具体、可测量的指标，形成过程关键绩效目标（KPI），即构成如图 4-6 所示的单个过程模型。

过程梳理和策划的主要活动即过程模型构建，而其结果的表达，就是过程体系文件化的过程。通常采用流程图和流程说明表结合的方式来提升质量体系文件的可操作性。

横向职能、纵向 PDCA 形式的流程图优势在于可以直观地、可视化地

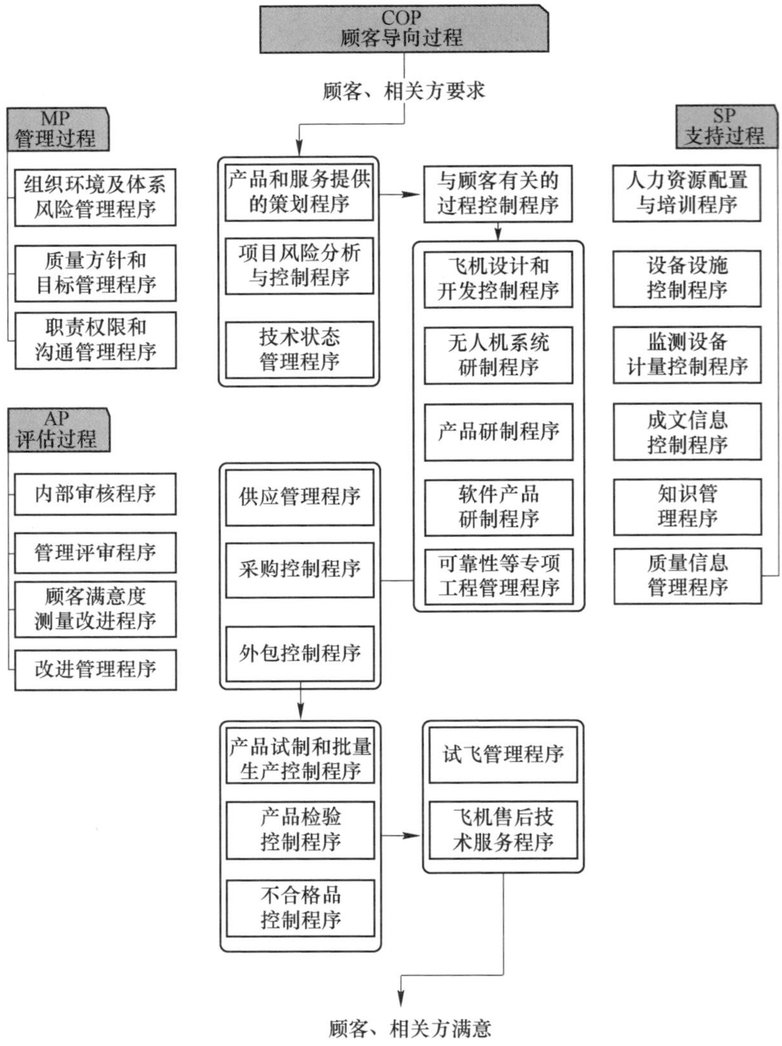

图 4-5　质量管理体系过程与体系文件关系示例

表现过程，是质量管理体系文件中不可或缺的内容，以帮助深化对过程的直观认识，方便使用。同时，以流程说明表形式详细描述各项过程的输入、输出、活动、责任单位、协助单位、交付物、资源、规范、KPI、KPI监视测量等内容，细化具体的工作流程。

建立了所有单个过程模型之后，按照过程间相互关系，形成过程网络

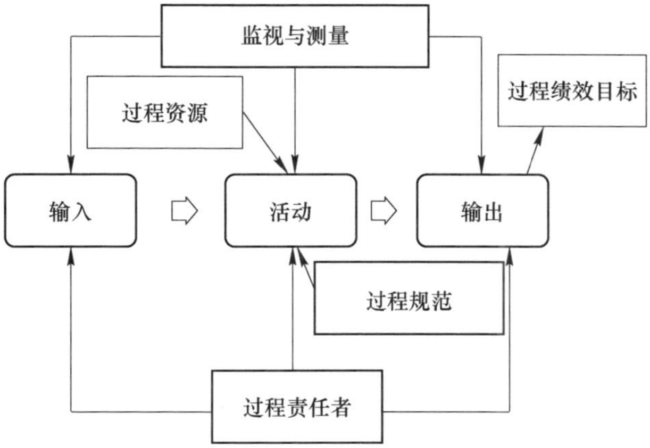

图 4-6　单个过程基本模型

体系，还需要站在全局角度，检查整个过程体系（流程）：分析是否满足过程要求；检查流程接口、相互作用、系统运行，分析是否符合过程优化原则，是否有其他更有效的方式构造流程；检查分析流程是否合理，是否存在可以删减或优化以降低成本或缩短周期的环节，以进一步优化流程（见图 4-7）。

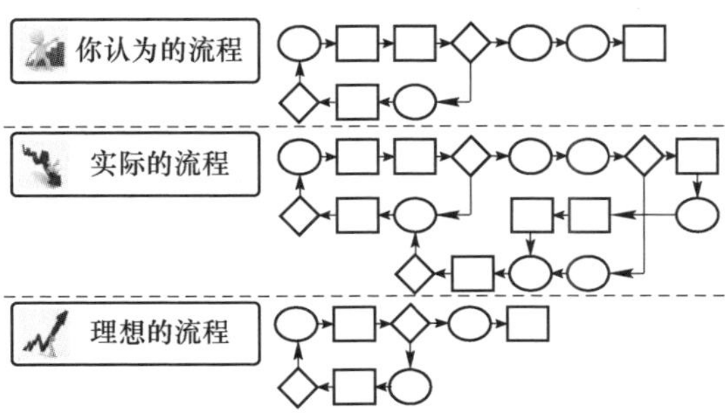

图 4-7　流程优化示意图

4.3.3　过程实施和测量——质量管理体系的实施和监督执行

过程得到识别、定义和梳理、策划后，进入实施阶段。

首先需要考虑的，是在质量管理体系文件基础上实现质量管理体系的可视化导航，为研发人员建立从质量手册到程序文件再到作业文件，从全局到细节的质量管理体系文件的图形化视图，同时根据层次化的全员质量责任定义，实现本岗质量体系要求的快捷检索。在计划管理平台上，根据具体的工作项目类别，实现相关质量管理体系要求的自动推送。

在此阶段，组织应采取切实措施，对质量管理体系实施开展监督和测量，包括组织推进、角色责任定义、信息沟通、质量意识提升、教育培训、管理参与和适当的评审活动，核心是体系文件执行问题。

在提高质量意识、增强责任观念的同时，一项最基本、最重要的原则就是树立质量管理体系文件的权威性和严肃性。质量管理体系是组织科研生产质量保证、质量监控、质量内审、质量奖惩、质量工作评价的依据，不允许任何人无视，甚至违背。

可以组织开展质量管理体系全员大讨论，鼓励对现行质量管理体系文件提出改进建议。质量体系管理专业要重点结合案例分析，向全员论述清楚，为什么要这样规定，不这么规定可能会有什么问题、引发怎样的质量问题。通过这样的活动，使全员更加深刻地认识质量管理体系的重要性和必要性，同时寻求改进机会。

新版质量管理体系文件发布，包括重要的单份控制文件发布时，应加强文件的宣贯导入和试运行工作。开展分级的体系文件培训宣贯，组织基层自学，要求每一位员工留下学习记录，并组织考试保证全员对基本规定的掌握。规定“试运行”期限，组织各部门上报宣贯导入和试运行阶段发现的体系文件存在的问题，协调改进，形成试运行报告。试运行后再转入正式执行期。通过“强制性”的宣贯导入和“全员参与”的试运行，可以深化员工对质量管理体系规定的理解，提高体系文件的执行效果。

4.3.4 过程审查和改进——质量管理体系的持续完善

根据“持续改进”的思想，在分析的基础上，开展对过程的纠正、改进。在督促型号研发过程符合质量管理体系要求的同时，评价确认过程的有效性、效率和纠正措施需求，识别过程改进机会。

从内部来说，例如体系文件实施中遇到的实际困难、遇到的执行障碍，内审发现问题和建议项，某部门工作中和某型号研发质量保证中适应新的技术特点和研发模式采取的新的质量管理技术、方法等都可能成为我们完善体系的动力。从外部来说，例如法规、标准的制（修）订，上级机关的要求，二方、三方审核发现的不符合项等都可以带来改进的机会。

识别过程改进机会后，首先要确定改进优先次序，再采用适当的过程改进方法去实施改进。

4.4　质量文化建设

4.4.1　企业（组织）质量文化

企业质量文化是企业文化的重要组成部分。GB/T 32230—2015《企业质量文化建设指南》定义“企业质量文化”为：企业和全体成员所认同的关于质量的理念与价值观、习惯与行为模式、基本原则与制度以及其物质表现的总和。北京科技大学张公绪主编的2002年版《质量工程师手册》将企业质量文化定义为：“企业在长期的质量管理活动中形成的，围绕质量问题所产生的一切活动方式的总和，体现了企业独特的质量价值观”。可以简单认为，企业质量文化是质量价值观和质量行为规范的总和。

以上“企业”质量文化的定义，并不专指我们日常生活中特指的“企业”这一种组织形式，可以泛化为“组织”质量文化。

对于组织而言，确保产品（包括服务）质量是赖以生存、持续发展的基本前提。而产品质量的形成与优化过程不仅是一个物质的加工生产过程，更是一个文化、思想、意识的凝聚过程。质量文化建设最基本的目的就是：提高员工的质量意识，使全员在科研生产工作中自觉履行质量承诺、质量职责和质量行为准则，大幅减少违规违章和人为责任质量问题。可以说，质量是企业（组织）的生命，质量文化则是质量的灵魂。

在《项目管理知识体系指南（PMBOK指南）》（第6版）中，提出了按有效性递增排列的5种质量管理水平。

（1）通常，代价最大的方法是让客户发现缺陷。这种方法可能会导致担保问题、召回、商誉受损和返工成本。

（2）控制质量过程包括先检测和纠正缺陷，再将可交付成果发送给客户。该过程会带来相关成本，主要是评估成本和内部失败成本。

（3）通过质量保证检查并纠正过程本身，而不仅仅是特殊缺陷。

（4）将质量融入项目和产品的规划和设计中。

（5）在整个组织内创建一种关注并致力于实现过程和产品质量的文化。

航空装备系统的使用特点使其对质量的要求更为严格，质量的重要性尤为突出。加强质量文化建设，提高员工质量意识和质量素养，进而促进装备研发及服务保障质量提升，是推进国防科技工业持续健康发展的有力保证。

4.4.2 质量文化建设

质量文化伴随着质量管理而产生，各个组织在质量活动中都会自然地形成自身的质量文化，但这是一个被动的过程。更需要做的是系统诊断、策划，并主动地开展组织质量文化建设，培育最适合自身发展需要的质量文化。

质量文化存在结构化特征，由物质层、行为层、制度层和道德层构成。与文化变革的抗性特征一致，质量文化变革的抗性特征从物质层到道德层逐渐增强。其中，物质层和行为层具有较高的易觉察性，属于较浅层面，而制度层面和道德层面具有较低的易觉察性，属于较深层面，如图4-8所示。

质量文化从物质层到道德层，逐层体现；从道德层到物质层，逐层落实。物质层是质量文化的基础性层面；行为层是物质层的行为体现；制度层是塑造行为层的主要机制，是对行为及行为结果的指导；道德层是质量文化的核心内容和最高境界，也是质量文化建设的最终目标，表现为质量

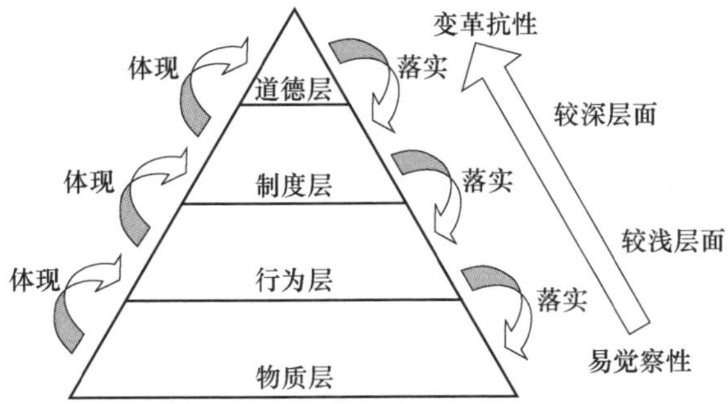

图 4-8　质量文化的结构化特征

价值观和精神追求。

质量文化的结构化特征从理论上说明了质量文化的“可建设性”，即质量价值观和精神追求（道德层目标）可以通过一系列的质量文化建设（物质层、行为层、制度层）过程来推进和落实。

4.4.3　基于 PDCA 过程方法的航空装备研发组织质量文化建设

运用 PDCA 过程方法，构建航空装备研发组织质量文化建设模式框架（见图 4-9），明确四大过程的核心任务，包括文化定位与目标设立；组织管理与职责落实；质量文化促进；测量、评估与改进等方面。

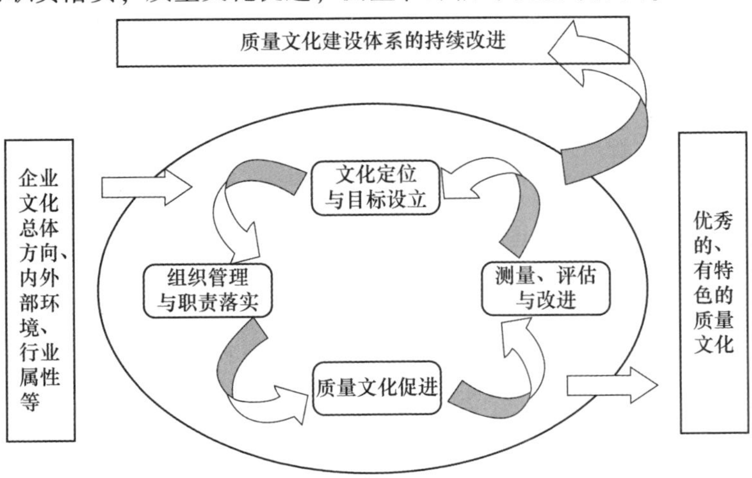

图 4-9　航空装备研发组织质量文化建设模式框架

在此基础上进一步细分子过程，例如质量文化促进过程划分为 6 个子过程：领导重视、建章立制、教育培训、内部沟通、有效激励、全员参与，形成完整可行的航空装备研发组织质量文化建设模式。

4.4.3.1 文化定位与目标设立（P）

准确定位质量文化，树立适宜的质量理念，是提炼出最具价值的有别于其他组织的文化要素，最终构建特色的质量文化的前提，是最首要的策划（P）阶段工作。

充分理解组织文化总体方向，结合承研装备特点，确立质量方针，并针对质量文化结构化特征的 4 个层面，设定质量文化建设总体目标。

（1）物质层

质量方针、质量承诺和质量行为准则、岗位质量职责为全体员工所认同，并在各部门得到分解细化，通过多种媒介得到广泛宣传，在组织范围内形成可视的质量文化浓厚氛围。

（2）行为层

全员重视质量，质量承诺和质量行为准则在科研生产工作中得到体现，岗位质量职责得到履行，违规违章、人为责任原因的质量问题大幅减少。

（3）制度层

建立并持续完善质量管理体系文件，各项科研生产过程得到系统识别和定义，明确其输入、活动、输出、资源、规范，每一项工作都有章可循，并为相关员工所掌握。

（4）道德层

全体员工的质量意识明显、普遍提高，精益求精、追求卓越，积极主动参与质量改进，组织在国内外树立起产品高质量、可信任，员工质量素养优秀的形象。

进一步地，针对 4 个方面的质量文化建设目标，应设立对应的量化指标。

4.4.3.2　组织管理与职责落实（P）

以型号总体设计单位举例，将质量文化建设推进的职责纳入（如4.2节所述的）“所—部门—室”三级全面质量管控组织结构，以及层次化、多维度的全员质量责任体系，并针对各级、各岗人员细分职责。

4.4.3.3　质量文化促进（D）

质量文化促进过程，是质量文化建设PDCA过程的实施（D）阶段的主体，可以将此过程划分为6个子过程：

（1）领导重视，强力推动质量文化建设；

（2）建章立制，规范和指导员工质量行为；

（3）教育培训，提高员工质量素质；

（4）内部沟通，传播和改进质量文化；

（5）有效激励，提升员工参与质量改进、参与质量文化建设的积极性；

（6）全员参与，形成良好的质量文化氛围。

6个子过程间关系见图4-10。其中，“领导重视”和“全员参与”是纵向和横向的基础保证；“建章立制”“教育培训”“内部沟通”相互联系、结合推进，并通过“有效激励”得到充分落实。

（1）领导重视：细化年度计划，强力推动质量文化建设

质量文化首先是组织领导层，尤其是“一把手”质量观、质量理念、质量意识和质量行为的体现。质量文化建设有效推进，首先需要组织各级领导成为质量文化建设的倡导者、组织者、推动者。

需要各级领导重视质量文化建设工作，注重提升员工质量意识，调动其参与质量改进的积极性。周期性制定质量文化建设重点和方向，结合质量工作纲要细化质量文化建设计划。在各类质量工作会议中分析质量文化建设存在的问题，部署下一步工作要求，统筹相关资源，强力推动质量文化建设。

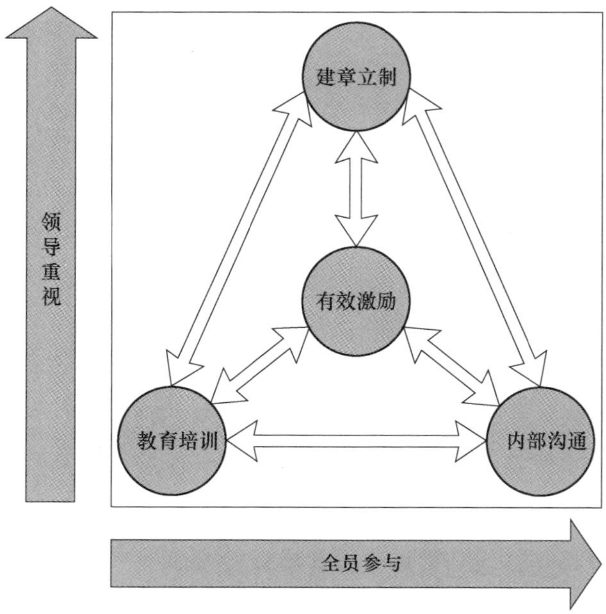

图 4-10　质量文化促进过程的 6 个子过程间关系

（2）建章立制：以有形和无形规范，指导员工质量行为

构建有形规范，基于过程方法建立并持续完善组织质量管理体系，形成“质量手册—程序文件—作业文件”三层次的组织级质量体系文件，描述组织科研生产各过程涉及的输入、输出、活动要求、交付物等内容，细化具体流程，保证每一项工作都有章可依，持续构筑“依法治质”的氛围。并通过培训、试运行等手段，保证相关人员对流程和要求的掌握。

采用员工质量工作手册等方法，针对性提供工作流程导引。组织各部门围绕部门质量职责、领导职责、通用质量要求、研究室质量职责、质量监督考核 5 个方面，建立部门级质量工作制度，对接所级质量体系要求，细化定义各专业、各岗位人员应遵循的质量保证要求、流程。

开展 6S 管理，创造清洁、有序、高效、安全的工作环境和与之相适应的企业文化，最终达到提升企业形象和员工素养，提高工作效率和工作质量的目标。在员工素养管理规定中融入用户诚信、质量诚信等质量文化要素。

在有形的行为规范之外，需要注重吸收好的质量习惯、质量传统和质量作风等无形规范，如型号研制质量保证的新做法、好工具，纳入体系文件加以推广；纠正不好的、错误的无形规范，在体系文件中予以禁止，以制度规范的编制、实施、检查和考核，对无形规范加以正确引导。

（3）教育培训：覆盖性针对性培训，提高员工质量素养

针对质量文化结构化特征的4个层面的需求，分别针对质量形象、质量行为、质量制度、质量意识提升，策划质量教育培训内容，包含：

（物质层：针对质量形象）技术、技能及质量知识、方法工具；

（行为层：针对质量行为）质量行为规范、准则；

（制度层：针对质量制度）质量体系文件、质量流程；

（道德层：针对质量意识）质量方针、质量价值观、质量案例启示。

同时，针对高层管理人员、中层管理人员、基层管理人员、一线员工、新入职员工等不同对象，梳理质量“应知应会”要求，明确有针对性的教育培训重点内容（见图4-11）。

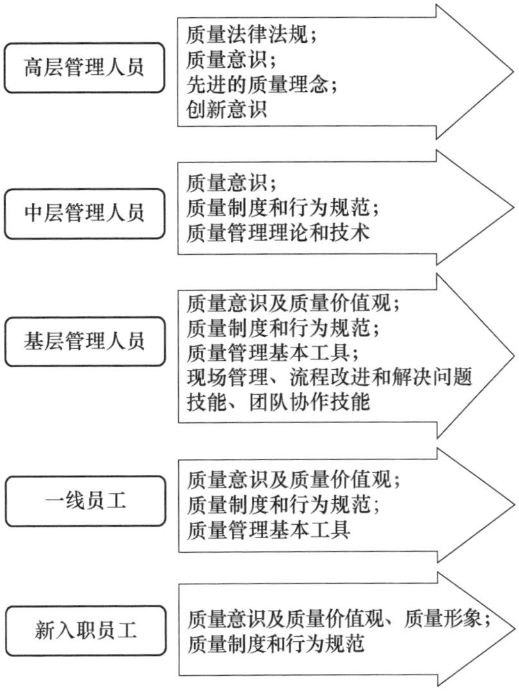

图4-11　针对不同对象的质量“应知应会”要求

采取适宜方式，送外培训和内部宣贯相结合，落实全员质量“应知应会”覆盖性教育培训。量化分析评估组织质量教育培训效果，纳入组织质量目标，并部署改进，形成人人懂质量、人人关注质量、人人创造质量的文化氛围。

（4）内部沟通：以信息化手段融入科研，传播质量文化

基于全面质量管控组织架构，通过各级会议、培训、讨论、主题活动等多种形式，利用多种宣传媒体媒介，在组织内落实质量文化建设相关信息内部沟通。组织全员对照质量职责提升自我意识、改进自我行为，引导全员自觉参与质量改进和质量文化建设。

推进质量内部沟通的信息化建设，以质量管理信息系统为主要功能平台，将质量控制要求融入精益设计平台，在敏捷开发平台上开展沟通、宣贯、推进和协作，开展质量知识工程与共享，保证质量文化有关信息在组织内畅通传递。

（5）有效激励：以量化评价和质量奖惩提升员工积极性

质量文化建设，人是核心。再好的技术，再完美的规章，在实际操作层面，也无法取代人自身素质和责任心的作用。以人为本是质量文化建设的核心与本质。

在质量文化建设中，应充分运用各种激励方式和手段，提高全员质量意识，增强质量责任感和使命感，提升全员参与质量工作的积极性和自觉性，提升组织质量文化氛围。例如，推进对部门的科研生产质量工作量化绩效评价，推动质量管理体系流程运行和要求落实，促进质量创新和全员参与质量改进。

遵循“实事求是、客观公正、权责一致、奖惩分明、有据可查”的原则，开展质量奖惩。例如，设立年度质量先进集体、先进个人奖，质量管理能力提升与创新专项奖，质量改进成果奖以及劳动竞赛质量安全标兵等奖项，奖励在日常工作中发现、解决重大质量安全隐患的人员，树立一批质量先进典型人物和事例，并大力宣传，使质量文化具象化、形象化。同时，制定详细可操作的质量处罚措施表，对实物质量问题和过程质量保证问题开展质量处罚，组织开展问题“双五归零”，并举一反三整改，形成

组织的知识库。

（6）全员参与：群众性质量活动营造特色科研质量文化

只有全员积极参与，质量文化才具有长久的生命力。质量理念、质量价值观的提炼需要广大员工的积极参与。质量理念、质量价值观、质量方针的体现、落实，质量管理规章的贯彻执行更需要全体员工的积极参与和习惯养成。

例如，组织开展质量管理（QC）小组活动、质量信得过班组建设、精益六西格玛等群众性现场质量活动，组织参与质量改进、总结成果、推广应用，组织开展质量知识竞赛等多种形式的质量活动。运用组织内部各类媒体普及质量知识，宣传质量文化，介绍先进实践，营造良好的质量文化氛围。

4.4.3.4　测量、评估与改进（C、A）

“没有测量，就没有管理”，测量是评估的基础，评估的目的在于改进。依据质量文化建设目标和要求，测量有关过程，搜集相关信息和数据，并与理想的质量文化进行比较，积极寻找改进机会，确立改进方向，采取有效改进措施，开始新一轮的质量文化建设过程。这就是质量文化建设 PDCA 过程的检查（C）和处置（A）阶段，也是基于 PDCA 过程方法的质量文化建设模式的最显著特点。

定期对照设立的物质层、行为层、制度层和道德层 4 个方面质量文化建设目标（包括定性要求和定量指标），结合质量目标管理和质量工作绩效评价等日常质量工作，收集质量信息和数据，以及员工定性的、感受性的效果反馈，测量和评估组织质量文化建设效果，并针对评估结果分析存在的薄弱环节，明确下一步改进方向和计划，将质量文化建设的实践活动推进到下一个 PDCA 循环。

4.4.4　装备数字化研发质量文化和质量行为准则

航空装备研发组织应努力营造“超越自我现状、超越用户期待和超越对手水平”的质量文化。永远不满足于现状，实现质量从“符合性”向“适用性”、向超越用户满意转变，最终实现超越对手的跨越。

建立与先进航空装备系统数字化研发特色相适应的质量行为准则，以下要求可作为参考。

（1）恪守科学规律，尊重客观事实，认真对待客户的需求，以顾客为关注焦点。

（2）按照法律、法规、制度、流程、标准和规则做事。具备正直、诚信的职业品格，坚信质量和安全是靠流程和工具来保障的，并为组织持续建立和完善研发体系和质量管理体系贡献力量。

（3）严格履行自己应该承担的质量职责，主动作为，决不推诿。决不提交、会签或审查自己认为有问题的图样、数模和各类报告，任何时候，都决不做低于质量标准的事。

（4）牢记装备设计是一个不断优化权衡的过程，追求的是综合最优。任何时候都不要把一个初始的设计当作必然的方案，要按照优化迭代的研发流程寻求更高质量。

（5）不可闭门造车，要努力学习吸取国内外装备研发的经验教训，不断提升技术能力，基于研究驱动工程设计。

（6）基于系统工程的原理，做到设计缜密、试验充分，对工程问题的决策和判断决不能凭空或想当然。

（7）牢记最好的设计是最简单但能实现功能的设计。应以努力寻找可控成本的、一流的工程解决方案为工作目标。

（8）牢记虚拟仿真技术是双刃剑，对设计输入的控制和建模技术的正确应用是关键。如果进行仿真的设计输入是垃圾，那么仿真的结果设计输出也是垃圾。

（9）牢记自己是一名设计工程师，而不是电脑制图员或打字员。决不可过分依赖电脑技术而忽视工程技术问题的原理和规律。

（10）牢记设计细节决定成败，可靠性、安全性应融入每一个设计细节中。

（11）牢记自身工作事关航空装备飞行安全和部队战斗力。坚信做好装备研发工作，为用户提供高质量的产品和服务可以报效我们的国家，可以改变世界。

4.5　群众性质量改进

4.5.1　质量管理小组（包括质量信得过班组）活动

质量管理小组（QC 小组）活动（包括质量信得过班组创建活动）是重要的群众性质量改进活动。基于 PDCA 循环思路，需要重视以下工作的落实，以围绕组织的质量目标、方针和存在的问题开展改进，并提高员工质量素质。

4.5.1.1　加强宣贯和激励

提出明确要求，组织各部门将 QC 小组活动作为一项重要的日常业务来抓，利用多渠道、多媒体进行活动宣传。同时，应落实 QC 小组活动奖励，充分调动员工参与质量管理和改进的积极性，例如在年度的质量先进个人、质量先进集体的评选中，将质量小组活动开展情况作为一项重要考核标准。

4.5.1.2　发布选题指南、明确活动要求

为使 QC 小组活动有计划地推进，使活动开展更加广泛深入并取得实效，应围绕组织的年度科研生产重点，提出改进项，发布当年度的 QC 小组活动选题指南，指导开展 QC 小组活动，以切实解决组织科研生产中面临的实际问题。

QC 小组活动课题分为问题解决型课题和创新型课题。问题解决型课题是指针对现在存在的某种问题，弄清原因，针对主要原因进行改进，以改善现状而达到规定的标准和要求的课题。创新型课题不是针对现状存在问题，而是小组成员运用新的思维方式、创新的方法，开发新产品、新方

法，实现预期目标的课题。

应针对问题解决型课题10个步骤（选择课题、现状调查、设定目标、分析原因、确定主要原因、制定对策、按对策实施、检查效果、制定巩固措施、总结及下一步打算），以及创新型课题8个步骤（选择课题、设定目标、提出各种方案并确定最佳方案、制定对策表、按对策表实施、确认效果、标准化、总结及下一步打算），定义每一个步骤的具体要求、主要内容、适宜采取的质量工具以及相关的注意事项，建立活动过程模板，以更好地指导QC小组活动开展。

4.5.1.3 开展系统培训、搭建交流平台

通过组织开展系统培训和相互交流，可以使QC小组活动人员更好地掌握活动理论知识和方法，提高QC小组活动质量和效果，常用做法包括如下。

（1）开展基础培训，重点讲解QC小组活动的基础知识、质量工具方法和活动流程，详细介绍分析优秀成果案例，总结组织内部活动过程中的常见问题，以促进参培人员掌握QC小组活动理论知识，夯实活动基础。

（2）邀请组织内外部的专家和专职教师开展专项指导培训，针对具体的课题开展实践指导。

（3）QC小组活动骨干送外参加QC知识培训和取证，加强组织内部QC小组活动管理队伍建设，培养具有理论知识和实践能力的QC小组活动人才。

（4）搭建QC小组活动的交流平台，组织开展QC小组活动的互相交流、学习，使QC小组活动人员取长补短，学习其他小组在开展活动中的技巧、方法及质量工具的运用。

4.5.1.4 专项支持和指导

为确保QC小组活动效果，应加强管理举措，针对每一项QC小组活动给予支持、指导和分析。

QC小组组建注册之后，管理部门应明确归口管理员，指导、协助QC小组按照PDCA的原则，从5W1H（what项目、how工具、when计划、

where 地点、why 目标、who 负责人）方面，制订完整的活动计划，包括活动的具体步骤及每个步骤的时间安排，以便活动能按计划有序开展。

QC 小组活动期间，归口管理员应针对活动具体过程开展指导，使活动人员可以运用正确的质量工具和方法，以最快的速度、最小的质量成本，确定最优的质量改进策略，解决现场问题。例如，特别关注在小组活动中关键性的一些阶段，选取的质量工具是否适宜，质量工具运用是否正确。原因分析阶段，是否根据实际情况正确选择采用因果图、树图或者关联图进行分析，是否充分、彻底分析到末端原因，是否制定了可行性强、可以直接实施的对策措施，是否完整考虑了影响性的因素等。

同时，归口管理员开展活动过程监督，加强活动过程控制，将 QC 小组具体活动步骤纳入看板管理，监控各 QC 小组活动情况。对未按期完成活动阶段的 QC 小组重点督促，避免出现半途而废或者其他不能按期完成活动的情况。

4.5.1.5　注重成果转化

QC 小组活动开展过程中，还需注重成果的转化，并将成果推广效果作为 QC 小组成果评审重要的指标项目。一方面开展 QC 小组活动效果检查，确保各小组达到活动预期目标。另一方面是开展巩固措施检查，确保措施已完善到相应的设计文件、标准规范等文件中，以便能够推广运用到其他型号设计、生产等研发过程中。

4.5.2　精益班组/研究室建设

面对型号数字化精益研发模式对质量保证工作提出的挑战和要求，有必要推进精益研发的理念深入基层和一线，组织精益班组/研究室建设活动。

应明确精益班组/研究室建设的工作范畴和能力提升方向，可将班组/研究室层级的组织流程建设、角色和责任定义、系统工程应用实践、项目管理应用实践作为构建精益班组/研究室的 4 个方面着力点，将减少延迟、设计再利用的最大化、提高过程效率、减少设计缺陷作为精益改进方向，并制定可操作的改进路线图。

按照“以点带面”的思路，以“试点实践—全面推广—持续深化”的路径持续推进精益班组/研究室建设。组织各个班组/研究室基于系统工程方法论，着眼质量和效率提升，开展技术和管理创新，基于数字化环境下新技术、新方法、新工具的深化应用和流程再造，形成班组/研究室级的精益研发质量保证工作手册、设计规范和指南，规范技术与管理活动，打造特色团队质量文化，例如：

（1）瞄准用户需求，完善流程制度；

（2）着力角色定义，优化资源配置；

（3）聚焦专业建设，提升研发效率；

（4）定制流程平台，助力系统工程；

（5）深化项目管理，激发团队合力；

（6）推进知识工程，搭建共享平台。

开展精益班组/研究室建设活动，可以使基层班组/研究室成为创新实践的主阵地，促进班组/研究室的质量保证能力提升，制度、流程建设落地取得实效，建立起专业知识库，持续增强研制团队凝聚力、战斗力、创造力，持续提升研发科学化、规范化，有力支撑航空装备系统高质量高效率研发。

第 5 章　面向产品的质量保证

5.1　概述

5.1.1　ISO/GJB 质量管理体系要求

GJB 9001C—2017（ISO 9001：2015、GB/T 19001—2016）第 8 章“运行”偏向于面向产品研制过程质量管理要求，包括：

（1）运行的策划和控制。

（2）产品和服务的要求。

顾客沟通、产品和服务要求的确定、产品和服务要求的评审、产品和服务要求的更改。

（3）产品和服务的设计和开发。

总则、设计和开发策划、设计和开发输入、设计和开发控制、设计和开发输出、设计和开发更改。

（4）外部提供的过程、产品和服务的控制。

总则、控制类型和程度、提供给外部供方的信息。

（5）生产和服务提供。

生产和服务提供的控制、标识和可追溯性、顾客或外部供方的财产、防护、交付后活动、更改控制。

（6）产品和服务的放行。

（7）不合格输出的控制。

5.1.2　PMI 项目管理体系要求

“项目质量管理”在 PMI（美国项目管理协会）第六版《项目管理知

识体系指南（PMBOK 指南）》中，是十大项目管理知识领域之一。项目质量管理过程包括如下。

（1）规划质量管理：识别项目及其可交付成果的质量要求和/或标准，并书面描述项目将如何证明符合质量要求和/或标准的过程。

（2）管理质量：把组织的质量政策应用于项目，并将质量管理计划转化为可执行的质量活动的过程。

（3）控制质量：为了评估绩效，确保项目输出完整、正确，并满足客户期望，而监督和记录质量管理活动执行结果的过程。

规划质量管理过程关注工作需要达到的质量，管理质量过程则关注管理整个项目期间的质量过程。在管理质量过程期间，把在规划质量管理过程中识别的质量要求转化为测试与评估工具，将其用于控制质量过程，以确认项目是否达到这些质量要求。控制质量过程关注工作成果与质量要求的比较，确保结果可接受。几者间关系如图 5-1 所示。

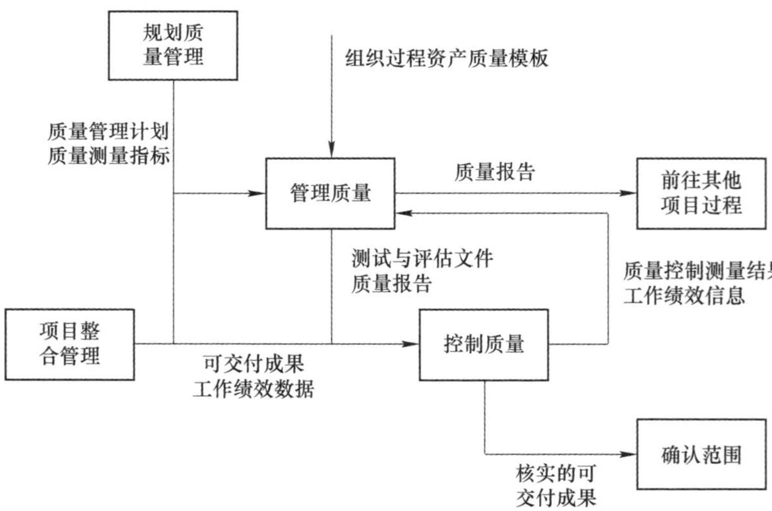

图 5-1　PMI-PMBOK 指南中主要项目质量管理过程的相互关系

（引用自《项目管理知识体系指南（PMBOK 指南）》（第 6 版）图 8-2）

项目质量管理的各个过程概述见表 5-1。

表 5–1　项目质量管理过程概述

过程名称	输入	工具与技术	输出
规划 质量管理	1. 项目章程 2. 项目管理计划 • 需求管理计划 • 风险管理计划 • 相关方参与计划 • 范围基准 3. 项目文件 • 假设日志 • 需求文件 • 需求跟踪矩阵 • 风险登记册 • 相关方登记册 4. 事业环境因素 5. 组织过程资产	1. 专家判断 2. 数据收集 • 标杆对照 • 头脑风暴 • 访谈 3. 数据分析 • 成本效益分析 • 质量成本 4. 决策 • 多标准决策分析 5. 数据表现 • 流程图 • 逻辑数据模型 • 矩阵图 • 思维导图 6. 测试与检查规划 7. 会议	1. 质量管理计划 2. 质量测量指标 3. 项目管理计划更新 • 风险管理计划 • 范围基准 4. 项目文件更新 • 经验教训登记册 • 需求跟踪矩阵 • 风险登记册 • 相关方登记册
管理质量	1. 项目管理计划 • 质量管理计划 2. 项目文件 • 经验教训登记册 • 质量控制测量结果 • 质量测量指标 • 风险报告 3. 组织过程资产	1. 数据收集 • 核对单 2. 数据分析 • 备选方案分析 • 文件分析 • 过程分析 • 根本原因分析 3. 决策 • 多标准决策分析 4. 数据表现 • 亲和图 • 因果图 • 流程图 • 直方图 • 矩阵图 • 散点图 5. 审计 6. 面向 X 的设计 7. 问题解决 8. 质量改进方法	1. 质量报告 2. 测试与评估文件 3. 变更请求 4. 项目管理计划更新 • 质量管理计划 • 范围基准 • 进度基准 • 成本基准 5. 项目文件更新 • 问题日志 • 经验教训登记册 • 风险登记册

表5-1(续)

过程名称	输入	工具与技术	输出
控制质量	1. 项目管理计划 • 质量管理计划 2. 项目文件 • 经验教训登记册 • 质量测量指标 • 测试与评估文件 3. 批准的变更请求 4. 可交付成果 5. 工作绩效数据 6. 事业环境因素 7. 组织过程资产	1. 数据收集 • 核对单 • 核查表 • 统计抽样 • 问卷调查 2. 数据分析 • 绩效审查 • 根本原因分析 3. 检查 4. 测试/产品评估 5. 数据表现 • 因果图 • 控制图 • 直方图 • 散点图 6. 会议	1. 质量控制测量结果 2. 核实的可交付成果 3. 工作绩效信息 4. 变更请求 5. 项目管理计划更新 • 质量管理计划 6. 项目文件更新 • 问题日志 • 经验教训登记册 • 风险登记册 • 测试与评估文件

5.1.3 ISO/IEC/IEEE、INCOSE 系统工程体系要求

面向产品的质量保证流程在 ISO/IEC/IEEE 15288：2015《系统和软件工程——系统生命周期流程》(INCOSE《系统工程手册》)的系统工程体系中，属于技术管理流程组的 8 个流程之一，其 IPO（输入—流程—输出）图见图 5-2。

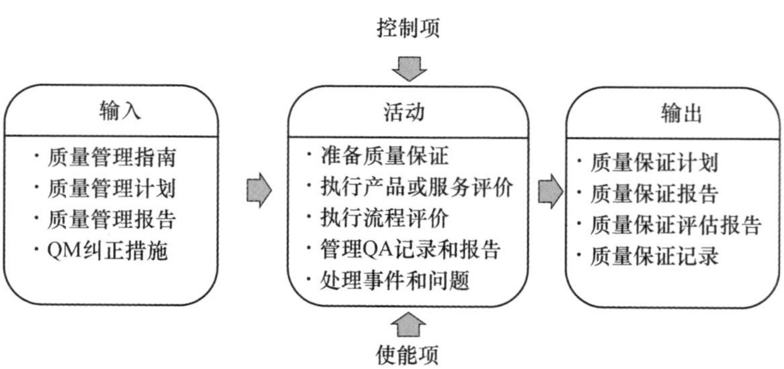

图 5-2　质量保证流程的 IPO 图

质量保证流程目的是确保组织的质量管理流程在项目中的有效应用。

5个流程活动包括：

（1）准备质量保证

①建立并维护质量保证策略（通常在质量保证计划中获取）。

②建立并维护质量保证指南——方针、标准和程序。

③定义职责和权限。

（2）实施产品或服务评价

①按照质量保证计划的定义在生命周期的适当时间进行评价，确保生命周期流程的输出的V&V（如3.4节论述，作者认为包括技术V&V和质量V&V）。

②确保在设计、开发、验证、确认和生产活动期间恰当地表征独立的质量保证视角。

③评估产品验证结果作为质量保证有效性的证据。

（3）实施流程评价

①对流程实施规定的监视，以提供开发组织是否符合已建立程序方面的独立评估依据。

②针对符合性和有效性对使能工具和环境进行评估。

③使适用的程序需求和监视需求贯穿于项目供应链内流动，并评估外部供商流程与分配的需求的符合性。

（4）管理质量保证记录和报告

①按照适用需求，创建、维护并存储记录和报告。

②识别与产品的流程评价相关联的事件和问题。

（5）处理事件和问题

①文件化、分类、报告并分析所有异常。

②进行根因分析并注意趋势。

③建议适当的措施，以便在有指征时解决异常和误差。

④跟踪所有事件和问题，直至关闭。

注：意外事件是需求立即关注的短期异常或观察结果，问题是已经确认的不符合性将会导致项目不能满足需求。

5.1.4 航空装备系统和机载设备研制流程

5.1.4.1 航空装备系统研制流程

航空装备系统研制一般划分为论证立项阶段、工程研制阶段、列装定型阶段、批产与服务保障阶段 4 个阶段，每个阶段包含若干过程。

（1）论证立项阶段，包括研制立项综合论证 1 个过程；

（2）工程研制阶段，包括方案设计、初步设计、详细设计、试制与地面试验、性能验证飞行试验、性能鉴定试验与状态鉴定 6 个过程；

（3）列装定型阶段，包括小批量生产、作战试验与定型审查 2 个过程；

（4）批产与服务保障阶段，包括生产交付、在役考核、服务保障 3 个过程。

按照并行工程的理念，过程间工作可以按需并行开展。按照作战能力渐进式生成的理念，有些过程可以分批次进行。按照装备的应用场景，有些过程可以按步骤进行细化分解。

本章研究内容主要面向航空装备系统研制前三个阶段，即论证立项阶段、工程研制阶段和列装定型阶段。

5.1.4.2 机载设备研制流程

机载设备（也可称为成品）研制阶段分为：

（1）论证阶段（L），对应型号论证立项过程；

（2）方案阶段（F），对应型号方案设计、初步设计过程；

（3）初样研制阶段（C），对应型号初步设计、详细设计、试制和地面试验过程；

（4）试样研制阶段（S），对应型号详细设计、试制和地面试验、性能验证试飞过程；

（5）鉴定阶段（D），对应型号性能鉴定试验和状态鉴定过程。

每一阶段的工作经评审达到规定的要求后，方可正式转入下一阶段。按照并行工程的理念，阶段间工作可以按需并行开展，即在正式转入下一阶段之前，机载设备研制单位可以提前开展下一阶段的相关工作。确需跨越阶段并行开展的工作，应在研制合同或技术协议书中明确。

5.1.5　要求的综合分析

根据第 5.1.1~第 5.1.3 节分析，ISO/GJB 质量管理体系、PMI 项目管理体系、ISO/IEC/IEEE 系统生命周期流程体系（INCOSE 系统工程）等三个管理体系都对产品/项目/型号研制质量保证提出了要求，这些要求落实在航空装备系统和机载设备研制流程（如第 5.1.4 节论述）完成型号质量保证工作。

ISO/TC 176/SC 2/N544《管理体系的过程方法概念和应用的指南》指出："PDCA 方法是定义、运行和控制纠正措施和改进的有用的工具"。

本章的分析论述同样运用了 PDCA 循环方法，即整体采用了质量策划（P）—质量控制（D）—质量审查（C）—质量改进（A）的架构（见图 5-3），重点研究面向产品的质量保证工作中常用的技术/方法。

总体思路原则是：质量策划要求符合武器装备研制质量管理要求，并适应型号研制技术特点和研发模式；质量控制工作满足质量策划要求；质量审查活动覆盖质量控制要求；质量改进适应质量审查发现问题，并反映到更新的质量策划要求中。

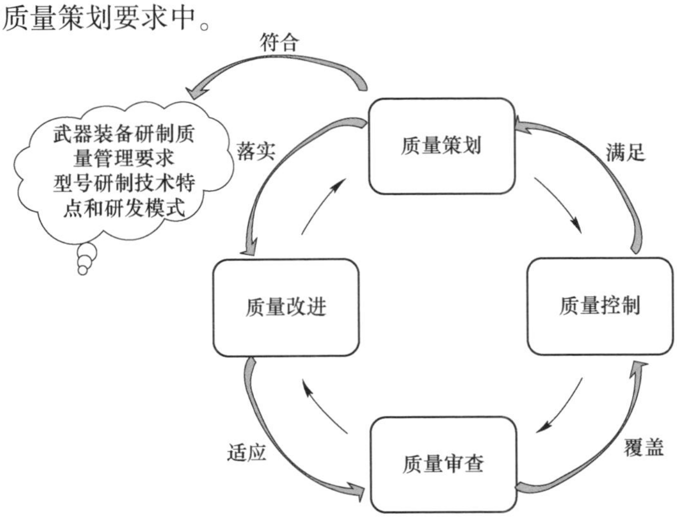

图 5-3　面向产品的质量保证中的 PDCA 循环

5.2 面向型号的质量保证组织架构和责任体系

5.2.1 面向型号研制全线的质量师系统

《武器装备质量管理条例》（国务院、中央军委第582号令）第十八条规定“武器装备研制、生产涉及若干单位的，其质量保证工作由任务总体单位或者总承包单位负责组织”。在航空装备研制领域，一般是由型号总体设计单位（总质量师单位）牵头，以质量师系统的形式，开展型号级质量保证工作的组织。

航空装备系统研发一般建立型号行政指挥系统、设计师系统和质量师系统，称为型号“三师系统”；也有将型号质量师系统纳入行政指挥系统，建立型号行政总指挥系统（含总质量师系统）和总设计师系统，称为型号“两总系统”。

型号质量师系统是指为完成特定型号研制任务，由承担型号研制任务主要单位的相关人员组成的跨单位、跨集团的型号质量管理组织系统。

型号质量师系统在型号行政指挥系统的领导下，开展质量保证策划和质量管理工作；协同型号设计师系统开展型号质量保证工作，并提供质量技术支持；独立行使质量监督职能。

5.2.1.1 质量师系统设置

航空装备型号质量师系统成员单位一般可包括承担型号研制任务的总体设计单位，总体制造单位，重要机体分制造单位，大型试验单位，试飞单位，新研或改进发动机总体设计及制造单位，新研或改进分系统及成品（含软件）配套单位，重要新研材料、标准件、元器件研制单位，关键技术基础支持单位，关键二次配套单位等。型号质量师系统应与型号行政指挥系统、设计师系统同步设置。型号质量师系统可按型号独立设置，也可按型号系列设置。

型号质量师包括型号总质量师、副总质量师、主任质量师和主管质量师等。型号质量师任职的基本条件为：

（1）热爱航空、奉献航空，认真贯彻执行型号上级、同级行政指挥、上级质量师的决策部署；

（2）具备良好的个人素质、工作能力和职业道德，坚持原则、实事求是、认真负责；

（3）熟悉航空装备研制程序，有较丰富的工程经验；

（4）熟悉质量管理法律法规、标准和规章制度，具有较丰富的管理经验和质量管理基础知识，掌握质量工程相关技术、工具和方法；

（5）熟悉质量管理工作相关要求和工作程序；

（6）一般应具有工程师及以上的专业技术职称，其中总质量师和副总质量师应具有高级工程师及以上的专业技术职称；

（7）总质量师一般应从事质量或相关专业工作10年以上，参加过同类型号研制过程中的质量工作，具备解决研制各阶段质量工作问题的能力。

一般地，总质量师由型号总体设计单位的质量主管领导或总质量师担任；副总质量师由型号总体设计、总体制造、试飞、新研或改进发动机总体设计或制造、新研或改进的关键分系统研制等单位质量主管领导或总质量师、副总质量师、型号质量专业负责人担任。主任质量师由型号新研或改进的分系统研制、重要配套新成品（含软件）研制、大型试验、关键技术基础支持等单位有关人员担任。主管质量师由型号新研或改进的一般配套新成品（含软件）研制，重要新研材料、标准件、元器件研制，关键二次配套等单位有关人员担任。

一般地，在总质量师所在单位（即型号总体设计单位）设置质量师系统办公室，办公室主任由型号总质量师所在单位的型号质量专业有关人员担任，成员主要由型号总质量师、副总质量师所在单位的有关人员组成。

5.2.1.2　质量师系统职责

一般地，型号总质量师主要承担以下工作职责：

（1）组织筹建型号质量师系统，明确各级质量师的质量责任，组织制定型号质量师系统工作制度和程序；

（2）负责在型号研制全过程中，组织贯彻装备研制质量工作相关法规、标准和文件要求；

（3）组织型号研制质量工作顶层策划，组织制定型号质量保证大纲等要求文件，批准型号质量工作计划，组织开展型号研制全过程的质量保证工作；

（4）督促严重及以上质量问题和顾客关注的质量问题、重复发生问题的解决；

（5）对各级质量师进行工作监督和考核；

（6）组织开展型号研制队伍的质量教育和质量培训，推进数字化研发环境下质量工程技术、工具、方法研究创新与应用；

（7）向型号行政指挥系统及上级机关报告有关工作情况，提出工作和奖惩建议；

（8）对型号研制过程中质量方面的重大决策、关键问题和日常管理全面负责。

型号副总质量师主要承担以下工作职责：

（1）协助总质量师开展日常工作；

（2）负责分管范围（如总体设计、总体制造、试飞等）内的质量工作；

（3）承担型号总质量师安排的其他工作。

型号主任质量师和主管质量师主要承担以下工作职责：

（1）负责分管范围和层级（如分系统研制、大型试验、关键技术基础支持，配套新成品研制、重要新材料研制等）内的质量工作；

（2）承担型号总质量师及副总质量师安排的其他工作。

型号质量师系统办公室主要承担以下工作职责：

（1）按照总质量师、副总质量师的要求，组织实施质量师系统日常工作；

（2）负责拟定型号质量管理文件，以及质量师系统相关工作制度和管理规定，经批准后组织实施；

（3）制定型号质量问题管理要求，建立型号质量问题一本账，督促型号研制质量问题的解决；

（4）负责型号质量信息管理，及时开展质量数据收集、统计、分析工作，并做必要的信息保存；

（5）以质量师系统信息单、通知、简报等形式与行政指挥系统、设计师系统，以及在质量师系统内部开展信息传递与沟通；

（6）组织开展对质量师系统各成员单位的质量检查、审查、整顿等专项活动，并开展结果通报和对各成员单位的质量评价；

（7）承办对各级质量师的质量教育培训，使各级质量师具备数字化研发质量保证技能；

（8）牵头开展型号/成品数字化研发质量管理技术、工具、方法研究和能力提升，提出质量改进建议；

（9）负责组织编制型号质量工作计划、总结和质量分析报告、质量管理报告等；

（10）完成总质量师、副总质量师交办的其他工作。

5.2.1.3　质量师系统工作要求

型号质量师系统主要工作要求包括：

（1）在型号研制过程中，推进质量师系统各单位贯彻落实型号研制质量相关法规、标准和文件的各项要求，依据型号研制总要求和研制合同（技术协议），与型号研制策划同步开展质量保证策划，明确质量目标和质量保证工作项目，组织制定质量保证大纲及相关管理规定和文件。型号副总质量师、主任质量师和主管质量师应按以上要求，并贯彻型号质量要求，开展分管范围和层级（如总体设计、总体制造、试飞，分系统研制、大型试验、配套新成品研制等）的质量保证策划。

（2）根据型号/成品研制质量保证大纲、计划及相关文件，组织设计、工艺、试制、检验、试验、试飞、服务保障等各角色人员，开展质量保证工作，完成规定的质量工作项目，并提供质量技术支持。

（3）建立型号/成品研制过程控制里程碑节点（如型号初步设计评审、首飞技术质量评审、状态鉴定审查、列装定型审查等；成品转阶段评审、放飞评审、状态鉴定审查等）前技术质量“先期”审查机制，组织制定审查表单和“双想”（回想和预想）线索表，督促开展审查工作。

（4）按照型号研制程序组织或参与型号/成品研制各阶段的设计评审、工艺评审和产品质量评审，并监督评审发现问题的处置。

（5）型号质量师系统及成员单位应建立质量监督检查制度，根据型号研制进展及质量形势状况，组织对参研单位的质量管理体系能力保持情况，相关质量法规、标准和型号文件要求在研制过程中的贯彻执行情况，需求获取、分析、分解、设计、验证满足及变更控制情况，技术状态管理情况，研制过程质量受控情况和产品质量情况等进行监督检查。

（6）对违反研制程序或质量工作规定的行为予以制止，对造成严重后果的单位或人员，有权提出给予处罚的建议。

（7）型号质量师系统和各成员单位应建立型号级、产品级质量问题台账，跟踪和监督质量问题的分析、处理、归零和纠正措施的落实，监督FRACAS（故障报告、分析和纠正措施系统）运行。

（8）在型号质量师系统工作制度或专门的信息管理办法中明确要求，组织开展型号研制质量信息的收集、传递、统计、分析和报告工作。型号质量师系统办公室按照需要，保存各成员单位质量问题情况、技术质量审查报告等的质量信息。

（9）重点型号总质量师单位应每年度至少组织一次对各级质量师的质量培训交流，开展质量工程技术的研究与推广应用，推进研制全线质量保证能力持续提升。型号质量师系统成员单位应根据所承担任务的特点，制订计划，组织型号研制队伍的质量培训交流，开展质量工程技术的研究与推广应用。

（10）重点型号质量师系统在型号工程研制阶段，应每年度至少召开一次工作会议。可不定期召开专题会议，向各级质量师部署工作要求，推进型号质量管理工作，总结工作经验，协调处理有关质量问题。

（11）针对成员单位开展包括产品/任务质量情况、质量工作情况、质量问题情况等要素在内的年度综合质量评价。

（12）按要求编制或组织编制型号/成品研制各阶段质量分析报告、质量管理报告等。

（13）结合型号特点组织开展型号质量文化建设活动等。

5.2.1.4　质量师系统“三体系”建设

型号质量师系统办公室承担质量师系统建设工作的日常组织实施，重点是“三体系”（“组织体系”“信息体系”和“计划体系”）的建立健全和持续完善（见图5-4）。

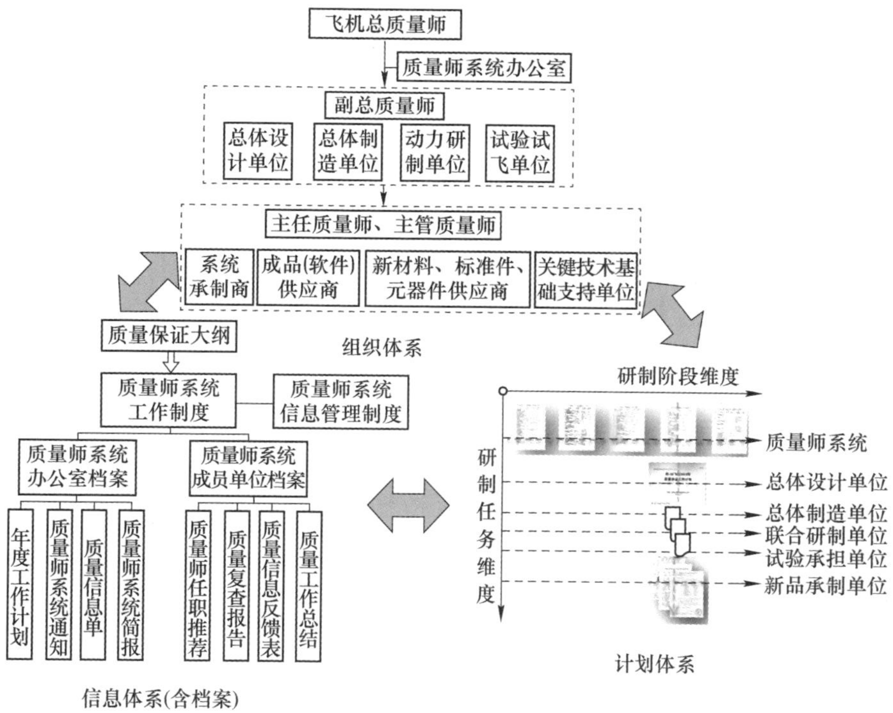

图5-4　质量师系统建设“三体系”

（1）组织体系

应针对装备技术特点和研制模式来开展质量师系统“组织体系”的建设。例如，装备技术跨度大，新成品二次配套对上级产品研制质量、进度影响较大，则应将重要新研材料、标准件、元器件单位、关键技术基础支持单位、重要的机载新成品二次配套单位也纳入质量师系统管理。另外，随着型号研制进展，系统设计方案优化等，还需要持续调整完善质量师系统设置和成员。

（2）信息体系（含档案）

质量师系统办公室应编制下发型号质量师系统工作制度，作为质量师系统工作的基本根据。细化质量师系统信息管理规定，强化质量师系统“信息体系”的建设。

按要求建立系统办公室信息档案（包括年度工作计划、质量师系统通知、质量信息单和质量师系统简报等）和成员单位信息档案（包括质量师任职推荐、质量复查/审查报告、质量信息反馈表和质量工作总结等），持续完善质量师系统工作“信息体系”。

（3）计划体系

质量师系统办公室基于型号年度研制任务和质量工作特点，协调确定型号年度质量工作计划要点。各成员单位在此基础上分解制订各自承研项目的年度质量工作计划，并明确职责分工和节点要求。矩阵式地从研制阶段（各年度）和研制任务（各单位）两个维度，建立并持续完善质量师系统工作“计划体系”。

5.2.2　总质量师单位的质量管理牵头职责

型号总质量师单位（总体设计单位）应面向型号明确总质量师、副总质量师和（或）质量主管，结合“所—部门—室”三级的全面质量管理组织结构（如第 4.2.1 节所述），加强总质量师单位质量保证组织架构与型号质量师系统的业务结合和流程融合，“主机牵头”，提高对整个型号研制质量的管控效力和效率。

一方面，型号总质量师、副总质量师和（或）质量主管依托型号质量师系统办公室，开展面向研制全线质量管理工作。另一方面，各系统设计研究部面向本系统新成品配套单位等参研单位，履行过程质量管控的职责。

5.3 质量策划

5.3.1 质量策划的重要性

“预则立，不预则废”，预防（保证过程中不出现错误）胜于检查（保证错误不落到客户手中）。预防错误的成本通常远低于在检查或使用中发现并纠正错误的成本。

质量策划贯彻“预防为主”的思想，“致力于制定质量目标并规定必要的运行过程和相关资源以实现质量目标”，是质量管理活动的基础，也是质量管理活动首要且最重要的环节。必须充分重视质量策划，将质量设计到产品中，而不是等到检查时发现质量问题。

只有质量策划充分开展，并且融入项目管理规划，才有可能确保整个研发过程按质量程序研发，以及质量保证的职责落实、资源获得。如果对质量策划的重视程度不足，结果就会总在质量控制和质量改进的圈子里“忙碌”，暴露问题、分析问题、解决问题，疲于应付。

质量策划的重要性如图 5-5 所示。

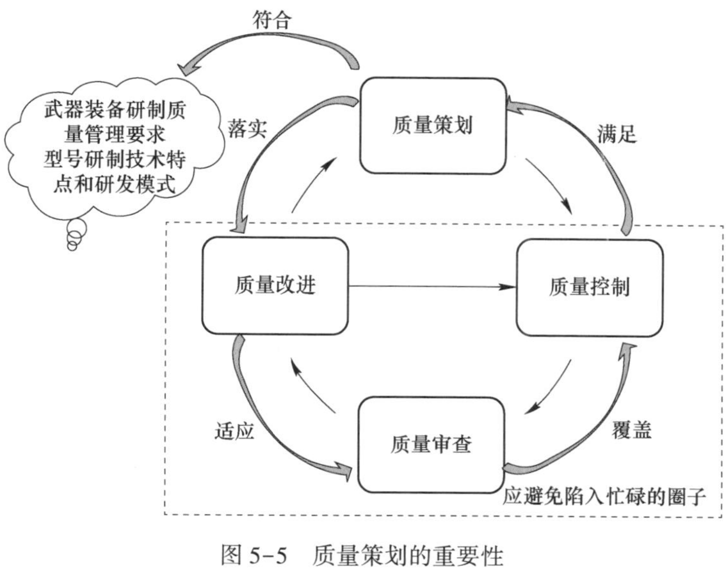

图 5-5　质量策划的重要性

5.3.2 质量策划思路

5.3.2.1 针对装备研发特点开展策划

质量策划应在贯彻落实《武器装备质量管理条例》等装备研制质量有关法律、法规和国军标等标准要求的基础上，针对研发装备的技术特点，结合型号研制程序和项目管理创新同步开展。

质量师系统应与设计师系统密切协同，共同认真分析型号研制要求，确定针对本型号研制特点的工作项目、作业过程及其资源、条件，以及相关责任方在上述工作中的职责、协调流程等内容。立足我国军机研制质量管理实际，切实策划，开展与装备特点和质量保证要求相适应、相同步的管理创新。

5.3.2.2 动态化的质量策划

一般，质量策划的方法有自顶向下和自底向上两种方法。所谓自顶向下的方法，即从顾客需求开始进行分解而得到不同层次的质量目标。所谓自底向上的方法，是根据类似产品研制过程的历史经验反向得出改进新产品的质量目标及其改进措施。

航空装备型号质量策划可以结合以上两种方法优点，采用动态化的质量策划方法，其核心思路是，针对型号各个研制阶段，如立项论证、方案设计、初步设计、详细设计、试制、试验、试飞、生产交付、服务保障等，分别制定质量目标，设置关键质量控制点，明确质量控制和预防措施。按照本阶段研制过程按照质量策划执行相应的质量活动，并根据执行结果动态调整质量措施。本阶段质量保证工作中暴露的问题和采取的调整优化措施，可作为下一个阶段的质量策划输入之一。从而，整个型号的质量策划 PDCA，转变为每个阶段质量策划 PDCA 连续嵌套，实现质量策划动态驱动产品研制过程。

5.3.2.3　以质量保证大纲为基本输出

航空装备系统研制质量管理，一般以型号质量保证大纲作为顶层文件，覆盖装备整机以及配套的研制全过程，包括配套研制、联合研制以及竞争优选研制单位等全部参研单位承担任务。

GJB 1406A《产品质量保证大纲要求》是装备质量保证大纲编制的基本依据，明确了质量保证大纲编制内容，体现了产品研制相关国军标要求。但是，由于 GJB 1406A 标准无法对例如航空装备试飞和配套成品研制质量管理等方面的行业产品特殊要求做出详细规定，因此复杂航空装备系统质量保证大纲需在 GJB 1406A 标准基础上，根据研制要求和项目管理创新做适当的针对性扩展。例如，融入研制特性分析和研制要求理解，增加适航、计量保证、试飞质量保证等内容，对配套软硬件成品提出明确的质量管理要求。

同时，航空装备系统质量保证大纲应强调分阶段质量控制的思想，将研制各阶段均适用的要求列入通用要求，特定的要求按研制过程编写，便于分阶段、按步骤实施。大纲编写力求结构清楚、语言精练、职责清晰、表达明确、可操作、可实施，并适应研制过程变化，建立适时修订机制。

5.3.3　质量保证文件体系构建

航空装备质量策划以质量保证大纲为基本输出，在大纲之下，落实质量策划，应构建并持续完善型号质量管理文件体系，覆盖装备整机及配套研制的全系统、全过程。

以型号质量保证大纲为顶层文件，在型号总体层面，通过配套新成品研制质量控制要求、详细设计质量控制要求、问题管理规定、质量师系统工作制度等文件细化要求。技术状态管理、标准化、计量、通用质量特性管理、软件工程化等质量特性相关专业顶层管理文件也可纳入型号质量管理文件体系统筹管理。

纵向，编制试制、试飞、各新研配套分系统/成品等质量保证文件，明确各层级产品/任务质量保证要求，例如，应按照主机制定的型号研制质量要求，开展配套新成品研制质量策划，编制相应的质量保证大纲/计划及其他相关管理文件。

横向编制分系统 SDR（方案设计审查）—PDR（初步设计审查）—CDR（关键设计审查）—FFRR（首飞准备状态审查）—SVR（系统验证审查），以及配套新成品 F 转 C 评审前技术质量审查—C 转 S 评审前技术质量审查—FFRR 首飞准备状态审查（放飞评审前技术质量审查）—S 转 D 评审前技术质量审查—鉴定前技术质量审查要求文件和 checklist 审查单，落实里程碑前技术质量审查。（注：F-方案阶段、C-初样设计阶段、S-试样研制阶段、D-鉴定阶段）

质量保证文件体系示意图如图 5-6 所示。

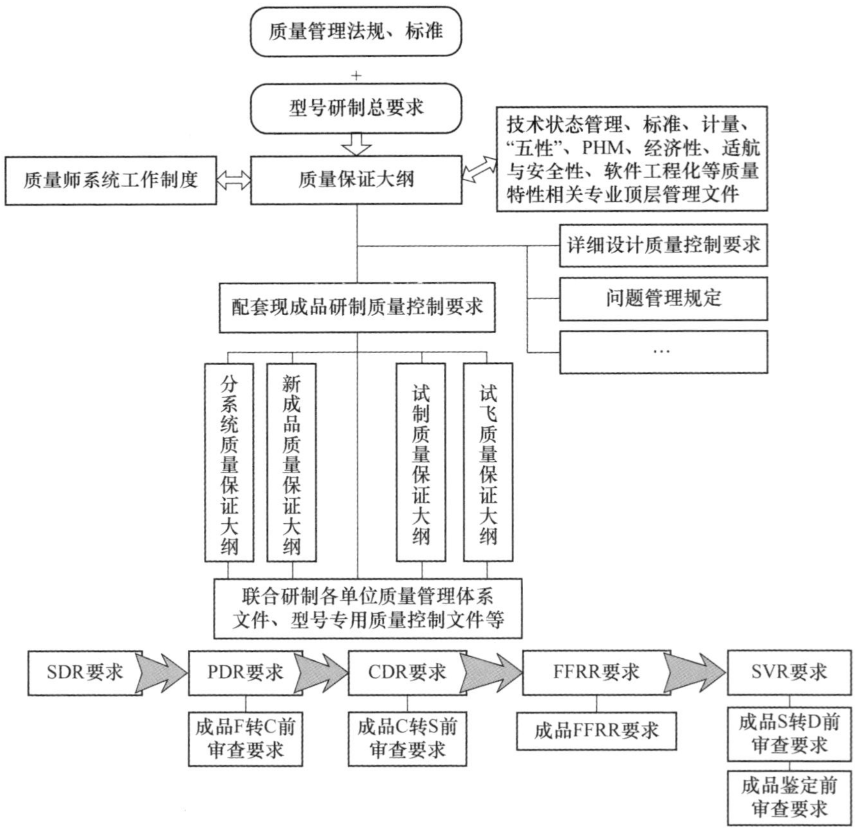

图 5-6　质量保证文件体系示意图

5.4 需求工程

需求（requirements）在SAE ARP 4754A《民用飞机和系统开发指南》中被定义为“能够确认并能满足验证某种实施的功能说明的识别元素”，通俗地讲，“需求”是定义产品或流程可操作性、功能性、设计特征和约束条件的陈述，应是明确的、可测试或可度量的，且对产品或流程是可接受的。

需求工程包括需求开发（又分需求获取、分析、分配、描述、确认和验证等）和需求管理（又分需求变更控制、版本控制、实现跟踪和验证追溯等）两部分（见图5-7）。

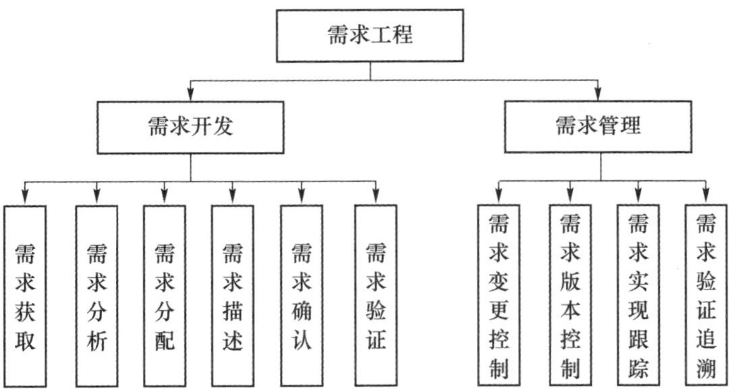

图5-7　需求工程架构

需求开发实现用户需求的完整确定和实现。需求获取（也称需求定义、需求捕获）指使用调研、原型法、用例和场景等方法收集用户等利益相关方需求、整理形成用户需求的过程；需求分析指对需求进行过滤、论证与分析，构建系统概念模型开展功能分析与分配并迭代优化，把用户需求转化为产品需求的过程；需求分配指将产品需求分解到其子系统、零组件的过程；需求描述指按照独立、唯一、正确、完整、可验证、可行等原则，用规范的文档形式描述需求的过程；需求确认指使用检查、评审、功能测试、模型等方法确定需求的合理性的过程；需求验证指检查产品对需求满足程度的过程。

需求管理实现用户需求在研制过程中的有效受控。需求变更控制指对变更发起、审批、接受、过程控制和记录进行管理，并开展变更影响分析的过程；需求版本控制指对研制过程推进以及需求变更引起的版本基线变化进行有效控制的过程；需求实现跟踪指对如飞机级、系统级、子系统/产品级自上而下的需求分解及实现过程进行跟踪管理的过程；需求验证追溯指对如子系统/产品级、系统级、飞机级自下而上的需求验证及确认过程进行追溯管理的过程。

复杂航空装备系统的需求复杂、多维且动态变化，来源于多方广义用户（利益相关方），为此需要基于战场环境虚拟仿真，从预期使用环境出发，充分论证装备发展战略需求，明确装备定位，研究和提炼用户需求，牵引装备系统研制总要求。由“技术能力推动”转变为“能力需求牵引”，将研制流程前伸到需求论证，将需求落实到装备系统研制过程。

5.4.1 需求工程组织结构和文件体系

5.4.1.1 需求工程组织机构

针对需求论证工作，可组建用户与研制单位的联合需求论证团队，基于作战研究，进行装备系统的需求论证。

总体设计单位应根据产品分解结构，逐层确定需求管理负责人，建立需求管理组织结构。设立需求管理委员会，承担需求管理的总体决策、监督职能。设置需求管理委员会办公室，负责组织各相关部门进行需求的获取与分析，配合用户确定装备系统的能力目录、研制总要求，建立装备系统需求清单，并分解到分系统、设备等下级层次，跟踪需求验证，按节点汇总进展并进行风险分析。各分系统及以下层级产品的研制部门应明确需求管理负责人，配合开展需求分配，把需求落实到相关规范中，并验证需求的实现情况。

5.4.1.2　需求工程文件体系

需求工程文件可分为技术类和管理类文件。

技术类文件包括如下。

（1）初始能力文件（initial capabilities document，ICD）

描述预期的联合作战环境、所需的作战能力，现有系统的不足、能力差距，装备系统应具备的作战能力属性与参数、相关约束条件等，给出能力发展方案。

（2）能力开发文件（capability development document，CDD）

在初始能力文件（ICD）的基础上，细化对装备系统的能力要求，描述其应达到的关键性能参数（KPP）、关键系统属性（KSA）等，确立采办项目基线。

其中，关键性能参数（key performance parameter，KPP）指对于研制能力，最为关键的装备性能特性。关键系统属性（key system attributes，KSA）指对于实现系统均衡的解决方法/途径，被认为是必需的，但其重要程度未达到指定为 KPP 的属性或特性。

（3）能力生产文件（capability production document，CPD）

在能力开发文件（CDD）的基础上，详细描述对装备系统的各项能力要求，对最终能力提出要求，可代之以能力说明文件。

（4）装备规范树及相应规范

基于初始能力文件（ICD）、能力开发文件（CDD）和能力生产文件（CPD），依据装备系统产品分解结构（PBS）梳理需编制的各层次规范，构建以装备系统规范—研制规范—产品规范为基本层级的型号研制专用规范体系。

管理类文件包括如下。

（1）需求管理计划

描述需求管理的管理职责、工作流程、各阶段工作项目与要求等。

（2）需求确认与验证计划

描述对需求的确认和验证方法、节点和责任单位等管理内容。

5.4.2 需求工程相关技术工具

5.4.2.1 需求仿真验证环境

建立战场环境虚拟仿真规范，建设相关仿真环境，开展任务想定、使用案例、作战对策等研究，以基于威胁、基于能力的需求开发方法，从用户使用需求出发开展装备系统设计研发。

在需求仿真方面，可利用仿真软件进行时空推演，对武器装备预期的使用场景进行全面分析，获取对装备系统的能力需求。在系统工程仿真工具方面，可利用软件支持进行视图分析。在仿真验证方面，可利用各技术专业的仿真验证软件，进行充分的虚拟验证。

5.4.2.2 基于模型的系统工程（MBSE）

可运用基于模型的系统工程（MBSE），进行需求的获取、分析和分配。在装备系统设计层面，开展需求分析，全面获取装备研制需求；开展基于用例的系统功能分析，把用户需求转化为研制要求；开展设计综合工作，包括架构分析和基于用例的架构设计。在分系统设计层面，继续进行需求分析、系统功能分析和设计综合，把系统的需求向下分配和传递。

在装备系统研制需求分析及架构设计过程中，通常定义体系结构的八种视图，包括全景视图（AV）、能力视图（CV）、数据和信息视图（DIV）、作战视图（OV）、项目视图（PV）、服务视图（SvcV）、标准视（StdV）图和系统视图（SV），从不同维度支持对装备的体系结构进行描述、开发和集成。

5.4.2.3　质量功能展开（QFD）技术

分析复杂装备的需求、并转化为设计与生产等要求时，可综合采用质量功能展开（QFD）技术的多层顺序展开模式与四阶段展开模式，为分析与转化工作提供导向和支撑。

QFD 多层顺序展开模式由美国 QFD 专家 Bergman Suzanne 等提出（见图 5-8），视装备重要度和复杂度，可从国家目标入手进行系统分析，逐层向下分解迭代，直至识别出装备的顶层技术要求，并确定各技术要求的重要度排序，支持装备的方案论证。

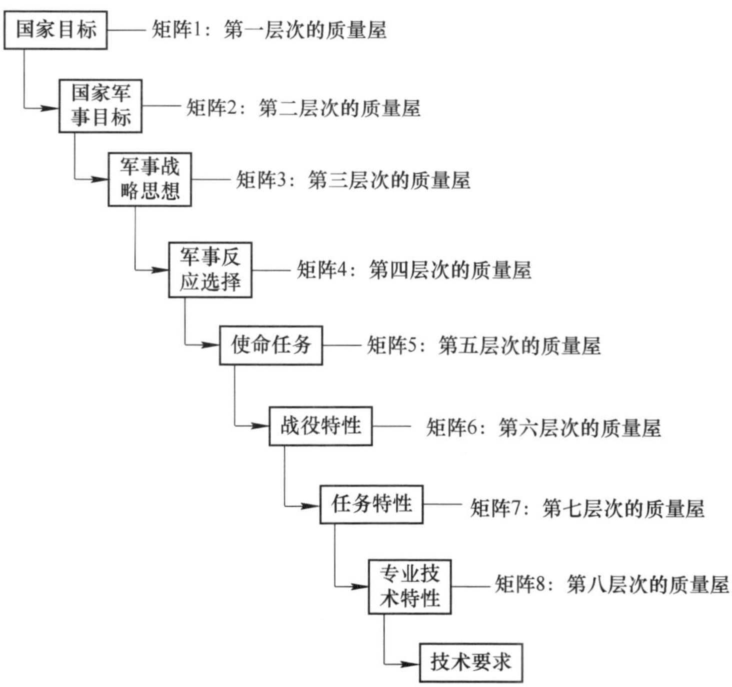

图 5-8　QFD 多层顺序展开模式

在进行装备子系统、新成品级别的研制时，可采用 QFD 四阶段展开模式（见图 5-9），推导结构、子系统、新成品的设计要求、设计要素（零件特性）、工艺要求、生产要求。根据产品复杂度的不同，以将各层次的要素充分展开为原则，可适当增减该模式中的质量屋数量。

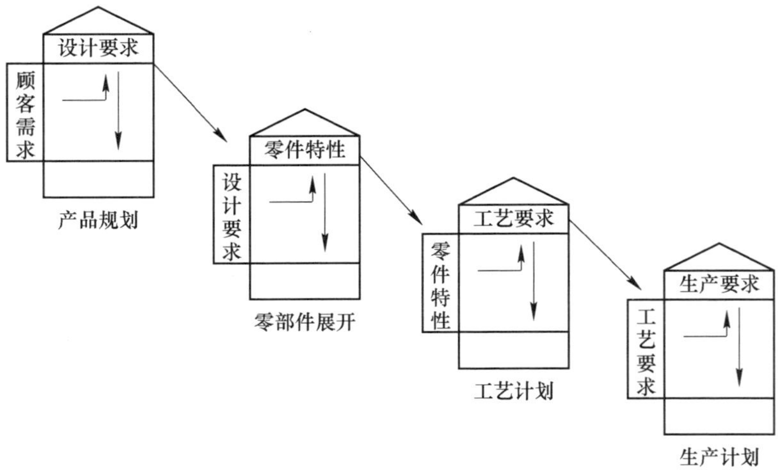

图 5-9　四阶段 QFD 模式

与航空装备研制阶段紧密结合，可在研制全过程中运用 QFD 工具方法，如表 5-2 所示。

表 5-2　QFD 工具方法在研制全过程中的运用

序号	研制阶段	项目主要目标	QFD 工具方法的运用
1	论证阶段	形成论证报告，上报立项	1. 成立跨部门 QFD 小组（IPT），落实组织机构； 2. 运用 QFD 进行用户调查，厘清其内在联系，确定用户及需求的优先级； 3. 运用 QFD 多层顺序展开模式，从用户需求出发分析论证战技指标，推导飞机及各子系统的技术特性和技术要求； 4. 协助生成主要的技术方案，开展初步的方案优选
2	方案设计阶段	确定总体研制方案	1. 细化、完善 QFD 矩阵（质量屋），深入开发总体方案； 2. 运用 QFD 方案选择矩阵，优选和开发最终的总体方案

表5-2(续)

序号	研制阶段	项目主要目标	QFD 工具方法的运用
3	初步设计阶段	技术设计、样机审查，冻结装备系统技术状态	1. 对结构、子系统进行一轮完整的质量功能展开，确定具体的技术关键点、工艺关键点，优化设计； 2. 对新成品进行一轮完整的质量功能展开，确定新成品的技术、工艺关键点，优化设计； 3. 各相关专业借助 IPT 进行充分的技术与接口协调
4	详细设计阶段	发图、试制、首飞前试验	按质量屋确定的关键点进行设计和试制控制，适时迭代质量屋
5	调整/科研试飞、性能鉴定试验和状态鉴定阶段 列装定型阶段 批产与服务保障阶段	调整/科研试飞、性能鉴定试验和状态鉴定、列装定型； 批产交付与服务保障	1. 运用 QFD 辅助进行重大问题攻关； 2. 总结经验，整理 QFD 记录，纳入知识库

5.4.2.4　需求管理系统

可利用需求管理系统软件建立系统需求数据库，包括利益相关方需要/需求，系统、子系统、产品等各级条目化需求。针对每一条需求，应定义需求来源、重要度、验证方式、验证结果等属性，以建立需求之间、以及需求与模型之间的关联，实现需求的条目化、结构化、关联化管理。同时，通过需求追溯矩阵、需求验证追溯矩阵等工具，追踪需求在整个研制过程中的分解、贯彻和确认、实现及验证。

图 5-10 是需求管理平台示意。需求信息在需求管理系统软件上实施管理，包括需求文件生成、分配、确认及验证过程的数据信息。需求文件由软件生成并导出到产品数据管理系统进行创建、归档发放和变更控制。

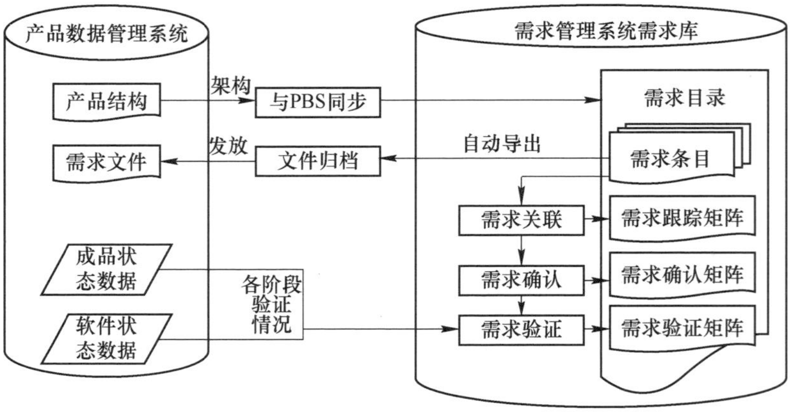

图 5-10　需求管理平台示意

5.4.3　需求开发

典型的装备系统研发需求开发流程如图 5-11 所示，包括需求获取、分析、分配、描述、确认和验证等活动，与装备系统研发的 V 流程模型密切融合。

在装备论证阶段开展需求获取工作，形成初始能力文件等需求文件。在工程研制阶段的方案设计子阶段开展需求分析，形成装备系统的系统需求文件，如系统规范；在工程研制阶段的初步设计、详细设计、试制和地面试验子阶段进行自顶向下的需求分配，把需求分解到装备系统的分系统、设备（成品）等层次，在规范流程中予以描述，并进行确认。在工程研制阶段的调整/科研试飞、性能鉴定试验和状态鉴定子阶段及列装定型阶段进行自底向上的需求验证，确认需求得到满足。在装备研发的全生命周期，还应开展需求的更改控制，保证需求的变更经过了系统分析、得到了相关方授权并通过了充分的验证。

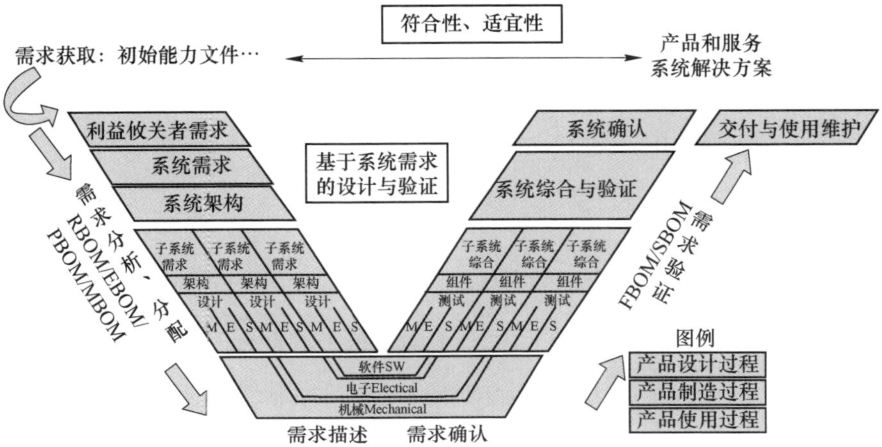

图 5-11　装备系统研发需求开发流程图

5.4.3.1　需求获取

需求获取，目的是明确用户（含利益相关方）对装备系统的需求，其输入是广义用户对装备系统的要求。

（1）需求来源

研发需求来源通常分为直接需求来源和间接需求来源。

直接需求一般来源于如下渠道：

①上一级系统分配到本系统的，成文的功能、性能、使用环境、限制条件等要求；

②通过会议、电话、对话等沟通渠道获取的非成文交流信息；

③行业标准；

④与成品有关的政策法规；

⑤设计理念。

间接需求一般来源于如下渠道：

①预研成果；

②使用经验；

③同行经验（包括竞争对手经验）；

④成功或失败的案例；

⑤相似产品方案。

（2）需求类别

装备系统需求从内容上，可分为：

①功能需求。描述产品需具备的功能。

②性能需求。描述产品需达到的性能指标。

③接口需求。描述产品接口的类型与技术要求。

④通用质量特性等需求。描述对产品质量、标准化、通用质量特性（指可靠性、维修性、测试性、保障性、安全性和环境适应性）、经济性等方面的要求。

从需求的强制程度，可把需求区分为三类，即必须（shall）、应当（should）和可以（may）。“必须”是应强制实现的需求；“应当”是建议实现的需求；“可以”是程度最轻的需求。

还可以区分支撑作战流程的需求和辅助作战流程的需求。前者如无法达到，则作战流程无法实现；后者如无法达到，影响作战流程的实施效果。

（3）基于作战的需求获取

联合需求论证团队应在体系层面，分析军队使命任务，探索建立作战概念，列出作战能力需求。在装备系统层面，把装备的作战能力需求转化为装备的研制要求，指导后续的研发工作。

应识别利益相关方，采用访谈、场景分析等手段，运用 MBSE、QFD、仿真模拟技术等方法，深化作战使用需求研究，通过作战能力对作战效能的敏感性、重要度与贡献度分析，识别关键的作战能力。运用作战环境虚拟仿真，开展装备应用场景时空推演，确定装备系统应具备的能力。

基于建模方法和手段，建立作战视图（OV）和系统视图（SV）等相关视图，从不同维度深入分析装备系统的解决方案。通过视图提炼装备系统的能力需求，支撑初始能力文件、能力开发文件的编制。

（4）顶层需求文档编制

初始能力文件在论证阶段编制，能力开发文件在论证及方案设计阶段编制，能力生产文件/能力说明文件在初步和详细设计阶段编制。

5.4.3.2　需求分析

需求分析，目的是把用户需求转化为产品需求。其输入是需求获取活动的输出，即顶层需求文件。

在论证阶段及方案设计阶段，面对数字化环境下复杂航空装备系统的需求分析，应运用 QFD、MBSE 等技术，结合可行性论证工作，基于用户需求、法规标准、设计约束条件等不同维度的顶层需求文件，梳理分析系统逻辑，确定系统架构（组成、接口、功能分配），把用户需求转化为装备系统的功能性要求，形成系统规范等文件，并建立完整的需求清单。

5.4.3.3　需求分配

需求分配，目的是把装备系统的研制要求分解到其子系统、成品和零组件等下属层级。其输入是装备系统的系统规范。一般由总体研制单位组织装备系统各层级的研制部门，在方案设计及初步设计阶段开展自上而下的需求分配，其输出是装备系统的规范树及各级规范。

（1）自上而下的需求分配

装备系统的顶层系统规范确定后，应结合总体方案设计和初步设计，自上而下进行需求分配，在各子系统和产品层级进行需求的权衡和迭代，寻求方案总体最优。

结合需求分配工作，基于产品分解结构（PBS），构建型号研制专用规范体系（规范树），对装备系统各层次的需求进行描述，导入需求管理系统平台对接需求管理，指导型号全系统研制活动。装备系统规范的编制应符合 GJB 6387《武器装备研制项目专用规范编写规定》等要求。

（2）需求数据管理

基于 PBS 搭建需求数据架构，在需求管理系统中建立机型项目下分级的需求项目结构，实现需求的条目化、结构化、关联化管理（包括需求文件关联管理和建立各层级需求的关联管理）。

5.4.3.4 需求描述

应保证需求描述质量，满足：

①完整性，需求无遗漏；

②正确性，准确描述了需求，且无歧义；

③协调性，需求之间无矛盾；

④无二义性，需求必须表达特定、清晰没有歧义的要求；

⑤独立性，需求必须是独立的一个完整句子，并与其他需求无重复；

⑥可实现性，需求在技术上是可行的、可实施的；

⑦可接受性，技术可实现的同时，从项目的成本、进度方面考虑也必须可接受；

⑧恰当性，需求所处的层级必须是恰当的，是应该在该层级提出的；

⑨可追溯性，不同产品层次的需求间有明确的追溯关系，每条需求必须可追溯至来源，衍生需求必须能够追溯到相应的设计决策；

⑩可验证性，定性与定量的需求均应能够通过合适的方法得以验证。

实践中的难点包括：

①完全无歧义的语句；

②不同需求之间的关联性；

③验证方法与程度的合理性；

④对可实现程度的理解；

⑤对成本、进度的接受程度；

⑥需求描述的颗粒度；

⑦需求追溯的过程无遗漏。

需要注意的事项包括：

①避免使用长句，避免在一句话中表达复杂的逻辑；

②避免在句中使用连接词，如“和、但是、然而、可是”等，可将它们分割成多个简短的句子；

③避免使用复杂但没有更多实际含义的语句，如“在这种情况下”等；

④需求必须存在明确的主语，不能使用含糊的代词，如“他、它、这、那”等；

⑤使用明确、主动、准确的动词；

⑥采用主动、肯定语态进行描述；

⑦逐渐积累一些术语，来规范同义词的使用，例如，“防止”可以代替“阻止、禁止、不允许”等；

⑧应使用量化的、可验证的、表达清楚的词语，避免使用一些常见、但无法验证，表达含糊的词语，如“足够的、合适的、部分的、更好的、可能的、很、非常、合理的、足够的、友好的”等。

5.4.3.5　需求确认

需求确认的目的是检查和评审需求条目的完整性、正确性、一致性、可追溯性和可验证性，形成确认过程记录。要求如下：

①需求开发完成后，形成确认计划，对需求条目逐项确认；

②下层级需求确认结果反馈给上级开发方；

③未通过确认的需求，在确认反馈说明中记录，并重新进行优化迭代开发；

④生成确认矩阵。

其过程如图 5-12 所示。

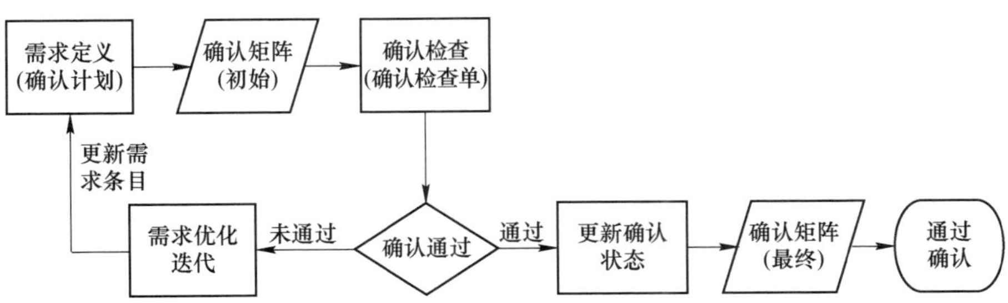

图 5-12　需求确认过程

需求确认包括检查（review）和评审，检查又主要包括正确性检查和完整性检查。

（1）正确性检查

主要检查如下内容。

①需求是否正确说明。

- 是否无二义性；
- 是否可辨认；
- 是否无重复；
- 是否无相互矛盾；
- 是否与事实相符；
- 是否在物理上可实现；
- 描述是否不是“怎样做”；
- 是否有足够的信息允许将来对完整性的补充；
- 是否包含了特殊的宽容度；
- 是否可得到验证；
- 派生需求是否合理；
- 是否鉴别过需求来源、并且是正确来源；
- 具有多重特性的需求是否不可拆分。

②需求的必要性。

③需求是否逐条落实。

④需求是否反映了安全性分析。

- 源于安全分析的需求是否都涵盖；
- 系统（或产品）故障条件是否都识别到并正确归类；
- 是否不安全的设计或设计错误的影响都考虑到；
- 是否包括了可靠性、适用性、容错需求。

（2）完整性检查

主要检查如下内容。

①需求的追踪和合理性是否满足了上一级需求。

②是否所有的接口、过程都描述进需求。

- 分配给该系统（产品）所有高层功能是否都覆盖；
- 安全性需求是否描述；
- 裁剪的标准和指南是否有描述；
- 工业、行业和企业标准是否有描述；
- 飞行操作和维护场景是否识别到。

③所有和别的系统（产品）、人员、过程的接口是否都识别到。

④伴随每个接口的约束条件（如协议、装配、时序）是否充分定义。

⑤接口两端的系统（产品）、人员、过程等行为是否被双方都捕获为需求。

⑥所有的功能需求是否完整分配到架构中去并被追踪。

⑦分配到硬件、软件的功能分配是否清晰。

⑧假设是否充分定义并落实。

（3）需求评审

需求评审应该在上述检查的结果的基础上进行。

5.4.3.6　**需求验证**

需求的基本特性是可实现、可验证的，应在装备研制各阶段开展需求验证工作：

①编写条目化需求时，确定验证要求和验证方法，形成验证计划；

②研制各里程碑节点，填写需求的验证活动和验证证据；

③生成验证矩阵，完成验证符合性检查。

其过程如图 5-13 所示。

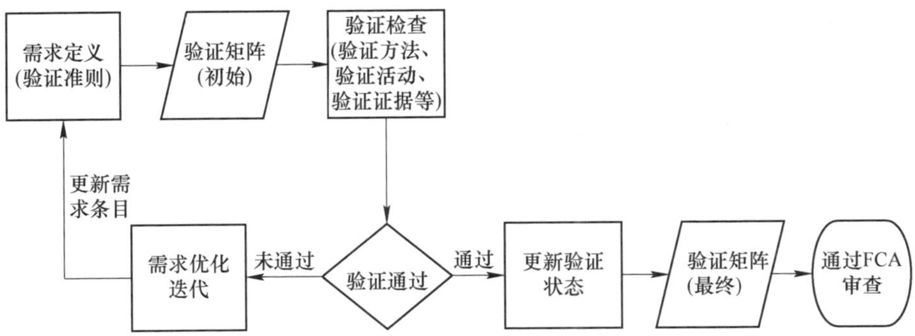

图 5-13　需求验证过程

验证方法分为五大类：检查、分析、建模与仿真、演示和试验。航空装备需求验证的子类可定义如下，并赋予唯一的代码。

（1）检查（inspection）

①I1：非严格的设备检查（对产品目视检查以确保其符合要求）；

②I2：机上检查（对机上设备目视检查以确保其符合要求）；

③I3：文件检查（对系统或系统元件的文档目视检查，以确保其符合要求。文件包括但不限于图样、设计文档和图片）。

（2）分析（analysis）

①A1：定性分析（定性、非可测量地评估某项要求是否得到满足）；

②A2：定量分析（简化、定量地评估某项要求是否得到满足，或对多项结果简单叠加以实现对某项要求的完整评估）；

③A3：相似性分析（依靠一项先前的验证活动，推断某项要求是否得到满足。当满足以下所有准则要求时，可对设备采用相似性分析验证：与一项先前的验证项目从本质上构型相同，且环境和使用限制是可比较的，且任何构型差异不会导致原始的设备要求无效）。

（3）建模与仿真（M&S）

①S1：构造建模与仿真（采用诸如统计分析、相似建模、计算机程序、仿真程序等的模型、方法和工具）；

②S2：虚拟建模与仿真（采用诸如基于模拟器的仿真、综合实验室和作战环境仿真的方法和工具）。

（4）演示（demonstration）

①D1：针对规范参数的原始设备生产商级演示；

②D2：针对孤立要求的实验室演示；

③D3：针对规范要求的机上地面演示。

（5）试验（test）

①T1：针对规范参数的原始设备生产商级试验；

②T2：针对孤立要求的实验室试验；

③T3：针对综合要求的实验室试验；

④T4：已装机设备的机上地面试验；

⑤T5：针对规范要求的飞行试验，或在飞行试验期间对机上某一项功能特性的演示；

⑥T6：他机飞行试验。

5.4.4　需求管理

5.4.4.1　过程控制

需求管理的过程控制主要应用需求矩阵辅助。

（1）需求跟踪矩阵

需求跟踪矩阵列出上层级需求、本层级需求和下层级需求，实现本层级需求的上下关联展示，明确需求之间的关联关系，检查不同层级需求之间是否双向可追溯。

（2）需求确认矩阵

需求确认矩阵记录每条需求的确认情况，包括需求确认状态、确认负责人、确认时间和确认情况等内容。

（3）需求验证矩阵

需求验证矩阵包括本层级需求相关的验证要求、验证方法、验证活动、验证结果、验证证据、验证负责人等内容。

5.4.4.2　里程碑节点控制

可结合转阶段设计审查、功能技术状态审核等，在里程碑节点检查需求管理工作的开展情况。

①结合立项论证审查、系统需求审查，对需求基线进行审查，评定对作战需求、使用要求和研制要求理解的正确性和充分性；

②结合总体技术方案审查，审查系统规范的适宜性，评定系统功能基线及功能分配的准备状况；

③结合初步设计审查，审查分配基线的正确性与合理性，评估装备系统的初步设计对需求的满足程度；

④结合关键设计审查，评定初步的产品基线，评估装备系统的详细设计对需求的满足程度；

⑤结合系统验证审查、状态鉴定及功能技术状态审核，审查需求是否得到全面验证。

5.4.4.3 变更控制

应严格进行需求变更控制，并保留相关的变更审批记录。一般应按技术状态控制的有关要求，建立需求变更的控制程序，明确规定变更的发起流程、审批手续及跟踪落实机制。应注重对变更的影响分析；明确变更引起的装备系统不同批、架（台）次技术状态差异，严格进行技术状态的标识和记实。

顶层的用户需求，如装备系统的能力目录、研制总要求，由用户掌控技术状态。如发生变更，承研单位应系统分析对设计、生产、保障的影响及涉及的各类图样、技术文件（含需求文档），制订周密的变更实施方案，保证变更工作正确、协调、高效地开展，并严格进行技术状态控制。

对承研单位编制的各类需求文档（主要为相应的系统规范、研制规范和产品规范）的变更，按技术文件更改的有关规定实施，进行严格的版本控制。同时也应系统分析此需求变更，对相关联的上、下级需求的影响，及对本需求确认、验证活动的影响。

5.4.5 与配套的需求联合定义

5.4.5.1 与配套产品在基线上的关系

技术状态管理定义了三类基线，即功能基线、分配基线和产品基线。在具体实践中，从装备和配套产品的角度，或者说从总承制方（如装备总体设计单位）和分承制方（如成品配套单位或称辅机单位）的视角，对基线的理解是存在差异的。

航空装备研制过程中，辅机单位的研制任务要求（可以理解为配套产品的功能基线）来源于总体设计单位“某型号某系统对某子系统（或某成品）的设计要求”（属于装备系统的分配基线），通常包括产品功能、性能指标，通用质量特性、环境适应性，接口，以及设计验证等要求，除特别强调或推荐外，一般不会反映具体的产品实现内容（如产品的组成部分、特性分析、图样等）。

分承制方需要通过一系列需求确认、迭代、分解、分析和验证确认等工作过程，形成配套产品的分配基线、产品基线。其中，配套产品的产品基线包括满足分配基线的产品功能、性能指标，通用质量特性，接口要求的产品实现内容，以及检验、鉴定试验要求，需要明确的包装运输等要求。

主机与辅机不同视角的基线如图 5-14 所示。

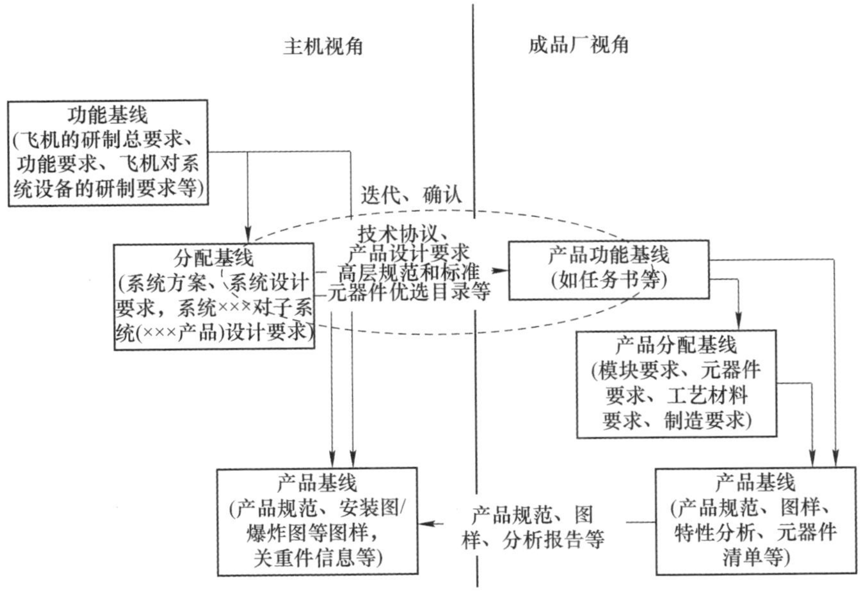

图 5-14 主机与辅机不同视角的基线

5.4.5.2 需求联合定义的目的和内容

配套产品研制是复杂航空装备系统研发过程中的重要内容，由于军机配套产品研发具有很强的需求牵引、技术推动的性质，在强调系统工程的背景下，配套产品研发不是一个简单的甲方提要求、乙方按要求执行的过程，需要主辅机密切协同工作。“自上而下设计、自下而上综合”的正向研发流程的基础就是需求的设计和确认过程，对于配套产品研发同样如此。

主机、辅机需求联合定义的目的就是共同完成需求捕获，并确认需求条目的完整性、定义的准确性等，将所捕获的需求确定下来，这既是对总体设计单位（向配套产品）分配基线的确认，也是配套单位开展成品研发的顶层输入（即产品功能基线）的确认。主机、辅机需求联合定义是迭代的过程，需要双方进行需求检查和评审等确认工作。

5.4.5.3 以“研制需求—研制规范”为载体的主辅机需求联合定义

定义型号总体设计单位和产品配套单位各自的需求分析与定义流程，如图 5-15 和图 5-16 所示。

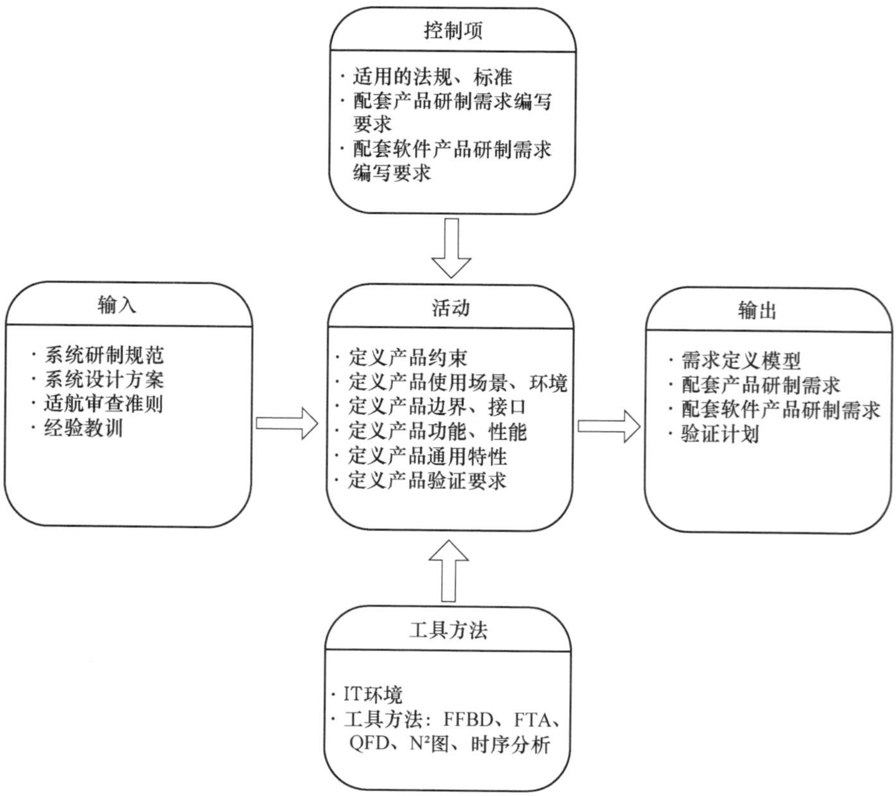

图 5-15 （总体设计单位）系统视角的需求分析与定义流程

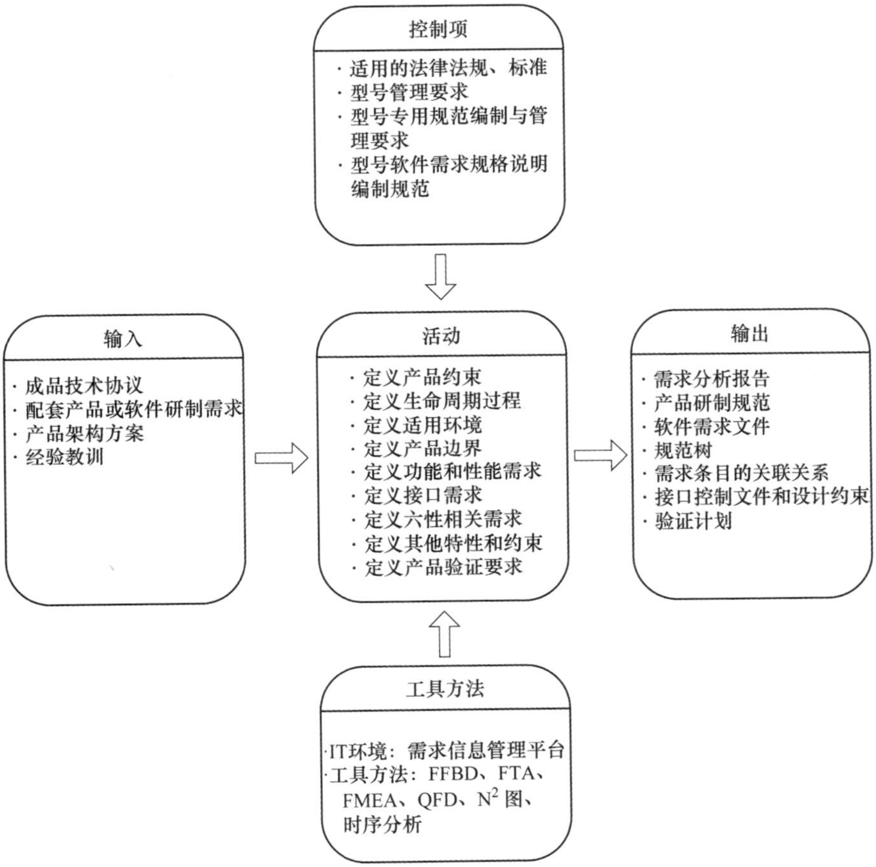

图 5-16　（配套单位）产品视角的需求分析与定义流程

总体设计单位各系统主管专业与成品配套单位开展需求联合定义，完成配套产品研制需求或软件研制需求的编制，作为向配套单位需求传递的主体，在成品技术协议的基础上，进一步细化、深化需求描述。配套单位落实研制需求，编制产品研制规范或软件需求规格说明，由总体设计单位进行审查和确认。从而以“研制需求—研制规范”为载体，强化了主辅机需求联合定义。

其中，总体设计单位对配套产品的研制需求可包含以下内容：

（1）范围

（2）引用文件

（3）设计要求

包括：功能，性能，作战适用性，环境适应性，可靠性，维修性，保障性，测试性，耐久性，安全性，适航性，信息安全，隐蔽性，兼容性，运输性，人机工程，互换性，稳定性，综合保障，接口（电气接口要求、机械接口要求、液压接口要求等），经济可承受性，计算机硬件与软件，尺寸和体积，重量[①]，颜色，能耗，材料，非研制项目（标准件、元器件、自带电缆、电连接器等），标志和代号，强度、刚度设计要求，以及其他技术要求。

（4）验证要求

包括：验证条件，设计验证，兼容性试验要求，飞行安全试验要求，热鉴定和流阻试验，定型（鉴定）试验等。

（5）说明事项

包括：符号、代号和缩略语，术语和定义，主要技术内容说明，以及其他说明事项。

总体设计单位对配套软件研制需求可包含以下内容：

（1）范围

（2）引用文件

（3）设计要求

包括：配套组成及连接框图，功能，性能，输入/输出，数据处理要求，接口，固件，可靠性，安全性，保密性，维护性，其他关键特性，环境要求，非交付软件要求，非开发软件要求，软件集成、安装和维护条件要求，软件在线加载要求，适航性，以及其他技术要求。

（4）验证要求

包括：验证分类，设计验证，定型/鉴定测评等。

（5）说明事项

包括：符号、代号和缩略语，术语和定义，主要技术内容说明，以及其他说明事项。

---

① 本书中的重量为质量（mass）概念，法定单位为千克（kg）。

5.5　设计过程质量保证

5.5.1　方案设计质量保证

方案设计过程目标是，根据立项批复的主要作战使用性能和研制要求等军方要求类文件，开展型号产品分解结构 PBS 第一、二层产品以及部分关键第三层产品的功能分析、需求定义、架构设计、方案权衡研究等，确定需求基线与功能基线；持续开展关键技术攻关；组建研发体系，进行研制策划，建立项目管理体系。

方案设计阶段的质量保证工作，主要包括：质量策划、需求工程和质量保证融入 WBS 和 IMP/ IMS 计划。

5.5.1.1　质量策划

方案设计阶段核心的质量保证活动就是开展质量策划，包括建立质量保证的组织架构和责任体系，明确质量保证方案和要求，我们在 5.2 节和 5.3 节进行了具体论述。

5.5.1.2　方案设计阶段的需求工程

需求获取、分析等需求开发，以及需求管理工作是方案设计阶段重要的质量保证手段，我们在 5.4 节详细阐述了需求工程的内容（5.4 节内容并不仅针对方案设计阶段的需求开发和需求管理，而是面向研发全过程的）。

5.5.1.3　质量保证融入 WBS 和 IMP/ IMS 计划

（1）质量保证纳入型号范围管理

复杂航空装备系统研发一般采取基于 WBS 的项目范围管理，基于型号实体对象分解建立产品分解结构 PBS，再进行工作任务分解，建立工作分解结构 WBS。

典型的航空装备系统（以战斗机为例）WBS 分解如下。

①第一级

即飞机装备系统，指研制和生产使用的飞机系统所需的设备、资料、服务和设施的综合体。

②第二级

指飞机装备系统的重大单元，从属于第一级，由产品单元（一般即飞机）和通用单元（包括综合试验、自主保障系统、工业设施、系统工程、项目管理）组成。

③第三级

从属于第二级的各重大单元。

产品单元（飞机）可分解为飞机总体、飞机系统、任务系统、机体和试飞测试系统。

通用单元内，综合试验包括地面试验、飞行试验；自主保障系统包括使用与维修保障系统、自主保障信息系统、自主训练系统和任务规划系统；工业设施包括试验厂房以及系统、平台、软件、工具等；系统工程包括需求工程、适航管理、标准化、软件工程、质量工程等；项目管理包括综合管理、范围管理、资源管理、成本管理、风险管理、质量管理等。

④第四级

从属于第三级，按照产品单元+通用单元的原则逐级分解。

第四级以下可继续分解，直到适应项目特点、满足研发所需的、适宜颗粒度的工作包等级。

质量保证纳入型号 WBS，即型号研发范围管理，是确保质量保证工作融入型号项目管理的重要前提。

（2）质量保证工作纳入型号研发工作计划

SOW（工作说明书）定义工作结果、工作分解和管理关系，用于约束“要求交付的产品和服务”，以及“正确交付该项产品与服务的要求和条件”。

综合主计划（IMP）是基于事件的项目计划，主要包括三个要素：①事件要素，即项目重大活动里程碑节点或者项目评估点；②结果要素，即事件完成时期望得到的结果；③完成标准，即清晰界定事件完成必须做的工作。综合主进度（IMS）是主计划的详细分解到具体工作项，直到具体的作业计划，在作业计划上具有可度量、可跟踪、可检查的特点，也是计划分解的最小单元，代表日常执行的详细水平。在作业级计划上，落实资源信息、交付信息。

先进航空装备系统研发技术计划管理一般建立计划管理平台，以 SOW 为源，按照 IMP/IMS 要求，将计划信息分解到型号各个研制阶段，分配责任单位和一级交付物，再由责任单位逐层分解落实到个人资源，最后由个人资源添加作业，并关联一级交付物或添加二级交付物，通过交付物完成情况，对计划执行进展进行监控。

在方案设计阶段，甚至在型号论证阶段，应推动质量保证工作全面纳入型号研发工作计划，包括纳入项目全生命周期活动模型以及项目策划书，例如，将型号研发质量保证相关的技术评审和质量审查、问题处置等工作项目融入主计划；将质量保证活动交付物融入型号研发计划交付物体系；开发技术状态工程更改监控看板、技术质量问题处置看板、设计质量成熟度看板等看板，实现敏捷、精细的型号研发过程质量保证监控。

5.5.2　初步设计质量控制

初步设计过程目标是，深化型号的需求设计，形成较为完备和相互关联的需求体系；优化型号产品分解结构 PBS 第一、二层产品方案设计，完成第三、四层产品初步设计，启动第四层以下产品初步设计，确定分配基线；完善研发体系、研制策划、项目管理体系。

在初步设计过程中，应紧密结合方案完善、总体分区协调和各系统初步设计工作，开展持续质量策划，重点加强分区协调、原理方案试验等过程的质量控制，健全完善型号质量师系统。

5.5.2.1　初步设计输入评审

明确设计输入评审指南，在开展分区协调前，由型号各协调区区长牵头，以协调分区为单位开展设计输入评审，本分区涉及的相关技术专业和型号质量专业参加。确保输入完整、正确和准确，审查发现的问题拉条挂账管理。

初步设计输入主要包括：

（1）总体设计方案；

（2）顶层 PBS（产品分解结构）；

（3）SIRD（系统安装需求文档）（发起协调）；

（4）EIRD（设备安装需求文档）（发起协调）等。

5.5.2.2 分区协调质量控制

如图 5-17 所示，型号分区协调技术质量要求主要包括：

（1）在分区协调前，各专业清理检查飞机技术状态，完成并提供本专业系统原理方案、系统定义、全套成品设备的三维数模及运动部件包络体，明确设备在机上的布置、系统通道、连接接口、能源需求和使用维护等要求，各成品承制单位按技术协议要求提交成品数模，经成品主管设计确认后纳入数据库管理；

（2）设计师系统、质量师系统联合，结合以往型号设计经验、教训，条目化梳理初步设计分区协调中应注意的设计要求，以提升分区协调质量；

（3）运用 SIRD（系统安装需求文档）、EIRD（设备安装需求文档）统一分区协调输入，提升质量和效率；

（4）全机划分为若干协调区，各区区长牵头分区协调，进行全机结构、系统的集成和总体方案的综合设计，开展飞机外形约束、内部布置、外部布置和重量重心控制，确保满足全机功能性能要求，符合结构、系统间的相容性，并满足生存力、人素工程、可靠性、维修性、保障性和安全性等专业工程要求，兼顾与历史型号的继承性和与后续机型的兼容性；

（5）各专业充分利用数字样机，进行成品、电缆和管路等的协调，开展运动过程仿真检查、全机协调性检查；

（6）所有空间协调、接口协调运用 ICD（接口控制定义）数字模型开展协调，并加强管理，严格专业审会签，并经协调区区长复核确认，保证完整、正确、有效和受控；

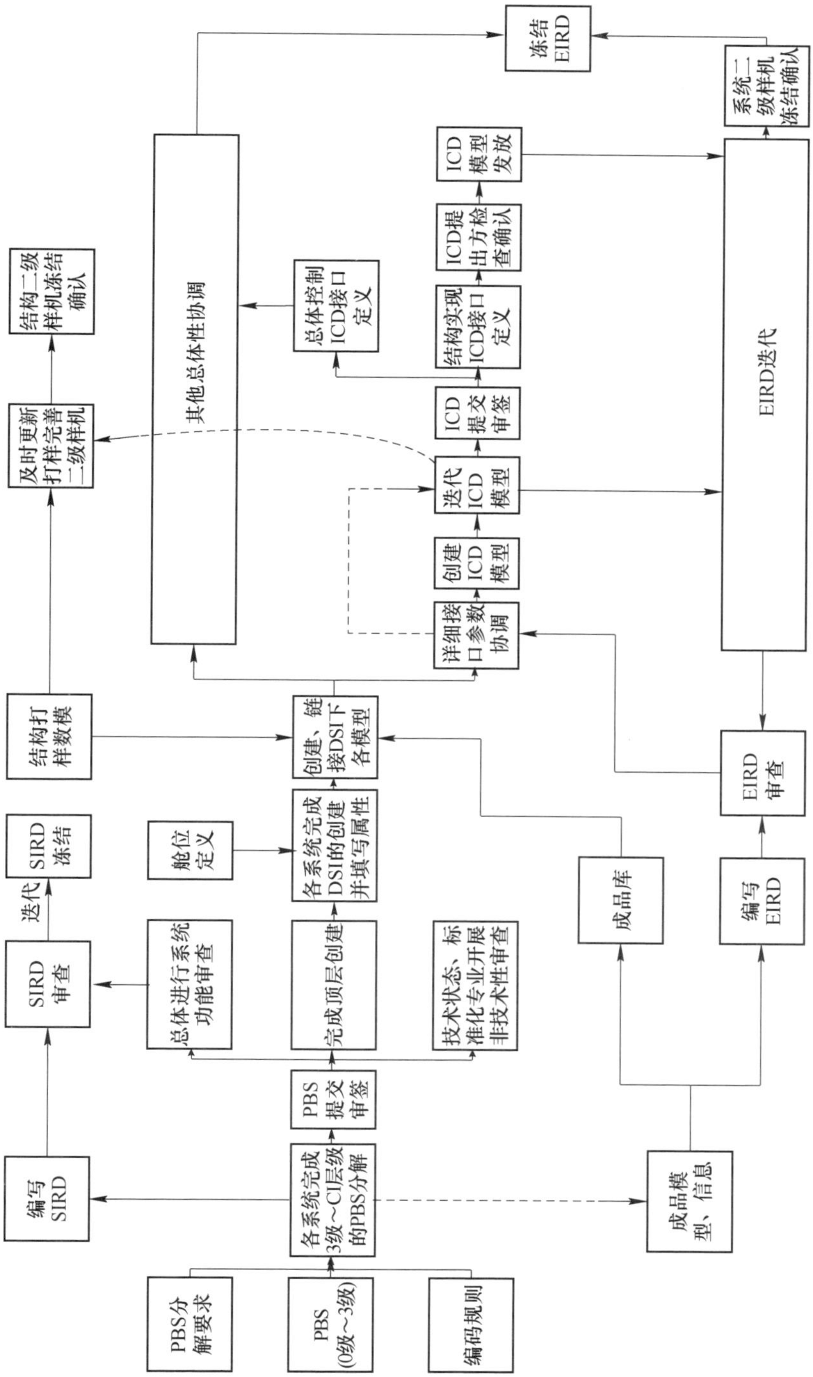

图 5-17　初步设计分区协调流程示意图

（7）协调发现问题拉条挂账、跟踪解决，重大技术问题办理技术问题决策单处理；

（8）涉及数字样机更改时，按规定办理手续，分区协调完成后组织数字样机审查，通过后冻结数字样机；

（9）分区协调形成的全机数字样机、SIRD（系统安装需求文档）、EIRD（设备安装需求文档）及技术问题决策单等均纳入数据库管理，确保有效受控。

5.5.2.3 分区协调设计输出评审

明确设计输出评审指南，在分区协调完成后，由飞机各协调区区长牵头，本分区涉及的相关技术专业和型号质量专业参加，以协调分区为单位开展设计输出评审。

设计输出评审可分区内自查和集中评审两个阶段，审查数字样机规范性、完整性、协调性，以及与技术协调的状态一致性，梳理系统原理方案、系统布置方案、关键附件的安装、系统分区协调等方面的遗留问题。审查发现的问题拉条挂账管理，在详细设计阶段组织重点攻关协调，并跟踪在数模设计中的落实处置进展。

分区协调设计输出主要包括：

（1）二级数字样机；

（2）ICD（接口控制定义）模型或几何协调单；

（3）SIRD（系统安装需求文档）（批准）；

（4）EIRD（设备安装需求文档）（批准）等。

5.5.3 详细设计质量控制

详细设计过程目标是，完善并冻结型号的需求设计，冻结需求基线、功能基线与分配基线；完成型号详细设计，完成并发布试飞样机所需的全套生产数模（图样）；完成新研机载设备C型件研制、试验与验证，开展新研机载设备S型件研制、试验与验证；确立型号初步产品基线。

先进航空装备系统详细设计普遍采用全数字化 MBD（model based definition，基于模型定义）技术，生成全三维数字模型。因此，需要根据型号研制特点，构建数字化环境下的详细设计过程质量控制和监督流程，以及数字化输出模型的技术质量审查要求，整合入数字化设计流程，实现协同的质量保证和在线审查。

5.5.3.1 详细设计规范文件编制质量控制

明确型号专用规范编制与管理要求，开展系统规范、详细设计报告（DD）、接口控制文件（ICD）等详细设计规范文件的编制和管理，重点加强以下方面控制：

（1）以飞机产品分解结构（PBS）为基础梳理形成型号规范树和项目清单，各专业形成有效专用规范清单；

（2）制订规范文件编制计划，落实编制时间节点，并纳入研制工作计划管理；

（3）规范文件编制应满足完整性、正确性、协调性和可操作性等要求，上下级规范文件满足协调的输入输出关系，即下一级规范文件编制应贯彻并完全满足上一级规范文件的技术要求；

（4）规范文件完成编制后，应开展标准化审查以及对上一级技术要求的符合性检查，并按照技术责任制履行审签；

（5）规范文件更改按型号技术文档及工程更改管理有关要求办理手续，并按原规范文件审签流程审签。

5.5.3.2 适应 MBD 技术的建模规范构建

全数字化 MBD（基于模型定义）技术用数据模型完整定义产品的几何信息和非几何信息，实现设计—分析—制造过程全数字量（数模）传递，提高装备研发质量和效率。

适应 MBD 技术，满足型号全数字化设计、管理模式要求，应首先构建型号数字样机管理规定、技术文档及工程更改管理规定等管理文件和一系列产品定义（建模）规范，明确模型结构树、模型文件命名、属性定义等要求。

例如，航空装备结构数字化建模规范体系主要包括：

（1）通用规范

①型号技术文档及工程更改管理；

②型号数字样机管理规定。

（2）基础规范

①结构数模数据规范；

②机体结构 CI 项定义规范；

③结构通用设计建模规范；

④结构数模属性定义规范；

⑤结构数模 3D 标注规范。

（3）零件设计建模规范

①框梁类机加零件设计建模规范；

②钣金结构零件设计建模规范；

③铸件结构设计建模规范；

④复合材料结构零件设计建模规范等。

（4）装配设计建模规范

①结构装配信息模型建模规范；

②焊接结构设计建模规范；

③胶结和密封结构设计建模规范等。

（5）质量规范化要求规范

①模型质量规范化检查要求；

②结构数模的更改规范。

同时，构建数字化设计模板库，嵌入数字化协同设计平台，规范数字化模型设计。构建机械、管路连接、电气等类型的标准件模型数据库，并关联标准件选用规范，实现标准件可控选用、便捷调用和规范管理。

5.5.3.3 系统详细设计输入评审

明确设计输入评审指南，在开展详细设计前，由各系统总师牵头，本系统涉及的相关技术专业和型号质量专业参加，以系统（或根据实际情况进一步细分）为单位开展设计输入评审，清理设计输入条件，评审确认输入的完整性、正确性和适宜性，审查发现的问题拉条挂账管理。

详细设计输入主要包括：

（1）标准、规范和相关制度；

（2）文件（包括总体技术状态、载荷、可靠性、维修性等文件）；

（3）冻结的数字样机和依据性技术协调记录、系统定义等接口文件；

（4）各系统技术状态控制文件；

（5）初步设计报告、试验报告等前一阶段工作结果文件。

5.5.3.4　数模设计质量控制与数字样机控制

开展数字化三维数模设计过程质量控制，主要包括：

（1）各协调分区区长延伸到详细设计阶段，组织跟踪、控制设计过程中技术状态变化，重点对数模的空间布置、成品安装定位、管路和电缆敷设路径、主要结构外形和接口关系、跨系统运动件的运动间隙加以控制；

（2）确保数模符合建模规范，结构规范、合理，标识清晰、完整，重量控制严格、计算准确，尺寸标注正确、充分，运动性、空间检查充分，避免干涉，保证间隙要求；

（3）各专业动态管理相关成品、管路线束，维护虚拟产品数据库，逐步提高数模成熟度。各系统总师以及专业负责人及时审查设计更改内容，尤其是对于外形、接口协调关系变化的项目，主动协调相关专业并通知区长，保持共享模型升级至最新版本，确保数模间的协调性，以及数模技术状态受控；

（4）开展数字样机的冻结、审查以及变更管理，切实履行各级职责，加强过程控制；

（5）建立数模设计工作协调调度例会制度，及时协调解决详细设计中的技术、管理问题；

（6）工艺部门尽早介入发图过程或开展协同设计，进行生产性分析，并落实在数模和制造要求性规范中。

数字样机管理基本流程如图 5-18 所示。

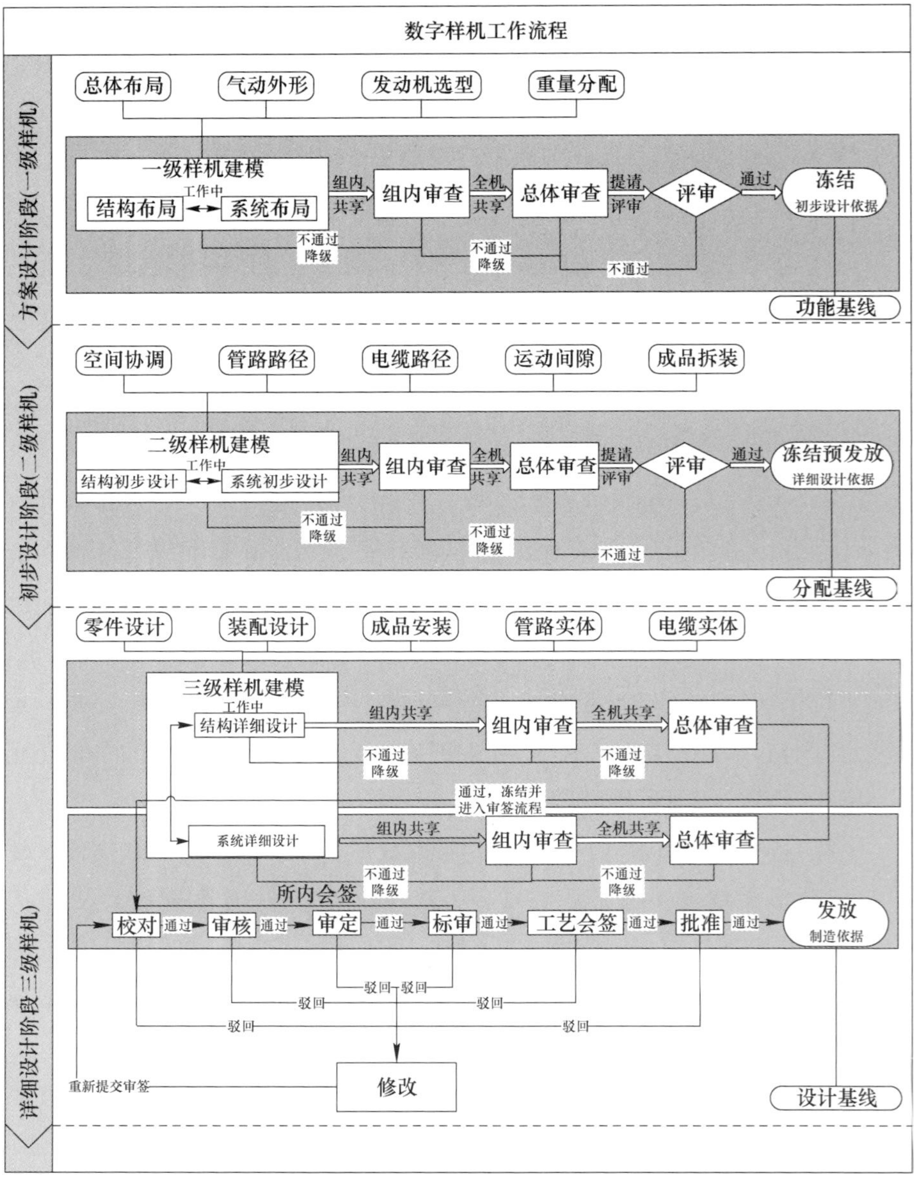

图 5-18　数字样机管理基本流程

5.5.3.5　特性分析与关重件设计质量控制

运用故障模式影响及危害性分析（FMECA）等方法，分析单元件特性功能，及其对应的故障模式和故障影响（包括局部影响、高一层次影响和最终影响），按照特性分类逻辑决断程序（见图 5-19），确定单元件的关键特性和重要特性，并形成单元件特性分析报告，按要求完成审签、批准。

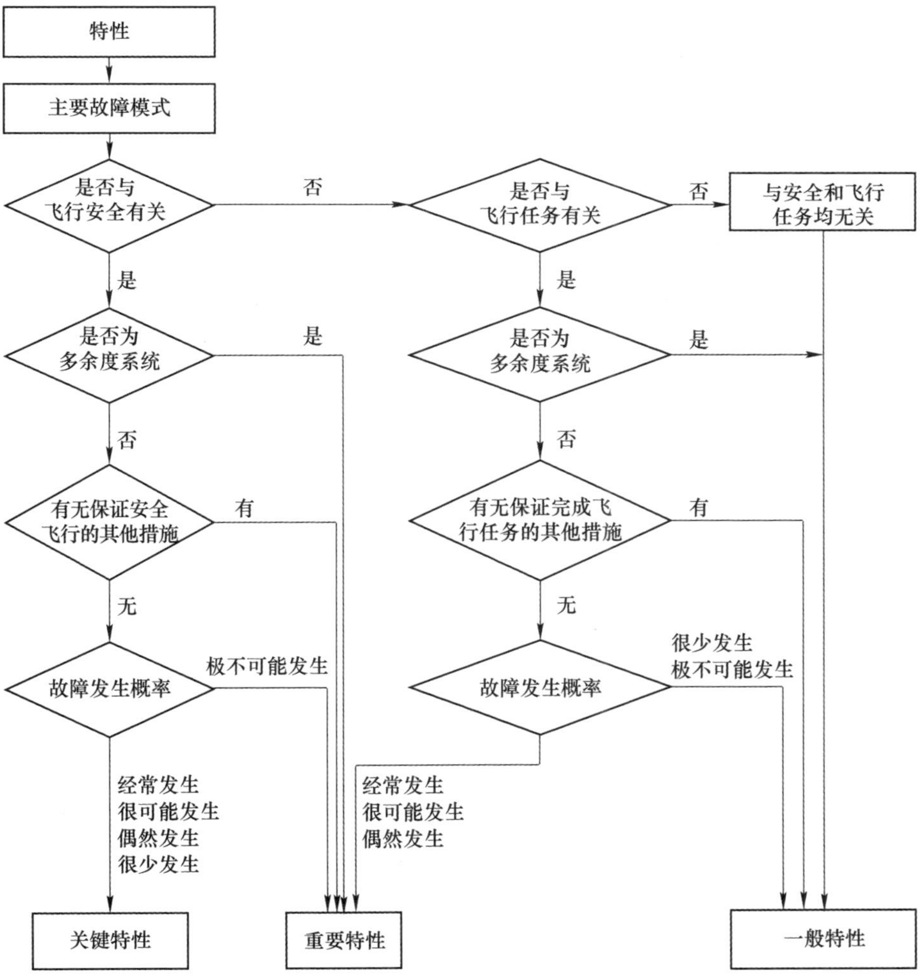

图 5-19　特性分类逻辑决断程序

按要求在关重件数模上进行关重特性标识，并经质量专业检查会签，连同全机汇总编发的关键件、重要件清册，提供总体制造单位进行严格的生产控制。

5.5.3.6 数模技术质量审查

数模设计完成后，落实技术质量责任制，完成设计、校对、审核、审定、所内会签、质量审查、标审、工艺会签、批准等各级人员的数模技术质量审查和审签。

数模技术质量审查着重从设计输入协调充分性、数模配套完整性、设计指标（功能、性能、重量等）要求满足性、设计方法正确合理性、标准件原材料选用合理合规性、可靠性等质量特性要求满足性、防差错设计、电磁兼容设计、关重特性标识正确性、可制造性、建模规范符合性、接口关系要求符合性、协调性要求符合性、审签完整性等方面开展，审查中发现问题纳入审查记录，并跟踪处置归零。

具体的数模技术质量审查的开展可以采用如下做法。

（1）分专业（数模设计专业、数模审签专业等）组织开展数模设计经验总结，同时由历史型号的设计更改“反向”分析数模设计典型问题，纳入知识工程；

（2）基于上述知识工程，结合各审签角色（设计、校对、审核、审定、会签、标审、批准等）的质量职责，以专业和角色构成矩阵化的模型（见图 5-20），分专业、分角色编制数模技术质量审查单（checklist）。审查单中，针对审查项目细分为若干的审查点，并明确审查点通过条件，给出正确、错误示例/示图等详细说明。

（3）将数模技术质量审查嵌入数模审签流程，各个发图、签图专业，作为各个角色（设计、校对、审核、审定、会签、标审、批准等）进行数模审签时，自动推送相应的数模质量审查单，例如，液压专业数模审核时，自动推送适用于液压专业审核角色的审查单。引导审签人员逐项对照审查单检查，审查通过后才能最终通过签字。系统后台自动生成数模技术质量审查记录。

（4）跟踪因设计错误原因触发的工程更改情况，持续分析数模设计常见典型问题，并完善到知识工程中，不断地“将问题转化为审查要求”，持续完善，形成闭环。

	设计	校对	审核	审定	会签	标审	批准
专业 A（重量）	—	—	—	—	审核项 1 审核点 1.1 审核点 1.2 … 审核项 2 …	—	—
专业 B							
专业 C（供电）	审核项 1 审核点 1.1 审核点 1.2 … 审核项 2 …	审核项 1 审核点 1.1 审核点 1.2 … 审核项 2 …	审核项 1 审核点 1.1 审核点 1.2 … 审核项 2 …	审核项 1 审核点 1.1 审核点 1.2 … 审核项 2 …	审核项 1 审核点 1.1 审核点 1.2 … 审核项 2 …	—	审核项 1 审核点 1.1 审核点 1.2 … 审核项 2 …
…							
专业 X（标准化）	—	—	—	—	—	审核项 1 审核点 1.1 审核点 1.2 … 审核项 2 …	—
…							

图 5-20　矩阵化的数模精准化技术质量审查单模型

5.5.4　设计成熟度管理

为缩短研制周期、节约成本，并行工程广泛应用于复杂航空装备系统的研制过程。并行工程是一种跨组织、多学科的系统工程方法，从项目的一开始就同时考虑用户要求、需求定义、产品设计、采购订货、生产制造、试验试飞、使用保障等主要因素，通过沟通协调、统筹综合，使问题及早地暴露在设计阶段并加以解决，减少迭代次数、力求产品研制一次成功。

设计成熟度是测量技术状态项设计开发工作是否达到阶段工作目标的评价方法，当各阶段设计活动实际输出物与规定的目标输出物相符合时，则达到该阶段的设计成熟度。

采用设计成熟度管理可以客观评价各阶段设计开发工作的完成情况和技术状态数据的置信度，通过技术数据共享为各阶段的并行工作活动提供准确的输入，从而支持跨专业、跨单位的并行设计持续高效地开展，避免大量无效的重复迭代，同时为科研计划、风险预测、决策分析提供数据支持。在数字化环境下开展设计成熟度管理是航空装备并行工程顺利、有序、高效开展的保证。

其中的重点工作是，以各阶段并行设计活动和输入、输出的技术数据为核心，制定各阶段里程碑节点的设计成熟度准则，在数字化环境下基于PBS（产品分解结构）节点开展成熟度管理，分阶段实现各方数据的自动共享，提前暴露问题，提高设计质量和一次成功率。

5.5.4.1　细化设计阶段周期

在方案设计、初步设计、详细设计阶段，总体设计单位内部各专业之间、总体设计单位与制造单位之间会开展大量并行协同设计工作，按实际工作需要，将上述三个研制阶段进一步拆分为五个阶段，如图 5-21 所示。

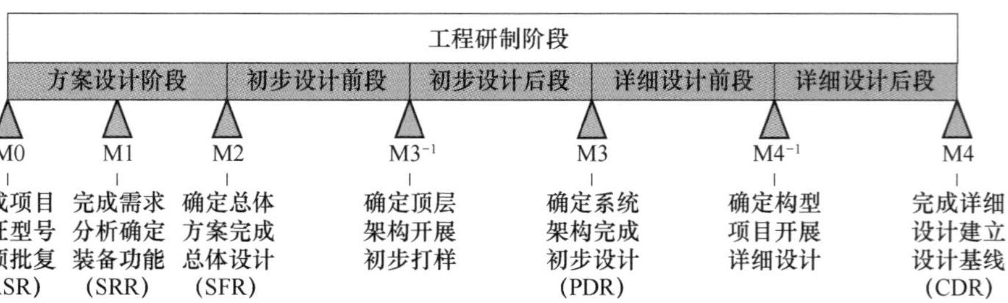

图 5-21　设计阶段周期细化

细化设计阶段的目的是，将各阶段研发工作进一步分解，增加成熟度判定和升级环节，促进各系统设计工作按计划节点完成，提早发现问题、解决问题，确保设计数据达到预定的标准。基于设计数据成熟度的评价，将上阶段的输出作为下一阶段并行设计的可用、可信的输入，以保证并行设计的顺利进行。

5.5.4.2　定义并行设计流程

针对五个细化的设计阶段，从输入、活动、输出、控制规则、管理工具等方面进行定义，如图 5-22 方案设计阶段并行工程活动流程所示例，图中粗体字示出的为正式发放的技术状态基线。同时定义各阶段总体设计单位与总体制造单位共享数据。

（1）方案设计阶段（M0~M2）

共享数据包括：一级数字样机（不含使用维护模型）；初步材料、标准件选用范围；材料库、标准件库；工艺总方案初稿等。

（2）初步设计前段（$M2 \sim M3^{-1}$）

共享数据包括：设计成熟度达到 2 级的二级数字样机（不含运动协调性检查模型、使用维护模型）；初步电气原理图、设备电气属性；材料、标准件选用范围和相关技术要求；材料数据库、标准件数据库；工艺总方案初稿等。

（3）初步设计后段（$M3^{-1} \sim M3$）

共享数据包括：成品研制需求（摘要）；设计成熟度达到 3 级的二级样机（不含运动协调性检查模型、使用维护模型）；初步系统电路和设备电气属性；通用制造技术要求设计；试制策划书、工艺总方案；MBOM（制造物料清单）部件、段位节点等。

（4）详细设计前段（$M3 \sim M4^{-1}$）

共享数据包括：设计成熟度达到 4 级的三级样机（不含运动协调性检查模型、使用维护模型）；全机系统电路图；特殊施工、测试、防护技术要求；MBOM 数据架构、节点等。

图 5-22　方案设计阶段并行工作流程

（5）详细设计后段（$M4^{-1}$～M4）

共享数据包括：设计成熟度达到 5 级的三级样机（不含全机运动协调性检查模型、使用维护模型）；内表喷漆技术要求；机上地面测试/试验技术要求；工艺性审查意见等。

5.5.4.3　成熟度等级准则定义与控制

设计成熟度管理对象为型号 PBS（产品分解结构）中各级系统的顶层节点和底层 CI（技术状态项）节点，如图 5-23 所示。

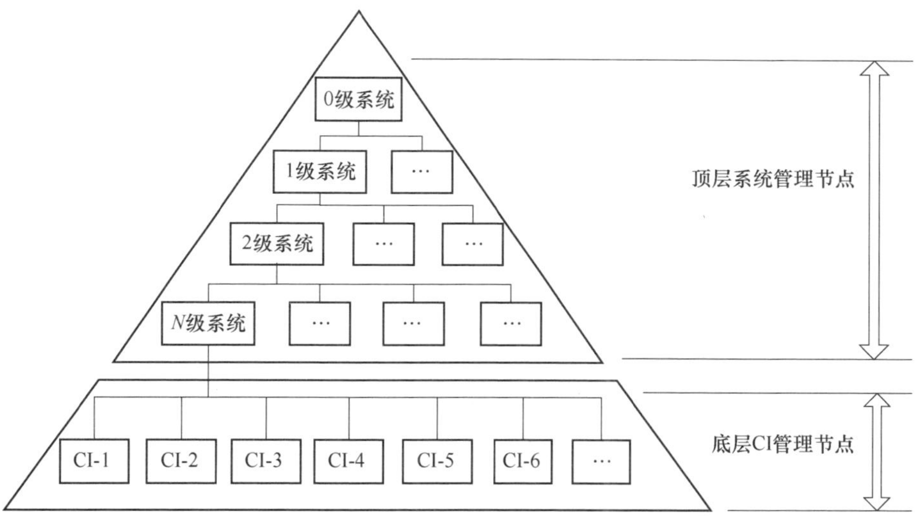

图 5-23　成熟度管理节点示意图

设计成熟度划分为 6 个等级，见表 5-3。

针对 PBS 顶层系统节点和底层 CI 节点，在生命周期各阶段的里程碑节点，应至少完成或发放规定的技术状态文件，则该 PBS 节点达到对应的成熟度等级。在实际工作中，还可以结合实际工作情况细化各类技术状态文件中间过程应达到的状态，采用量化的准则衡量设计工作的完成情况，有效控制并行设计的工作节奏。

表 5-3　成熟度等级定义

阶段/里程碑	成熟度等级
型号立项批复（M0）	RL0
方案设计阶段（M2）	RL1
初步设计前段（$M3^{-1}$）	RL2
初步设计后段（M3）	RL3
详细设计前段（$M4^{-1}$）	RL4
详细设计后段（M4）	RL5

成熟度准则定义如表 5-4 所示。

表 5-4　成熟度等级准则定义

RL	等级准则	
	FCD（功能技术状态文件）/ ACD（分配技术状态文件）	PCD（产品技术状态文件）
RL1	a）发放系统规范（0 级系统） b）完成研制规范初稿（1~2 级系统）	a）发放 PBS 定义（0~3 级系统） b）发放 CDD（构型描述文件）/SDD（系统描述文件）（方案设计阶段） c）一级样机： 1）完成外形、舱位初步定义模型 2）完成机体骨架结构初步定义模型 3）完成主要系统/设备布置模型
RL2	a）完成研制规范、软件规范初稿 b）完成系统 ICD（接口控制文档）初稿 c）完成设计准则、要求初稿 d）完成技术指标分配初稿 e）完成设计约束初稿 f）完成配套产品软硬件研制需求初稿	a）发放 PBS 定义（系统级） b）完成 SIRD（系统安装需求文档）/ERID（设备安装需求文档） c）二级样机： 1）发放飞机外形、舱位定义模型 2）完成全机口盖初步定义模型 3）完成机体理论模型定义 4）完成大型铸锻件模型初步定义 5）完成主要设备、管线模型初步定义 d）发放材料/标准件数据库、技术要求

表5-4(续)

<table>
<tr><th rowspan="2">RL</th><th colspan="2">等级准则</th></tr>
<tr><th>FCD（功能技术状态文件）/
ACD（分配技术状态文件）</th><th>PCD（产品技术状态文件）</th></tr>
<tr><td>RL3</td><td>a）发放研制、软件规范
b）发放系统 ICD
c）发放设计准则、要求
d）发放技术指标分配
e）发放设计约束
f）发放配套产品软硬件研制需求
g）发放机体、系统地面试验任务书</td><td>a）发放 PBS 定义（CI 以上所有层级）
b）发放 CDD/SDD（初步设计阶段）
c）发放 SIRD/ERID
d）二级样机：
1）发放全机口盖定义模型
2）发放几何 ICD 模型
3）完成机体打样设计模型
4）完成电气原理图、设备、管线打样设计模型
e）发出制造通用的技术要求设计
f）机体、系统试验大纲</td></tr>
<tr><td>RL4</td><td></td><td>a）三级样机
1）发放电路图
2）完成机体详细设计模型
3）完成设备、管线详细设计模型
b）发放特殊施工、测试、防护技术要求</td></tr>
<tr><td>RL5</td><td></td><td>a）发放 CDD/SDD（详细设计阶段）
b）三级样机
c）发放机体详细设计模型
d）发放设备、管线详细设计模型
e）发放机内喷漆、水平测量图样/数模及技术要求
f）发放系统试验大纲/程序
g）发放机上地面测试/试验技术要求</td></tr>
</table>

在数字化研发环境下，按照成熟度等级准则，当 PBS 节点关联的技术状态文件达到相应的成熟度准则后，则信息化系统将自动进行成熟度等级标识，完成成熟度的升级或降级。

当成熟度提升等级时，冻结相应信息，及时在总体设计单位内各专业之间、总体设计单位与总体制造单位之间进行数据共享，为下一步并行工作提供输入。例如，在详细设计阶段，先行发放设计成熟度高的零件数模，制造单位可先行投产，既保障了“研产”并行，同时通过设计成熟度控制，制造端精细化地采取相应的投产策略，保证了试制质量。

当已确定并共享的设计信息需要变更时，按成熟度等级准则，及时将成熟度降至相应等级并通知信息使用方。成熟度降至相应等级后，主管设计可修改相关信息，修改完毕后，再次提升成熟度等级。

5.5.4.4 成熟度监控

在产品数据管理系统中建立设计成熟度看板，基于产品数据的统计分析，监控构型层 CI 的设计成熟度，实时按专业展示 CI 设计完成率、CI 设计成熟度，按时间历程展示全机 CI 成熟度成长，将设计成熟度作为型号研发计划完成情况的考核指标之一，同时也作为数模详细设计质量成熟度提升的表征指标之一。

5.6 试制、试验/试飞质量保证

试制和地面试验过程目标是，完成样机试制，验证并持续改进可制造性；完成机载设备、系统相关地面验证试验，为转入试飞试验和地面鉴定试验创造条件。

调整/科研试飞过程目标是，完成试飞样机的首飞、调整试飞和科研试飞，验证与研制要求的符合性。

5.6.1 试制过程质量保证

针对先进航空装备系统新技术难度大，质量、精确装配等要求高，数字化制造技术全面应用，多单位联合试制等试制特点，应严格控制设计与制造单位之间数据传递，实施全过程质量控制。

5.6.1.1 总体制造单位试制质量保证

在型号质量保证大纲基础上，总体制造单位应编制试制质量计划等专项管理文件，制订试制工艺总方案、各专业工艺方案等指令性工艺文件，以及装配大纲/制造大纲（AO/FO）、工艺规程、工艺技术指示单等实施性工艺文件。

严格按程序规定进行原材料、成品、外协件和联合研制产品的采购与验证，严格控制配套成品装机和技术状态更改过程控制。逐项比对确认成品质量证明文件记载的软件版本（实物状态）与型号机载软件版本清单（设计状态）的一致性。

按照设计数模、技术规范和AO/FO、工艺规程等工艺文件，执行装备制造、试验、检验，严格工程更改执行闭环归零控制。按照新产品试制程序和试制质量计划规定，在部装开工前、总装开工前、试飞站开工前、发动机首次地面试车前等节点，组织试制前准备状态检查，并跟踪提出问题和建议的处置归零。按程序规定组织不一致处理（偏离申请和不合格品审理）。

5.6.1.2　总体设计单位协同试制质量保证

总体设计单位与总体制造单位及联合试制单位密切配合，可在型号试制现场设置设计代表，实施设计方对试制质量的协同控制。

（1）严格总体设计单位与制造单位间数字化信息传递过程控制，保持产品数据的一致性，确保试制现场数模有效；

（2）监督现场按数模和技术要求开展试制；

（3）设计数模、技术文件的更改，按型号技术文档及工程更改管理要求办理审批手续，关重件工程更改文件经质量专业会签；

（4）严格偏离申请和不合格品审理等不一致处理（RFV）手续，并按要求经质量专业会签，未履行审批手续的代用器材和不合格品不得流入试制现场。

5.6.1.3　联合试制质量保证

先进航空装备系统大多采用总体制造单位与联合试制单位协同试制模式。

总体制造单位牵头制定联合试制质量管理要求，明确总体设计单位、总体制造单位和联合试制单位在联合试制过程中的质量职责，规定采购、外包、工程更改执行、不合格品审理、偏离申请、产品标识、产品制造、产品检验、产品交付和服务保障等过程质量控制流程，以及信息管理、质量统计分析和接受军代表质量监督等管理要求，并在联合试制过程中组织贯彻实施。

5.6.2 试验/试飞过程质量保证

明确非标准试验设备研制及试验/试飞过程控制流程和要求，严把“文件关、开工关、验收关”，加强试验/试飞过程现场控制与指导，确保设计验证充分和过程质量受控。

5.6.2.1 非标准试验设备研制质量管理

全面分析试验需求，明确非标准试验设备研制管理要求，依据试验任务书或专项改造申请报告，编制非标准试验设备设计任务书，组织非标设备设计、生产、安装、调试，形成非标准试验设备调试报告，经验收评审通过后方可投入试验，并保持设备研制论证、组建、调试、评审验收的记录。

5.6.2.2 试验/试飞过程质量保证

以需求验证追溯为重点加强试验/试飞过程质量控制，细化试验/试飞过程文件编制要求，明确各试验/试飞项目所对应验证的需求，汇总检查试验充分性和需求验证充分性。

（1）试验提出单位编制试验任务书，明确试验任务要求，确定试验工作内容，规定测试参数、必要的精度指标、测试方法、采用的试验件和试验设备、质量保证要求和任务结束形式等内容，经过计量、试验承担单位和质量管理部门会签并归档；

（2）试验承担单位依据试验任务书，研究确定试验方案，明确试验设备、测试仪器、试验步骤和职责分工，编制试验大纲和试验程序，并明确试验操作规程；

（3）组织试验准备状态检查（开工评审），确认试验人员具备上岗资格，试验文件、试验件、试验设施准备到位，测试设备、记录系统、试验现场满足要求，评审通过后才能进行试验；

（4）按照试验大纲和试验程序开展试验，试验过程中全面采集、整理、核实试验原始记录，如实填写试验日志，确保试验结果的真实性和有效性；

（5）严格控制试验过程中设计状态变化，保持记录完整可追溯，并确保试验状态与装机状态协调一致；

（6）试验结束后，试验承担单位分析试验结果，确认试验的有效性和可信性，编写试验报告，进行数据分析，给出试验结论，并按要求组织开展试验验收评审，确认试验的充分性和有效性；

（7）质量专业按要求会签各项试验文档，参加试验的开工评审和验收评审，对重要试验进行过程质量监督；

（8）明确航空装备机上地面试验（含滑行试验）及试飞质量管理要求，以及过程技术文件种类、格式、审签规定，实施机上地面试验、发动机开车、滑行试验过程控制，安排专人参与现场试验，督促、跟踪问题归零；

（9）完善试飞流程（见图 5-24）管理，重点提升试飞大纲和试飞任务单完整性；

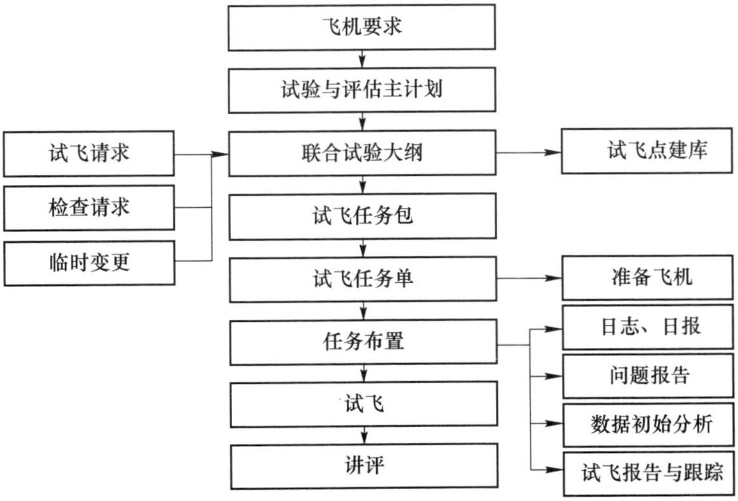

图 5-24　试飞流程示意图

（10）面向使用需求的全流程、全要素开展试飞验证，面向试飞测试点，严格控制“准入”“准出”；

（11）运用信息化系统拉条挂账试验/试飞中发生的问题，跟踪处置归零，并运行故障报告、分析和纠正措施系统（FRACAS）。

5.6.3 仿真验证质量保证

在数字化研发环境下，针对型号总体方案设计，运用战场环境虚拟仿真等相关手段和工具，开展任务想定、使用案例、作战对策等研究，并进行仿真验证。针对各分系统设计，充分利用相关技术专业的仿真软件进行设计方案的分析和验证，检查设计输出能否满足相应的功能性能等要求。

为保证仿真验证质量，应开展以下工作：

（1）检查、确认所采用的仿真验证方法和环境的适宜性；

（2）制定相关的仿真规范和操作手册；

（3）严格按规范、手册等开展工作，保证工作质量；

（4）保留相关记录，确保工作可追溯；

（5）必要时，开展物理验证或与相似产品进行比较，确认仿真验证结果的有效性。

5.7 通用质量特性设计、分析与验证

通用质量特性包括可靠性、维修性、测试性、保障性、安全性和环境适应性，与专用质量特性（功能、性能特性）一样，是装备固有的设计属性，是装备综合作战效能的决定性因素之一。

随着先进航空装备系统技术提升，通用质量特性指标要求也有大幅提高，并从“使能技术”成为“作战能力技术”。同时，从系统工程的角度分析，对如此多的新技术进行综合集成势必造成型号技术复杂性和研发风险剧增。因而，新型航空装备系统研发需要加速推进通用质量特性与性能

一体化设计、分析与验证技术的研究和应用。

另外，装备适航性问题得到进一步重视，在不断追求更高性能的同时，更加注重安全性要求。强调装备“性能设计要求”与“适航性要求”融合，并将装备适航性审查纳入性能验证中。

随着数字化、信息化技术发展，加之通用质量特性技术的提升，采用建模仿真与虚拟现实技术、信息化技术等手段进行通用质量特性的指标论证、方案权衡、分析与设计，以及试验验证与评价成为可能，从而给通用质量特性与性能的进一步融合设计、分析与验证提供了途径、创造了条件。

5.7.1 顶层策划

按照系统研发“V”模式，将通用质量特性要求自上而下逐层从装备级分解到系统、设备，并针对数字样机和物理样机自下而上开展分析、验证。

在通用质量特性工作计划中，全面规划与型号研制同步的各阶段通用质量特性工作项目，以及对工作项目的相关说明和计划。工作计划以通用质量特性要求为依据，需要综合考虑功能性能要求、产品组成、技术复杂度、产品重要度、研制进度等因素。在策划通用质量特性工作时，应满足相关标准规定的工作项目要求，还应充分考虑数字化研发环境下工作模式和新技术的应用。

开展通用质量特性的验证策划，综合运用建模仿真、试验、试飞等方法开展验证，基于各项验证工作之间的关系，统筹安排资源。

5.7.2 组织机构

航空装备与性能设计一体化开展通用质量特性设计，需要在质量保证体系中明确各级产品研制单位相关技术责任，建立相应的组织机构，来保证通用质量特性的设计实现。

在装备型号级，根据PBS（产品分解结构），在型号设计师系统下设立由装备总体设计单位和配套研制单位组成的通用质量特性工作系统，负责装备研制过程的通用质量特性技术和管理工作。

在产品级，建立由产品主管设计师、通用质量特性专业技术人员组成的综合产品组（IPT）。产品主管设计师为第一责任人，对产品通用质量特性设计负责；通用质量特性专业技术人员负责优化工作流程，进行工程化指导和支持。综合产品组还应负责指导和协调下一级配套产品的通用质量特性一体化设计工作。

5.7.3 过程控制

5.7.3.1 构建管理文件体系明确过程控制要求

航空装备通用质量特性管理文件体系由标准、指南和表单模板三级文件组成。标准指现行有效的国家标准、国家军用标准、行业标准、企业标准，包括要求、程序、方法和操作等类别，覆盖装备、系统、设备等各产品层级。在型号研制中，按照研制需求分析标准的适用性，确定相关标准作为通用质量特性设计的依据性文件。在此基础上，考虑工程实用性、可操作性以及数字化研发环境带来的技术变化，制定技术指南性文件和表单模板，规范和指导开展具体的通用质量特性一体化设计、分析与验证。

5.7.3.2 配套研制单位工作监控

配套成品的通用质量特性水平是装备系统满足通用质量特性要求的基础。总体研制单位将通用质量特性要求纳入技术协议及其工作说明（SOW），并监督配套研制单位制订工作计划，开展相关设计、分析与验证工作，主要包括：

（1）督促配套研制单位按技术协议及其工作说明（SOW）的要求按期提交通用质量特性相关工作项目内容，相关结果作为对配套单位监控和评价，以及装备系统设计分析和控制的输入来源；

（2）参加配套研制单位关键项目的通用质量特性设计转阶段评审；

（3）配套研制单位纳入 FRACAS（故障报告、分析与纠正措施系统），开展故障归零；

（4）通用质量特性综合产品组（IPT）工程师参与总体单位组织的质量监督检查；

（5）监控通用质量特性验证过程和结果等。

5.7.3.3　通用质量特性评审

按计划在不同层次（装备级、子系统级、设备级）开展通用质量特性工作评审，对通用质量特性设计、分析与验证工作，实施监督与控制，及时发现问题，并提出纠正措施。评审可以是在研制的各个重大节点，通用质量特性与性能设计同步进行的评审；也可以是根据产品层次和工作项目的重要程度安排的通用质量特性专项评审。

为有效实施通用质量特性评审工作，应制定检查表（checklist），作为评审、检查工作的依据，包括检查要点、评价准则，重点关注通用质量特性工作与研制阶段的同步性，采用方法、分析过程、主要结论的正确性，以及设计措施的有效性等。

5.7.4　数字化环境下的通用质量特性设计、分析与验证技术

5.7.4.1　基于故障机理的可靠性仿真

基于故障机理的可靠性仿真是利用数字化建模仿真手段，在设计过程中对产品的机械、热、电和电磁特性等应力及其诱发的故障机理建模仿真分析，尽早发现设计薄弱环节，从而采取设计改进措施提升产品可靠性水平。

故障机理仿真分析的关键是，建立尽可能精准的产品结构和材料等对负载或环境条件响应的数值仿真模型，结合产品物理样机测试进行迭代验证，不断提高故障机理分析的准确性。

5.7.4.2　基于模型的测试性建模分析

测试性模型是指能够体现装备测试性设计特征，为设计、分析和评估产品的测试性建立的模型。测试性建模能够使装备的测试性相关信息按照

统一的标准进行描述，直观表达测试性设计方案，传递装备的测试性信息，支持测试信息的统一规划。

开展基于模型的测试性分析，可以形成优化的诊断测试策略，生成诊断推理逻辑，验证测试性指标是否达到规定要求，并对测试性设计提出改进建议，为测试性增长提供依据，为测试性熟化奠定数据基础。

5.7.4.3 保障性建模仿真

保障性建模仿真是综合考虑保障对象与保障系统的特征数据元素，以及装备系统的运行过程两个方面，用数据元素描述保障对象及其保障系统的静态特征，用运行过程描述驱动保障系统的典型任务及其自身运行过程，通过对保障方案中规定的保障策略进行计算机仿真模拟，进而达到度量相关参数的目的。

保障性建模仿真可以实现在研制阶段开展装备系统战备完好性与任务持续性等的分析与评价，确定可靠性、维修性和各种保障资源对战备完好性及作战效能的影响，对保障系统进行验证和评价，为发现装备设计中的保障性缺陷、优化配置方案、辅助权衡分析等工作提供有效的支持。

5.7.4.4 基于数字样机的维修性分析评价

基于数字样机的维修性分析评价是指基于数字样机，对可达性、标准化与互换性、维修安全性、防差错设计、人素工程等方面进行分析和评价，发现问题，进行改进。

基于数字样机，辅以先进的 3D 显示、虚拟仿真等技术，应用目视测量，可以便捷高效地完成维修性核查，发现各种维修性问题，以便与性能、重量、结构空间、总体布置、可靠性、维护时机、维护频率、使用安全、可行性等因素综合权衡，实施改进。突破了在实物或者在全尺寸样机或舱段上，进行维修性核查验证的局限，以最小的代价实现将维修性设计纳入总体设计优化，与总体设计并行。

5.7.4.5 基于 MBSE 的通用质量特性一体化设计

在数字化研发基于模型的系统工程（MBSE）框架下，开展通用质量特性与性能一体化设计，通过协同工作流程构建、关键技术攻关、软件工具开发、指导性文件编制等工作，建立以需求为牵引、模型驱动为手段、关键故障识别与控制为主线的通用质量特性工作范式，从而将通用质量特性工作融入装备研发过程，实现与装备研制的需求同溯、模型同源和过程同步，支撑装备通用质量特性与性能一体化设计与验证工作，满足装备研发要求。

5.8　配套新成品研制质量控制监督

先进航空装备系统配套新成品比例高，配套新成品研制质量控制是装备系统研发质量保证的重要内容。

型号总质量师单位（总体设计单位）在做好装备全生命周期总体设计质量控制工作的同时，为保证配套新成品研制质量，应在新成品技术协议中明确要求承制单位将配套成品研制工作纳入本单位质量管理体系控制，同时采取有效的控制措施，开展对配套新成品研制质量控制工作的管理和监督。

5.8.1　总体要求梳理

型号总质量师单位（总体设计单位）应综合国军标要求，结合型号研制特点，明确配套新成品研制质量管理要求，例如，产品研制策划、产品规范编制、研制阶段管理、技术状态管理、过程变更协调、往来文档管理、设计输入输出、产品实物交付、文档项目提交、数字协调控制、通用质量特性、适航与经济性、关重特性管理、标准件元器件、过程计量保证、质量信息传递、产品条码管理、软件研发控制、配套延伸管理、顾客沟通监督等方面的要求。

针对每一个方面的要求，应明确主要依据文件，包括国军标、对应的型号总体文件，梳理相关流程、要求，推荐过程技术和方法，并给出相应的示例、模板。结合质量师系统年会等活动，根据型号所处阶段不同，开展针对性有重点的培训宣贯。

5.8.2 质量控制监督要点精细策划

应针对性策划新成品不同研制阶段不同的质量控制监督要点，并形成管理规范，指导工作开展。另外，在型号统一的对配套新成品研制过程质量控制监督要求的基础上，质量师系统应针对全机每一项配套新成品研制特点，并结合该承制单位以往配套产品的质量状况，抓重点、抓弱点，明确各型新成品质量控制监督重点项目，实施精细化监督，并在研制过程中根据成品实际研制质量状况和相关信息动态调整更新。

5.8.3 质量信息管理与沟通协作

依托质量师系统办公室，开展质量师系统与行政指挥系统、设计师系统和军代表系统之间，型号总体设计单位（总质量师单位）与配套研制单位之间，质量师系统内部的质量信息管理与沟通，突出协作。可在型号质量师系统工作制度的基础上，明确质量师系统信息管理规定，进一步细化完善质量信息收集、传递和沟通流程，包括：

（1）开展研制全线的质量清理、复查、检查、审查、统计、分析、总结等活动，收集、整理、分析传递信息报告；

（2）发布质量师系统通知，在研制全线部署重大事项；

（3）编发质量信息单，在总体单位和配套单位之间双向传递沟通研制质量信息；

（4）建立质量信息报告模板，组织各参研单位定期填报，并开展统计分析，整理形成型号质量师系统信息简报，向研制全线发布，通报型号研制质量信息，部署需重点关注的问题和工作项目；

（5）积极主动向行政指挥系统汇报型号质量状况、质量保证工作开展情况，以及发现的质量问题，并提出处置建议；

（6）加强与设计师系统之间的信息沟通，质量师系统办公室与设计师系统办公室紧密协作，与设计师系统沟通质量复查、检查、审查结果和日常质量信息，邀请设计师系统参加质量检查，同时组织配套承制单位质量师加强与本单位设计、制造部门的沟通联系，及时传递质量信息；

（7）质量师系统深入研制现场，为研制过程质量保证提供工具、方法的技术支持，发挥“能力中心”作用；

（8）积极争取顾客代表（军代表）的支持、帮助，主动报告质量情况，认真听取建议、要求和意见，不断改进质量控制方法，按要求邀请顾客代表（军代表）参加相关的质量审核、检查等活动，开展联合质量监督。

5.8.4 研制过程质量监督审查

质量监督审查，包括常说的质量检查、复查、审查、审计等，是型号配套新成品研制过程质量管理重要且有效的方法。

型号质量师系统应基于按研制阶段和研制任务的质量控制监督要点精细化策划，提升配套新成品研制过程质量监督审查的针对性、持续性，推进质量监督审查的结构化、模板化，提高监督审查的效力和效率。

同时，设置里程碑前技术质量审查（首飞前准备状态审查等），依托多轮的条目化技术质量审查，深入过程监控质量指标项目随时间的动态变化，基于成熟度管理思路，提前发现、处置风险和问题。在里程碑评审（转阶段评审等）前增设“准入审查”和“预审查”，严控评审准入并提前梳理问题。具体情况见5.13节介绍。

5.9 软件研发质量保证

5.9.1 航空装备系统软件的质量特性

先进航空装备系统普遍软件规模庞大、关键特性比例高、作用关键，是实现型号质量和可靠性的关键环节。

面对先进航空装备系统对卓越性能的需求，软件必须在相当长的时间内无差错运行，这个时间段的定义类似硬件的平均无故障时间。软件系统的可靠性和性能相互关联，同时相互影响和约束。高可靠性在有些时候可能降低性能，而先进航空装备系统软件在这两个方面都有较高的要求。航空装备系统卓越性能的实现要求贯穿整个生命周期，严谨、完整的过程体系支撑基于对系统行为详尽的结构化分析。在这个过程中，基于模型的系统工程（MBSE）是一项有效的工具方法，可以运行 MBSE 开展系统模型的仿真，由此确定系统的复杂性接口以及分配给软件的需求，航空装备系统用户也可以借助 MBSE 大量参与到系统开发以及需求分配过程中。

同时，验证是保证软件性能和可靠性实现的重要支撑。软件质量保证的任务之一就是要确保需求得到验证，而这并不是一件简单或者轻松的任务。验证的目标是针对需求形成包括审查、分析、演示和测试等验证方式的矩阵，向用户提供软件产品的每个需求所需通过的验证方法的规则，其中测试是最为常见的软件验证技术。

软件不能完成规定的功能，称为软件失效或者软件故障。如果软件存在缺陷，那么缺陷会一直潜伏在软件中，直到它被发现并得以修正。相反，如果软件在一定环境下能够正确运行，它也将继续确保这种正确性，除非环境发生变化。

影响软件可靠性的因素很多，而其中以下因素是软件质量保证所需要关注的。

（1）软件规模和复杂度

软件规模越大，复杂度越高，隐藏在软件中的潜在问题可能会越多。复杂度主要是指软件内部的结构，它与软件规模有本质区别。一个软件规模很大，但不一定很复杂。一个小型的软件也可能因为逻辑复杂、实现困难、牵涉广泛而变得复杂。

（2）运行剖面

运行剖面是指使用软件时，软件动态运行的不同路径。运行剖面越多，潜伏在软件中的考虑不周全的问题，就可能越多，这也是影响软件可靠性的重要因素。

（3）开发方法

软件开发方法有很多种，如结构化方法、面向对象的方法、形式化方法以及这几种方法的组合。每种方法都有各自的适用范围和场景，选择不同的开发方法，将会对最终产品的可靠性产生不同的影响。

（4）开发人员能力

开发人员的能力与经验，对于编码的质量有直接影响。尽管当前很多软件编码过程采用了先进的控制方法，由此可减少对个人编码能力的依赖，但是个人的能力与经验的不足对软件质量的影响仍是不容忽视的。

（5）虚拟仿真环境

软件开发过程各个阶段大量运用虚拟仿真环境作为支持，很多虚拟仿真环境在理论上是可行的，但是实际上即使已经充分确保他们与真实环境之间的一致性，但是无法预料的问题仍然很多，并最终影响软件的质量和可靠性。

（6）可靠性安全性设计

不能寄希望于在软件测试环节发现并整改所有的可靠性安全性问题，在软件开发前期进行可靠性安全性设计至关重要。

5.9.2 软件质量工程体系

航空装备软件产品的质量是经过一系列过程而形成的。这些过程贯穿产品的整个生命周期，无一不影响着软件产品质量，这些过程被称为软件质量工程体系。

软件质量工程体系的构建，需要从工程的视角考虑软件工程的特点，结合软件的开发流程、开发技术和项目管理等因素，以及软件技术发展的现状和趋势，明确相关的质量标准，建立特定的质量目标，并确定实现质量目标所必须的过程，提供实现质量目标所必须的资源和职责，确定防止不合格以及不符合问题发生的措施，并应用量化方法度量每个过程的有效性和效率，建立和应用持续改进的开发流程。实践中，一般应构建适应 GJB 5000B《军用软件能力成熟度模型》要求的型号软件工程化文件体系和组织机构，开展软件协议管理、配置管理、版本管理、变更管理等研制过程控制，并组织软件工程化检查、软件工作产品技术质量审查等过程监控，保证机载软件研发过程质量受控和软件产品质量与可靠性。

5.9.2.1 管理组织架构和文件体系

建立装备系统软件研制管理组织架构，分型号（如飞机）级和项目级，以总体设计单位和军事代表机构为核心，由总体设计单位、各主要系统/分系统设计单位、软件承研单位、各承研单位军事代表机构组成。总体设计单位对飞机的软件项目承担总体管理责任，重点围绕系统软件任务分配与监督、过程定义与评估、集成与合格性测试、配置管理与装机保障等方面实施型号的软件研制管理活动。

总体设计单位应负责落实装备系统软件研制管理组织架构涉及的关键角色和职责，包括软件管理组（SMG）、软件工程过程组（SEPG）、系统设计组（SDG）、软件质量保证（SQA）组、项目管理（PM）组、型号配置控制委员会（CCB）等，并督促软件承研单位组建相应的开发和管理机构（见图 5-25）。

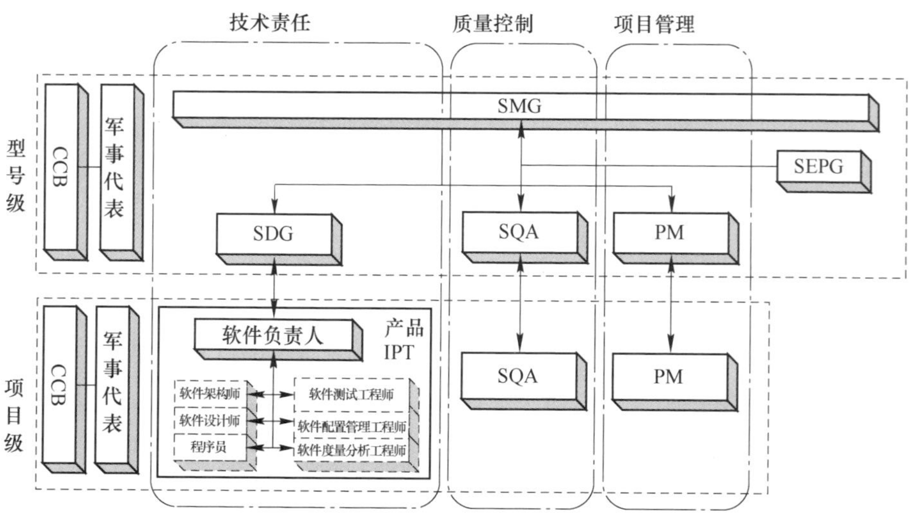

图 5-25　软件研制管理组织架构示意

构建装备系统软件工程化文件体系，包括软件开发大纲、研制过程规范、指南模板和其他过程文档，从软件过程域和软件生命周期两个维度，识别装备系统软件研发所涉及的所有活动，以工程研发过程为核心，定义贯穿研制全过程的项目管理、工程活动和支持活动。其中，型号要求和军用标准作为型号软件研制的顶层要求，软件开发大纲是型号软件研制的总体要求，而研制过程规范则是型号软件研制的实施指南（见图 5-26）。

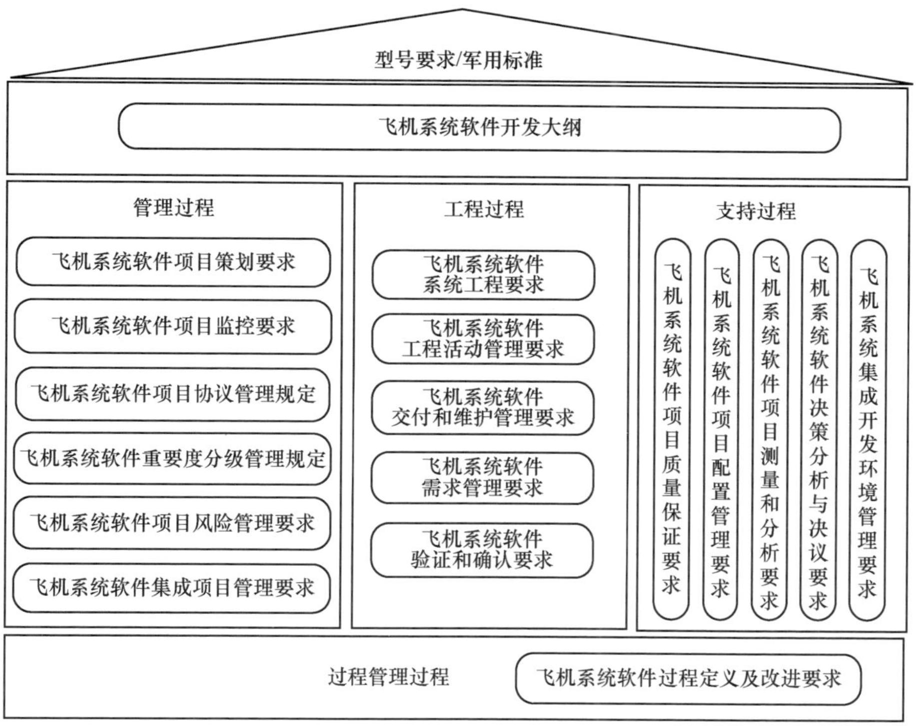

图 5-26　软件工程化文件体系

软件承研单位应按照 GJB 5000B《军用软件能力成熟度模型》、GJB 8000《军用软件研制能力等级要求》及型号软件研制过程规范要求建立软件研制管理体系。

5.9.2.2 软件研发过程要求与控制

软件质量保证过程活动，主要包括建立软件保证组织，明确相关人员的职责以及工作规程；根据系统或产品的研制计划，制定软件质量保证计划；开展各阶段的评审和审计，并跟踪其结果以做出合适的处理，主要关注问题和不符合项的解决情况；监控软件产品研发质量保证活动数据以及软件产品本身的数据，并对采集到的数据进行分析和评价。

按照软件研发相关国军标规定，结合型号研制特点和要求，总体设计单位（总质量师单位）应重点明确以下要求，并组织、监督配套单位在机载软件研发过程中落实。

（1）软件开发一般要求

①管理组织架构和文件体系要求；

②研发文档要求；

③CSCI（计算机软件配置项）识别及定义；

④软件生命周期计划；

⑤分承制方管理；

⑥软件重要度分级要求；

⑦安全性及适航要求；

⑧保密要求；

⑨项目进度和资源条件及约束；

⑩软件鉴定/定型要求；

⑪机载固件程序通用要求；

⑫老成品中软件的管理。

（2）项目管理活动要求

①项目立项及策划

（a）确定软件研制任务书；

（b）定义软件开发过程；

（c）确定软件 WBS 及其开发方法；

（d）确定软件标准；

（e）可重用软件；

（f）关键需求的处理；

（g）估算；

（h）制定进度表和活动网络图；

（i）制订资源计划；

（j）制订支持管理计划；

（k）计划的评审和确认。

②项目跟踪与监控

（a）软件开发状态报告；

（b）联合技术评审和联合管理评审；

（c）纠正措施管理；

（d）计划的修订。

③风险管理

④协议管理

⑤集成项目管理

（3）软件工程活动的要求

①系统工程

（a）系统需求分析；

（b）系统设计；

（c）软硬件集成和测试；

（d）系统合格性测试。

②软件工程

（a）软件需求分析；

（b）软件设计；

（c）软件实现和单元测试；

（d）单元集成和测试；

（e）软件配置项测试。

③软件交付和维护

（a）软件使用准备；

（b）软件移交准备；

（c）软件评价；

（d）软件验收；

（e）软件维护保障。

④需求管理

⑤验证和确认

（4）软件支持活动的要求

①软件配置管理

（a）配置标识；

（b）软件开发配置库；

（c）配置控制；

（d）配置状态记实；

（e）配置审核；

（f）软件发行管理和交付。

②软件质量保证

③测量和分析

④决策分析与决议

⑤集成开发环境的建立和维护

（a）软件工程环境；

（b）软件测试环境；

（c）非交付软件；

（d）保密和防病毒要求。

（5）软件过程管理活动的要求

①型号软件过程定义及改进

②软件培训

5.9.3　软件质量保证关键活动

5.9.3.1　审查/评审

审查/评审，一直以来被认为是提高软件质量和降低成本的一种有效技术。包括：在软件生命周期某阶段结束之前，对该阶段产出的软件产品及其他输出内容进行评估，以确保其完整性，以及与用户需求、产品需求、软件规格说明、软件设计说明等的一致性，一般称为技术复审（review）；软件研发组织内部开展审查，例如由一个独立部门审查其他各部门的软件开发过程，以保证定义的软件过程要求、模板规则流程等在项目中得到了遵循，一般称为过程审计（audit）。

在航空装备配套机载软件研发过程中，根据软件技术特点和研发实际情况，总体设计单位（总质量师单位）和软件研发单位可以考虑开展的内外部审核/评审包括：

（1）软件研制任务书发布末期，开展软件研制任务书外部评审，建立软件功能基线；

（2）软件策划末期，开展软件计划内部评审；

（3）软件需求设计末期，开展软件需求外部评审，建立软件分配基线；

（4）软件设计末期，开展设计内部评审，必要时，建立软件设计基线；

（5）软件测试末期，开展软件测试内部评审；

（6）软件研发阶段末期，开展软件验收内部评审，建立设计发放基线；

（7）在完成系统联试后准备装机时，应提交总师单位装备软件产品库，开展正式的功能配置审核（FCA）和物理配置审核（PCA），建立型号软件正式基线，包括代码、技术文件和评审意见等；

（8）在装备型号首飞前，开展首飞软件安全性审查；

（9）在鉴定/定型测评前，开展正式软件验收外部评审，建立产品基线；

（10）鉴定/定型阶段，开展鉴定/定型评审，建立最终产品基线。

5.9.3.2 软件配置管理

配置管理的概念，最早应用于工业工程系统，其目的是有效标识复杂系统的各个组成部分，最典型的应用就是材料清单。

随着计算机软件技术的发展和软件复杂性日益提高，如果仍然将软件看成是一个单一的整体，则无法解决所面临的问题，例如多个开发人员协同修改程序或者文档，人员流动会造成软件维护工作变得十分困难；软件系统复杂，作为单一整体来安排编程速度慢，造成进度的拖延等。

在配置管理中，一般将软件生存周期各个阶段活动的产物经审批后作为软件配置项，一般包括：与合同、过程、计划和产品有关的文档和资料；源代码、目标代码和可执行代码；相关产品，包括软件工具、库内的可重用软件、外购软件和顾客提供的软件等。

在软件开发过程中，有很多原因可能导致需求、进度以及设计方案等的变更。为了有效地控制这些变动，配置管理引入了基线的概念。软件基线是软件文档或源码（或其他产出物）的一个稳定版本，它是进一步开发的基础，并且只能通过正式的变更控制过程进行改变。简单来说，基线就是项目存储库中，每个配置版本在特定时期的一个“快照”。它提供一个正式的标准，随后的工作基于此标准，并且只有经过授权后才能变更这个标准。建立一个初始基线后，以后每次对其进行的变更都将记录为一个差值，直到建成下一个基线。

以下三个基线最受关注，并纳入标准管理。

（1）功能基线（functional baseline）

功能基线指在系统分析与软件定义阶段结束时，在经过正式评审和批准的系统设计规格说明书中对开发软件系统的规格说明；或是指在经过项目委托单位和项目承接单位双方签字同意的协议书或合同中，所规定的对开发软件系统的规格说明；或是由下级申请并经上级同意或直接由上级下达的项目任务书中所规定的对开发软件系统的规格说明。功能基线是最初批准的功能配置标识。

（2）分配基线（allocated baseline）

分配基线指在软件需求分析阶段结束时，经过正式评审和批准的软件需求规格说明。分配基线是最初批准的分配配置标识。

（3）产品基线（product baseline）

产品基线指在软件组装与系统测试阶段结束时，经过正式评审和批准的有关软件产品的全部配置项的规格说明。产品基线是最初批准的产品配置标识。

除了以上三种最基础的基线之外，针对不同的软件配置项，相应地也会有不同的基线认识。

5.9.3.3　软件度量

软件度量是对软件开发项目、过程及其产品进行数据定义、收集以及分析的持续性定量化过程，目的在于对此加以理解、预测、评估、控制和改善。没有软件度量，就不能打开软件开发的“黑盒”。通过软件度量可以改进软件开发过程，从而开发出高质量的软件产品。

软件度量按照其研究对象不同，一般可分为软件项目度量、软件产品度量和软件过程度量。

软件项目度量适用于项目的特征和执行状况描述，辅助项目开发过程的质量评估和项目进度工作量预测，包括项目计划有效性，项目资源的使用效率、成本效益，项目风险、进度和生产率等的度量。软件产品度量适用于软件产品特征描述，辅助产品评估和决策，包括软件规模大小、产品复杂度等设计特征，性能以及质量水平度量。软件过程度量适用于软件开发维护过程的优化和改进，包括历史数据分析度量和未来变化预测度量。

软件过程度量和软件项目度量的区别是：软件过程度量是战略性的，它不局限于一个项目，而是针对软件研发组织的开发和维护流程，以及执行效率等开展测量，是组织内大量项目实践的总结和模型化，为软件项目度量提供指导；而软件项目度量是战术性的，它针对具体的项目展开，集中在项目的成本、进度、风险等特征指标测量上。

软件过程度量和软件产品度量的区别是：软件过程度量是对软件开发过程的度量，对软件开发过程的符合度进行评估，并提供过程的改进建议；而软件产品度量是对软件产品本身的度量，对软件产品质量进行评估和预测。软件过程质量的好坏将直接影响软件产品质量的好坏，通过提高过程成熟度可改进产品质量，而软件产品度量，可以为提高软件过程质量提供必要的反馈和依据。

5.10 技术状态管理

技术状态管理是在产品生命周期内，为确立和维持产品的功能特性、物理特性与产品需求、技术状态文件规定保持一致的管理活动。其主要内容包括技术状态标识、技术状态控制、技术状态记实和技术状态审核。四项内容之间的关系如图 5-27 所示。

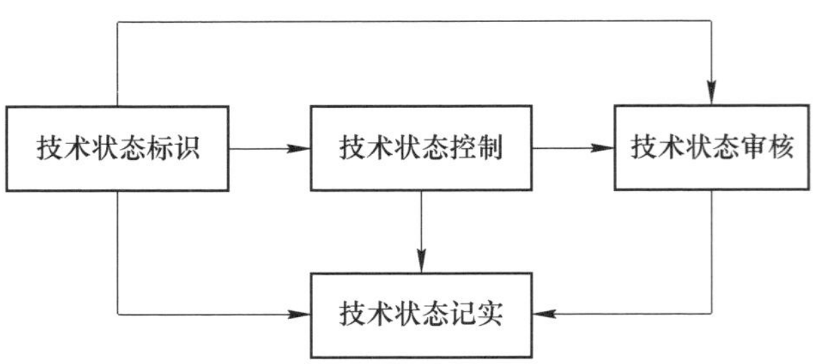

图 5-27　技术状态管理内容之间的关系

通过开展技术状态管理，保证在设计过程中，装备研制符合用户需求、设计方案符合研制需求；在制造生产过程中，生产工艺满足设计方案、实物制造满足工艺要求，交付的装备是用户所需要的；在使用过程中，保障和维护活动能够维持装备实际能力满足用户使用的动态需求。

技术状态管理是一门融合技术和管理领域，用于建立和维护产品技术完整性的重要的科学，是系统工程和质量工程的重要组成部分。好的技术状态管理可以减少设计缺陷、提高产品的性能；保证产品的可生产性和复用性；保证产品的互换性和使用维护性；提高产品可靠性、有效减少产品生命周期费用。

5.10.1 管理体系构建

5.10.1.1 管理机构

应建立型号技术状态管理机构，成立技术状态管理委员会（CCB），设置专业的技术状态管理团队（CMT），各专业研究室设置技术状态管理员。

CCB 由技术领域和管理领域的代表组成，其具体职责是，审批型号技术状态管理计划和相关管理规范文件，审批技术状态项、技术状态文件以及更改、偏离和让步申请，指导、监督、检查技术状态管理实施情况。CMT 职责是负责飞机型号技术状态管理总体策划，构建管理体系，组织维持技术状态管理工作的正常运行，监督检查供应商/分承制单位技术状态管理。技术状态管理员的职责是组织制定专业内部技术状态管理要求和业务流程，组织开展本专业的技术状态标识、控制、记实、审核等各项工作。

5.10.1.2 管理规范体系

制定一套成文的管理规范体系，明确和固化管理要求。包括具体的管理控制流程、流程活动要求、方法工具以及成套的标准文件模板以及操作指南，覆盖需求管理、设计开发、生产制造、使用保障等系统工程过程；覆盖飞机、配套产品软硬件、技术资料、试验件等所有管理对象；覆盖标识、控制、记实、审核等工作内容，为管理工作提供行为规范。

5.10.1.3 管理系统工具

构建数字化的技术状态管理平台，将一系列管理活动的任务和顺序、职责权限植入管理平台，实现管理流程的跨企业、跨专业并行协同，通过电子流程引导技术人员高效地开展管理控制活动，电子流程与管理文件同发布、同上线、同培训；将技术状态基线和实物状态纳入数字化系统统一管理，将技术状态基线（文件/图样/数模）的创建、解冻/冻结、审签发放与更改控制电子流程融合，其换版/更新与更改文件的发放同步；将各类管理文件的模板结构化，提供在电子流程中进行并行协同编制的环境，保证文件的完整性和规范性；将管理规则、操作指南、路径选择嵌入电子流程中，实现灵活的线上培训；按照预定的监测目标提取相关数据，形成监控看板，为型号质量管理提供预警和风险提示。

5.10.2　技术状态管理策划

制订型号技术状态管理计划，根据型号特点策划全生命周期的技术状态管理组织、要求、流程、方法、工具，明确工作目标，提出指导思想和总体方案，包括管理组织架构、管理文件体系、信息化工具环境的建设方案，指导型号技术状态管理工作开展，确保技术状态管理工作的合规性和有效性。

5.10.2.1　策划应考虑的主要因素

技术状态管理策划应考虑的主要因素有：

（1）装备用户（国内军用装备/军贸产品等）；

（2）技术状态管理执行的顶层规范、用户的要求；

（3）型号研制模式（自主创新/仿制等）；

（4）研发体制（独立研制/联合研制等）；

（5）产品的复杂程度和重要程度（大型复杂装备系统/功能简单的底层产品等）；

（6）产品类型（新品/老品/老品改型等）；

（7）数字化设计、管理工具环境应用情况；

（8）技术状态管理的资源、范围和力度；

（9）型号研制管理特点。

5.10.2.2　技术状态管理计划

应编制型号技术状态管理计划，主要内容包括：

（1）引言

描述技术状态管理的目的和范围、适用的产品或技术状态项、技术状态管理的主要特点及实施方法。

（2）引用文件

列出技术状态管理计划中涉及的标准文件、规章制度等。

（3）组织和职责

说明参与技术状态管理活动的人员、部门和机构，以及在管理活动中的职责，说明技术状态管理职能与技术审查和鉴定定型工作等方面的关系。

（4）技术状态管理里程碑

说明型号生命周期的阶段划分，各阶段技术状态管理重大事项安排，包括成立技术状态控制委员会、进行技术状态审核、确立技术状态基线等。

（5）技术状态标识

说明选取技术状态项的准则、建立每一条技术状态基线所需的技术状态文件、标识制度、技术状态文件的发放程序等。

（6）技术状态控制

说明技术状态更改分类、技术状态更改的审批权限、各类技术状态更改程序、偏离/让步申请的处理程序。

（7）技术状态记实

说明为形成技术状态记实报告所需收集、记录、处理和保持的程序，以及所有技术状态管理报告内容和形式。

（8）技术状态审核

说明功能技术状态审核、物理技术状态审核的计划、程序、文档及审核报告的格式等。

（9）配套产品技术状态管理

说明为保证分承制方或供应商符合本管理计划所采取的方法。

（10）软件配置管理

说明为保证软件配置管理符合本管理计划所采取的方法。

（11）数据管理

说明技术状态数据形成、访问、传递、存储等方面管理所采取的方法和流程，以及数据保存计划。

5.10.3 技术状态标识

技术状态标识的任务是：选择技术状态项；确定在不同阶段所需的技术状态文件；标识技术状态项和技术状态文件；建立技术状态基线；发放正式确认的技术状态文件并保持其可追溯。

5.10.3.1 技术状态项

技术状态项是能最终满足使用功能，并被指定为单个实体进行技术状态管理的硬件、软件或其集合体。应选择功能特性和物理特性能被单独管理，且有助于达到总的最终使用要求的产品作为技术状态项（CI）。

被选择为CI的产品一般是：

（1）装备、分系统级产品或跨单位、跨部门研制的产品；

（2）在风险、安全、完成作战任务等方面具有关键特性和重要特性的产品；

（3）新研制的产品；

（4）接口复杂且重要的产品；

（5）单独采购的重要产品；

（6）使用和保障方面需着重考虑的产品。

研制各阶段应确定不同层级的CI。方案阶段，确定最终交付的产品项目、初步确定分系统级CI；初步设计阶段，确定分系统级CI、初步确定组成分系统的底层CI单元；详细设计阶段，确定所有层级的CI。

CI可从多个角度定义：

（1）从产品功能定义的角度，最终交付的产品、分系统、子系统以及组成系统的底层功能单元可被定义为CI；

（2）从产品制造的角度，制造装配的模块单元可被定义为 CI；

（3）从使用维护的角度，内、外场可更换单元可被定义为 CI；

（4）从产品外部提供的角度，有独立型号的配套产品或外协/外包的模块单元可被定义为 CI；

（5）从管理的角度，单独管理的产品单元、特殊用途的技术文件也可被定义为 CI。

5.10.3.2　技术状态项清单

初步设计和详细设计阶段，应编制技术状态项清单，将所有层级的 CI 按照不同的管理视角纳入清单管理，必要时，还应提交用户认可。常见的 CI 清单种类有：

（1）面向产品功能的 CI 清单：包括装备、系统和功能物理模块的底层 CI；

（2）面向制造装配的 CI 清单：包括飞机部段、子部段、底层制造模块各级 CI；

（3）面向使用维护的 CI 清单：包括外场可更换（LRU）/维修单元、用户技术资料等；

（4）面向外部提供的 CI 清单：包括外协和外购配套产品；

（5）面向软件配置的 CI 清单：包括计算机软件和固件。

另外，基于 CI 建立完整的产品结构，表达当前阶段产品的组成和逻辑层次关系。基于产品结构对产品数据的组织和应用，可以按照不同用户的需求分列出不同的视图。飞机装备面向功能的产品结构示意见图 5-28。

5.10.3.3　技术状态文件

技术状态文件是规定技术状态项的功能特性和物理特性，或从这些内容发展而来的关于技术状态项验证、使用、保障和报废要求的技术文件。

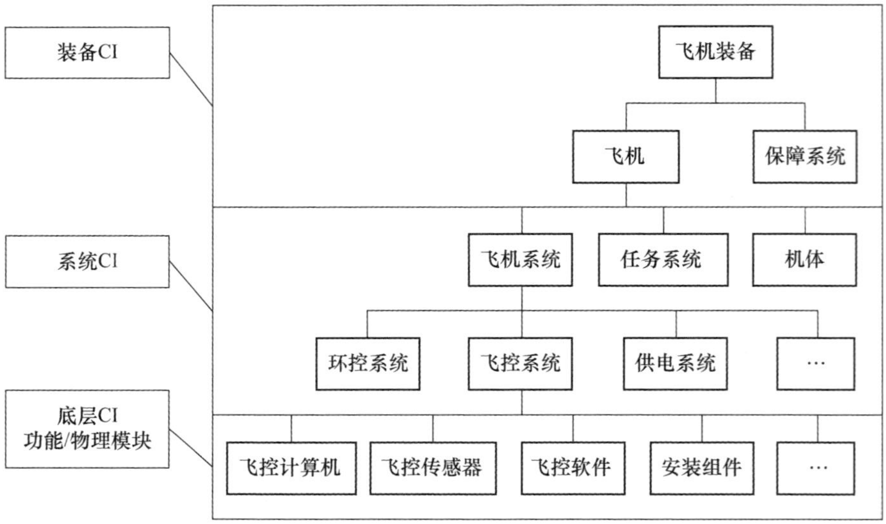

图 5-28　飞机装备产品结构示意图

技术状态文件一般分为功能、分配、产品技术状态文件，对应的文件类型见表 5-5。

（1）功能技术状态文件

规定飞机装备功能特性、接口特性和验证要求的技术状态文件，其中用户需求信息、装备系统规范等文件在方案阶段形成。

（2）分配技术状态文件

规定技术状态项的接口特性、从高一层技术状态项分配下来的功能特性和接口特性、附加的设计约束条件，以及上述特性验证要求的技术状态文件。其中，设计需求信息在方案阶段、初步设计阶段形成。

（3）产品技术状态文件

规定技术状态项所必需的功能特性、物理特性，以及检验验收、使用、保障和报废要求的技术状态文件。其中，产品定义信息在方案阶段、初步设计阶段形成；系统/构型描述文件在生命周期各里程碑节点均需编制；工程设计信息、使用保障信息在详细设计阶段形成；试验验证信息在工程研制阶段各阶段形成。

表 5-5　常见技术状态文件类型

<table>
<tr><th>序号</th><th>信息类型</th><th>文件类型/对象</th><th>基线类型</th></tr>
<tr><td>1</td><td>用户需求信息</td><td>研制总要求、能力目录</td><td>功能基线</td></tr>
<tr><td rowspan="4">2</td><td rowspan="4">设计需求信息</td><td>系统规范（含软件系统规格说明）</td><td rowspan="4">分配基线</td></tr>
<tr><td>研制规范（含软件需求规格说明）</td></tr>
<tr><td>接口控制文件</td></tr>
<tr><td>成品技术协议</td></tr>
<tr><td rowspan="3">3</td><td rowspan="3">系统定义信息</td><td>飞机外形</td><td rowspan="3">产品基线</td></tr>
<tr><td>安装接口模型/文件</td></tr>
<tr><td>系统/构型描述文件</td></tr>
<tr><td rowspan="4">4</td><td rowspan="4">工程设计信息</td><td>图样/模型数据集</td><td rowspan="4">产品基线</td></tr>
<tr><td>制造实施控制、机上试验/测试的技术要求</td></tr>
<tr><td>标准件/材料/元器件选用范围</td></tr>
<tr><td>产品规范（含软件产品规格说明）</td></tr>
<tr><td rowspan="6">5</td><td rowspan="6">制造工艺信息</td><td>工装设计数模/图样</td><td rowspan="6">产品基线</td></tr>
<tr><td>制造、装配工艺设计数模/图样</td></tr>
<tr><td>加工指令（FO）、装配指令（AO）</td></tr>
<tr><td>特殊/关键过程、首件鉴定等各类清册</td></tr>
<tr><td>材料定额单</td></tr>
<tr><td>成品复验、装机试验生产说明书或目录</td></tr>
<tr><td>6</td><td>使用保障信息</td><td>用户技术资料、保障数据</td><td>产品基线</td></tr>
<tr><td>7</td><td>试验验证信息</td><td>试验大纲、程序</td><td>产品基线</td></tr>
<tr><td rowspan="2">8</td><td rowspan="2">配套产品信息</td><td>配套产品硬件相关技术状态文件</td><td>功能/分配/产品基线</td></tr>
<tr><td>配套产品软件文档</td><td>功能/分配/产品基线</td></tr>
</table>

型号立项后，应策划全生命周期各阶段需要编制的技术状态文件，形成技术状态文件清单，确保技术状态文件按照预定的计划和要求完成。后续可根据实际情况进行增补和调整。

5. 10. 3. 4　技术状态基线

技术状态基线是指在产品生命周期内的某一特定时刻，被正式确认并作为今后研制生产、使用保障活动基准，以及技术状态改变判定基准的技术状态文件。在产品生命周期内，一般应建立功能基线、分配基线、产品基线。

（1）功能基线

在方案阶段结束、初步设计开始前，通过系统需求审查和方案设计评审对功能技术状态文件确认，建立功能基线。由用户发出的文件又称为用户基线。

（2）分配基线

在初步设计结束、详细设计开始前，通过初步设计评审对分配技术状态文件确认，建立分配基线。

（3）产品基线

产品基线是经审查确认的产品技术状态文件，考虑控制权限和流程差异，在不同的生命周期阶段分为三种形态。

①设计发放基线

在详细设计完成后、试制开始前，一般通过关键设计评审（CDR）对产品技术状态文件确认，建立设计发放基线；

②小批产品基线

在工程研制阶段末期、完成性能鉴定试验后，一般通过状态鉴定审查对产品技术状态文件确认，建立小批产品基线；

③批产产品基线

在列装定型阶段、完成作战试验后，一般通过列装定型审查对产品技术状态文件确认，建立批产产品基线。

在技术状态基线建立之前，各专业编制分系统级技术状态文件清单，经专业内部审查后提交CMT，CMT汇编型号总清单统一管理，用户要求时应提交订购方认可。按要求通过相应的技术审查后，技术状态文件被确认为基线。

建立技术状态基线以后，应对其进行维持直到生命周期结束为止。对技术状态文件的修订应按技术状态控制要求进行，不再适用的技术状态文件应作废并进行标识。

5. 10. 3. 5　编码标识

技术状态项（含设计对象和实物对象）、技术状态文件必须被赋予编码进行标识，编码应具有唯一性。

5. 10. 4　技术状态控制

技术状态控制的任务是：制定技术状态更改、偏离许可和让步的管理程序与方法；控制技术状态更改、偏离许可和让步；确保已批准的技术状态更改申请及偏离许可、让步申请得到准确实施。

5. 10. 4. 1　技术状态更改原则

技术状态更改指在产品生命周期内，对已正式确认的现行技术状态所做的更改。

技术状态更改应遵循以下原则。

（1）论证充分：在更改决策前应考虑更改造成的全部影响，并进行充分论证和评价，明确更改的必要性和可行性。

（2）验证完整：应开展充分的验证，并给出明确结论，验证内容和过程应完整、规范，以保证更改方案协调、正确。

（3）各方认可：应充分沟通，确保所有相关人员知悉更改内容、协调过程及结果，并取得一致意见。

（4）审批完备：应按照规定的流程和权限进行审批，保证更改是必要的、正式的、按程序处理的，避免不受控的更改。

（5）落实到位：更改文件批准生效后，应立即纳入基线管理，组织实施，并检查和验证实施情况。

5. 10. 4. 2　更改控制流程

依据 GJB 3206B《技术状态管理》，在研项目的技术状态更改分为Ⅰ类、Ⅱ类和Ⅲ类，基于更改类别并结合采购方要求确定更改控制流程和批准权限。

技术状态更改的基本控制流程见图 5-29，分为 4 个阶段：判定更改需求、办理更改申请、编发更改通知、实施与检查。

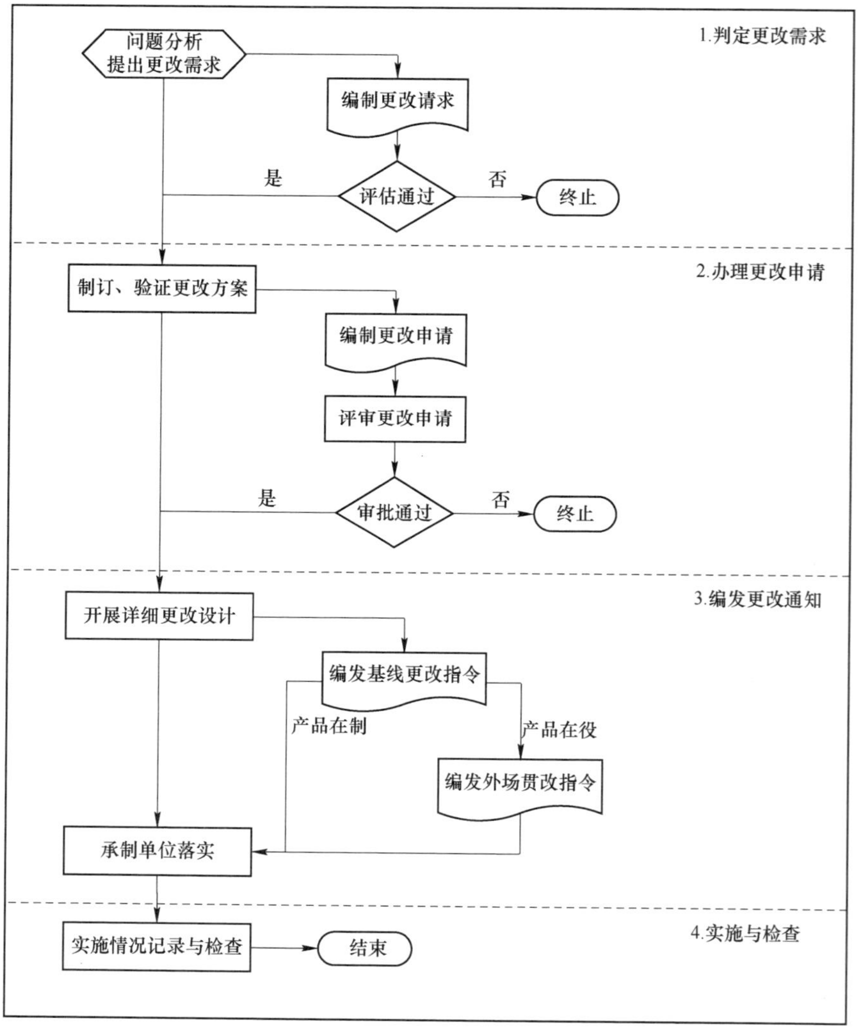

图 5-29　更改基本控制流程

（1）判定更改需求

记录更改需求的文件形式为工程更改请求（ECR）。分析存在的问题，并针对正式发放的技术状态基线提出更改需求，启动更改控制流程，针对更改的影响范围、更改方案的可行性和必要性，更改类别等内容的评估分析，做出通过或不通过的决定。

ECR 主要内容应包括：ECR 编号、提出的单位和部门、优先级别、更改申请的理由、申请更改的内容、审查处理意见等。

（2）办理更改申请

更改申请的文件形式为工程更改建议（ECP）。开展协同设计，并形成完整的解决方案、完成相关验证工作后，编制 ECP 记录一个更改事件的更改方案、验证情况和影响分析情况。相关方评审对技术状态项的功能特性、使用特性、保障资料、制造工艺、费用进度的影响分析，验证和确认情况，以及更改方案的完整性、正确性进行评审，并给出明确意见，通过 CCB 及采购方批准做出更改决定。

ECP 主要内容应包括：ECP 编号；申请单位和日期；更改类别；更改涉及的技术状态项名称、编号；受影响的产品范围（在制品、制成品、在役品）；更改理由；更改内容；验证和确认情况；对功能特性、使用特性、保障资料、费用进度的影响分析；受影响的其他技术状态项名称、编号；受影响的技术文件的名称、编号等。

（3）编发更改通知

更改通知的文件形式为工程更改指令（ECO）、外场更改指令（技术/服务通报）。详细的更改设计完成后，编制 ECO 用于更改图样/数模等产品技术状态文件，其审批流程与原技术状态文件一致。对于现役飞机装备，还应按要求编制技术/服务通报，经 CCB 及采购方批准后，用于对外场飞机的贯改落实。

（4）实施与检查

如要更改的产品未出厂交付，承制单位根据 ECO 及更新后的技术状态文件落实更改；如要更改的产品已交付用户，根据技术通报、服务通报等落实外场实物的更改。实施更改后，应记录并检查技术状态更改的落实情况。

5.10.4.3 偏离和让步

技术状态项应满足批准的技术状态文件规定的要求。在制造之前，若承制方受条件限制，需要偏离已经批准的技术状态文件时，可提出偏离许可申请。经批准的偏离许可申请仅在指定的范围和时间内适用，不作为技术状态文件更改的依据。在制造或检查验收过程中，若承制方认为不合格品可以返修后或原样使用，可提出不合格品让步申请。

偏离、不合格的级别一般分为严重级和轻度级，应基于相应级别并结合采购方要求确定偏离和让步控制流程和批准权限。

偏离许可、让步申请基本控制流程图见图 5-30，分为三个阶段：提出偏离许可、让步申请；审理偏离许可、让步申请；执行处理措施。

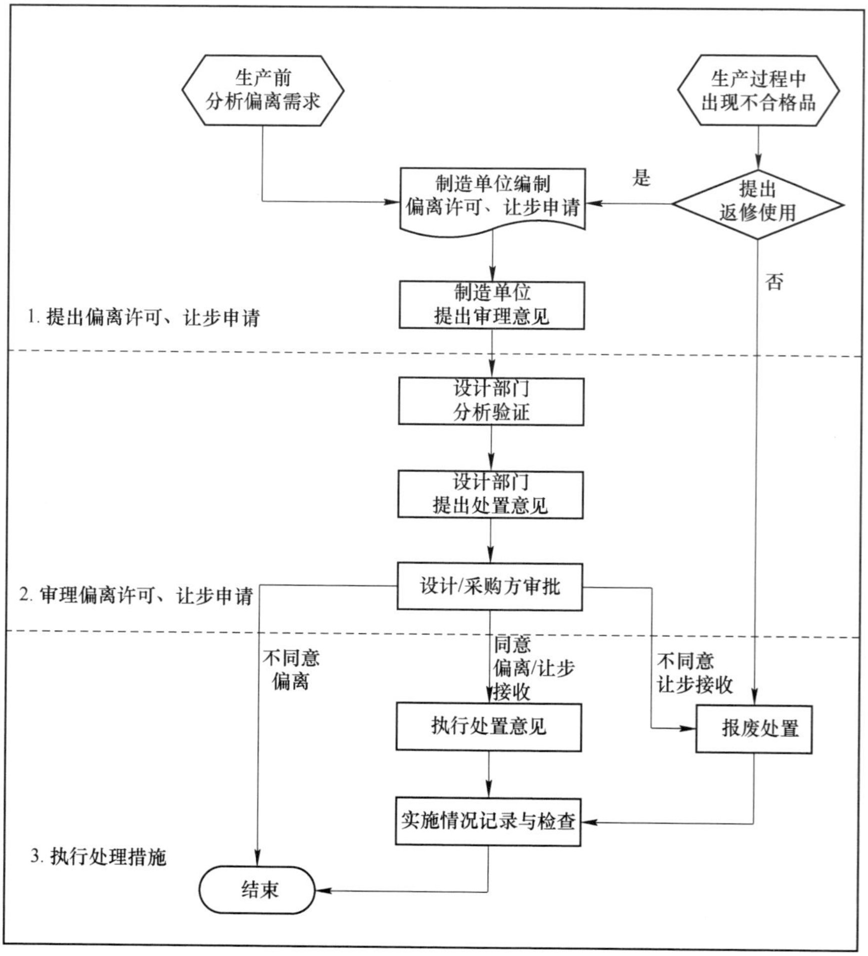

图 5-30　偏离许可和让步申请基本控制流程

（1）提出偏离许可、让步申请

偏离许可、让步申请的文件形式为偏离单、不合格审理单或不一致审理单（RFV）。产品制造单位根据偏离需求分析和检验结果提出偏离许可、让步申请，提交相关部门和设计单位审理。

偏离许可、让步申请内容一般应包括：偏离许可、让步申请编号；申请单位、日期；偏离、不合格的级别；技术状态项名称及编号；受影响的产品范围和数量；偏离、不合格内容；审理意见（制造方、设计方、用户意见）；偏离、不合格带来的影响（对质量、进度、费用等方面）；必要的验证分析、试验结果；实施日期等。

（2）审理偏离许可、让步申请

制造单位质检部门对返工或明显应报废的不合格品可直接填写处理意见，提交责任部门实施；涉及让步接收、降级或偏离使用的，制造责任部门提交设计部门逐级审理，对偏离或不合格的级别、产品质量、进度和费用等方面的影响进行分析，必要时还应进行验证工作，最后提出处理措施，并履行审签手续。

鉴定/定型前，轻度级不一致处理由设计部门审定，严重级不一致处理由 CCB 审批后，方可提交责任部门处置。鉴定/定型后，不一致处理应由用户代表批准方可实施。

（3）执行处理措施

经审查批准的 RFV 或偏离单、不合格处理单提交制造方责任部门实施，实施部门记录实施过程和结果。

5.10.5 技术状态记实

技术状态记实基本任务是：记录并报告各技术状态项、现行已批准的技术状态文件及其标识号；记录并报告每一项技术状态更改从提出到批准执行、更改实施的全过程情况，提供对所有更改的可追溯性；记录并报告技术状态项的所有偏离和让步的状况；记录并报告技术状态审核的结果，包括不符合的状况和最终处理情况；记录并报告技术状态更改有效性和装机状态、使用过程中装机件移动和复位的信息；记录并报告所有文件和软件版本标识、产品的版本信息及产品升级信息；备份技术状态记实数据，维护数据安全。

5.10.5.1 记实能力

技术状态记实应提供的使用能力：

（1）获取当前构型、历史构型状态；

（2）识别设计构型与交付构型的差别；

（3）识别技术状态变更与变更前状态差别；

（4）提供更改执行、落实情况；

（5）提供装机件移动和复位的信息；

（6）获取软硬件的换装历史和版本升级情况；

（7）提供当前/历史所在的位置等信息；

（8）记录信息随技术状态变化的快速更改能力。

5.10.5.2 技术状态记录

应从型号方案设计阶段起，针对生命周期内的技术状态数据开展记录活动，确保设计、制造、试验、使用等各环节的技术状态数据的可用性和可追溯性。

技术状态记录要求如下：

（1）所有技术状态文件应归档保存，并保证数据的完整性和正确性；

（2）技术状态记实数据可采用纸质或电子载体，应保证所有的技术状态数据可用性；

（3）必要时，归档的数据应有纸质载体，且定期备份技术状态记实数据，维护数据的安全性。

5.10.5.3 技术状态报告

通过编制记实报告，对技术状态保持的情况进行分析和说明，及时掌握工作进程，发现技术状态管理工作中存在的薄弱环节，防范技术和管理风险。

设计单位应编制的记实报告一般有：

（1）技术状态项清单；

（2）技术状态文件清单；

（3）当前技术状态说明报告；

（4）技术状态更改情况报告；

（5）技术状态审核问题清单和处理情况报告。

制造单位应编制的记实报告一般有：

（1）技术状态更改实施和验证情况报告；

（2）偏离许可和让步申请及实施情况报告。

5.10.6　技术状态审核

开展技术状态审核的目的是，检查验证技术状态项与其技术状态文件的一致性。对每个技术状态项都应该进行功能技术状态审核和物理技术状态审核，审核从底层CI开始逐层向上级CI实施，直至最终交付CI，每个CI可分别进行功能技术状态审核和物理技术状态审核，也可以二者结合在一起同时进行。

5.10.6.1　功能技术状态审核

功能技术状态审核指为验证技术状态项的功能特性达到其功能基线规定的要求而进行的技术状态审核。

审核要求如下：

（1）可与鉴定/定型工作结合进行，根据产品的复杂性，可分步进行，与产品技术审查工作相结合；

（2）待审查的试验数据应从拟正式提交鉴定的样机或第一个（批）生产件的试验数据中随机采取；

（3）对于产品的转厂、复产，应重新进行功能技术状态审核；

（4）审核组织者应向有关各方发放审核纪要，纪要应至少记录审核完成情况、审核结论、遗留问题和建议。

审核内容包括：

（1）基线完整性、更改控制程序的规范性；

（2）工程更改和偏离、不合格的控制记实情况；

（3）试验程序和试验结果与技术状态文件的符合性；

（4）试验任务书和大纲实施情况，试验报告和仿真分析报告的完整性、准确性；

（5）软件配置情况和分析仿真条件的充分性和完整性；

（6）前期审核 CI 未达标的原因分析、纠正措施及问题归零情况；

（7）产品实际性能与技术状态文件的符合性。

功能技术状态审核的检查要点包括需求符合性检查和技术状态管理过程审查，重点内容见表 5-6。

表 5-6　功能技术状态审核检查要点

序号	检查要点	检查要素
1	需求 符合性检查	（1）需求定义 是否以文件形式明确了产品需求及验证管理的要求？ 是否完成了条目化设计、验证要求的定义？ 是否建立了上下级需求的输入输出关系？
		（2）需求验证 是否制订了验证计划？ 需求和验证计划是否经过评审确认？ 需求是否按计划完成并通过验证？ 是否形成了需求验证报告？ 是否对验证结论的有效性、完整性进行评审确认？
		（3）管理有效性 设计需求未验证/未通过验证是否办理相关偏离手续？ 软件是否按软件工程化管理开展需求管理？

表5-6(续)

序号	检查要点	检查要素
2	技术状态 管理过程审查	（1）管理要求审查 是否制订技术状态管理计划？ 是否制定了更改和偏离/让步的流程和要求？ 是否制定了配套产品（含软件）的技术状态管理要求？
		（2）标识 是否识别了软、硬件 CI，建立清单？ 是否编制技术状态文件，建立清单？ 是否经评审确认，建立基线？
		（3）控制 技术状态基线是否有更改？ 更改是否经过充分验证，是否办理更改手续？ 更改是否已落实到产品上？ 是否存在制造超差、偏离？ 是否办理不一致处理手续并执行？
		（4）记实 是否将产品数据记录归档？ 是否编制技术状态说明报告，记录重要里程碑节点的技术状态？

5.10.6.2　物理技术状态审核

物理技术状态审核指为建立或验证产品基线，对技术状态项样品（样件）的物理特性、应检验的功能特性，以及所依据的技术状态文件而进行的技术状态审核。

审核要求如下：

（1）可与功能技术状态审核同时进行，对于复杂产品，应结合产品质量评审开展预先物理技术状态审核；

（2）待查的试验数据和检验数据应从正式生产工艺制造的首批（个）生产件的试验与检验中获取；

（3）在进行物理技术状态审核之前，应将全部生效的技术状态更改纳入到适用技术状态文件，并形成新的、完整的文件版本；

（4）对于产品的转厂、复产，应重新进行功能技术状态审核；

（5）审核组织者应向有关各方发放审核纪要，纪要应至少记录审核完成情况、审核结论、遗留问题和建议。

审核内容包括：

（1）工程图样/3D数据集数据（含更改文件）与相关工艺规范的完整性、协调性和准确性；

（2）确认按正式生产工艺制造的产品与技术状态文件的符合性；

（3）检验与验收记录、偏离、不合格的记实情况；

（4）首件鉴定程序和数据（含分承制方的）与技术状态文件的符合性，必要时审核组可确定重新进行试验和审核；

（5）软件测试验收与配置管理记实情况；

（6）使用保障资料的完备性和正确性；

（7）功能技术状态审核遗留问题的解决情况。

物理技术状态审核的检查要点包括工艺文件、工艺控制、生产过程控制、装配过程控制、首件鉴定、产品质量评审和质量证明文件等，重点内容见表5-7。

表5-7　物理技术状态审核检查要点

序号	检查要点	检查要素
1	工艺文件	工艺工装数模/图样、工艺文件是否完整？ 是否有更改控制流程，更改是否受控？
2	工艺控制	设计与工艺文件是否相符？ 是否使用禁限用工艺？ 是否标识关键工序，并形成清册？ 是否识别特殊过程，并形成文件？ 是否对生产设备、工装（包括刀具、夹具、模具等）和数控（NC）机床程序确认？ 是否有管理规定并按要求进行管理？ 是否按GJB 1269A组织开展了工艺评审？

表5-7（续）

序号	检查要点	检查要素
3	生产过程控制	（1）材料 材料牌号、规格是否符合设计和工艺文件要求？ 是否入厂复验？ 代用是否办理审批手续？
		（2）生产准备 是否按 GJB 1710A 开展了试制和生产装备状态检查？ 试制和生产准备状态检查的遗留问题是否处置归零？
		（3）生产控制 是否按 GJB 571A 开展不合格品控制？ 所有偏离、超差是否办理审批手续？ 首件是否进行标识，并完成自检和专检？ 工艺是否成熟、固化，可避免研制过程中的偏离、超差问题？
4	装配过程控制	（1）装配管理 装配件是否制定零、部件清册/目录？ 装配件是否自顶向下检查装配关系和装配顺序？ 是否保证互换性、满足修理和更换要求？ 是否按 GJB 5296 开展多余物控制？ 是否识别了易出现人为差错导致装反/错的项目？ 是否规定了带有方向性的零部件的检验要求？
		（2）典型工艺 螺、铆、胶、焊接、喷漆等是否符合要求并制定检查方法？
5	首件鉴定	是否按 GJB 908A 要求开展了首件鉴定？ 首件鉴定项目有多少？ 首件鉴定的遗留问题是否处置归零？
6	产品质量评审	是否按 GJB 907A 的要求开展了产品质量评审？ 产品质量评审的遗留问题是否处置归零？
7	质量证明文件	是否完成质量证明文件编制？ 质量证明文件是否满足标准和顾客要求？

5.10.7 技术状态数据管理

复杂航空装备系统在研制和使用全周期中产生大量的技术状态数据，记录了各阶段装备技术状态及变更过程。数据管理的目的是保证技术状态数据的可用性和可追溯性，是装备型号数字化质量的基本保证之一。数据对象主要包括如下。

（1）技术状态文件：数据形式包括三维数模、二维图样、文字型文件和其他类型的数字模型。

（2）实物状态数据：在研制、生产、保障过程中记录的，产品实际达到的功能和物理技术状态的描述信息。

（3）过程管理数据：技术状态文件、实物状态数据的管理属性信息，包括数据对象分类分级、状态描述，以及过程活动管理的名称和内容，涉及的单位、人员、时间、地点、因果、频次以及其他相关信息。

5.10.7.1 管理原则

技术状态数据管理原则如下。

（1）数据完整：应对型号全系列、全系统、全生命周期、系统工程全过程产生的所有技术状态数据进行管理，并建立完整的数据库。

（2）服务利用：技术状态数据应服务于研制单位和用户，支持研制生产、服务保障活动的正常运行，并有助于提高项目管理质量和效率。

（3）管理规范：应制定管理要求、流程、方法并利用信息化系统，有序开展管理工作，通过规范的过程管控，保证数据完整、协调正确、安全、可追溯、可利用。

5.10.7.2 数据视图

数据视图是现代航空装备技术状态数据管理采用的技术方法。

基于系统工程过程，以产品分解结构（PBS）或物料清单（BOM）为核心，将生命周期中产生的所有技术状态数据在统一的框架下组织，建立单一数据源的产品数据结构，并根据各类使用场景形成多种数据视图，为各类用户提供数据构建、管理和使用的界面。为支持研制生产、服务保障活动，一般构建的基本数据视图包括需求视图、设计视图、制造视图、装机视图、保障视图等。除基本数据视图之外，还可按照某一类用户的视角，将各类数据对象或统计分析信息组织形成数据结构，方便数据的获取和应用。

（1）需求视图

需求视图是基于 PBS 对需求工程过程相关的技术状态数据组织而形成的产品数据结构，为需求定义、分解/分配、确认发放、符合性检查等活动提供工作界面。主要包括以下数据。

①技术状态文件：

（a）用户需求文件，包括研制总要求、能力目录等；

（b）功能技术状态文件、分配技术状态文件；

（c）更改申请、更改通知；

（d）形成上述文件的需求条目结构化定义数字模型。

②过程管理信息：

（a）技术状态文件编制、审签、发布的过程信息；

（b）需求确认、验证符合性检查涉及的相关信息；

（c）技术状态更改及控制过程信息。

（2）设计视图

设计视图是基于 PBS 对工程设计过程相关技术状态数据组织形成的产品数据结构，为面向工程制造、服务保障的产品设计定义活动提供工作界面。主要包括以下数据。

①技术状态文件：

（a）设计用产品技术状态文件；

（b）生产用产品技术状态文件；

（c）试验用产品技术状态文件；

（d）保障用产品技术状态文件；

（e）更改申请、更改通知。

②过程管理信息：

（a）技术状态文件编制、审签、发布的过程信息；

（b）技术状态更改及控制过程信息；

（c）技术状态审核过程信息。

（3）制造视图

制造视图是基于物料清单对制造工艺过程相关的技术状态数据组织形成的产品数据结构，为面向生产制造的工艺工装设计、生产准备活动提供工作界面。主要包括以下数据。

①技术状态文件：

（a）工艺方案；

（b）工艺工装图样/数模；

（c）加工指令、装配指令；

（d）工艺规程、工序说明书；

（e）检验、试验生产说明书；

（f）材料定额；

（g）各类配套清册；

（h）更改申请、更改通知。

②过程管理信息：

（a）技术状态文件编制、审签、发布的过程信息；

（b）技术状态更改及控制过程信息；

（c）技术状态审核过程信息。

（4）装机视图

装机视图是基于物料清单对单个航空装备（或单件产品）制造过程相关的技术状态数据组织形成的产品数据结构，为生产、装配、试验、检验活动提供工作界面。主要包括以下数据。

①技术状态文件：

偏离许可、让步申请。

②实物技术状态数据：

（a）物料采购信息；

（b）零件加工制造过程实物状态信息；

（c）装机物料（含软硬件产品）实物状态信息；

（d）机上试验、检测结果记录。

③过程管理信息：

（a）技术状态更改的落实情况；

（b）偏离让步控制及落实过程情况；

（c）生产检验过程记录；

（d）装备交装验收过程记录、质检合格证明及备忘录。

（5）保障视图

保障视图是基于物料清单对单个航空装备（或单件产品）使用保障过程相关技术状态数据组织形成的产品数据结构，为使用保障活动提供工作界面。主要包括以下数据。

①技术状态文件：

（a）交付技术状态说明报告；

（b）用户技术资料、履历本；

（c）技术通报及其他形式的外场更改控制文件。

②实物技术状态数据：

（a）装机物料实物状态信息（包括初始、历史、当前的）；

（b）用户技术资料、随机备件、保障设备和工具的实物状态信息（包括初始、历史、当前的）；

（c）装备/产品所在地点信息。

③过程管理数据

（a）正常使用、检修、大修记录；

（b）技术通报管理及装机产品软硬件（含备件）、用户技术资料、保障设备和工具在外场贯改、升级过程信息；

（c）问题故障及处置情况记录；

（d）作战试验、在役考核过程记录。

5.10.7.3 视图能力

数据视图应实现以下能力：

（1）支持技术状态记实的基本能力。

（2）支持装备研制生产、服务保障工作高效、高质量运行的能力：

①支持产品研制正向设计和工艺设计的并行协同；

②支持产品制造装配、试验试飞、服务保障过程实物技术状态信息记录；

③支持开展功能/物理技术状态审核，为需求、设计、制造符合性检查提供数据证据；

④支持装备型/批/架（件）的构型配置和有效性管理，支持设计和工艺数据的重用、精简业务流程；

⑤支持产品当前、历史任意时刻设计状态、实物状态的分析和跟踪；

⑥基于技术状态数据的分析，为项目绩效管理和监视提供客观数据基础；

⑦提供技术状态数据的完整性、可用性的质量保证能力。

5.10.7.4 管理系统工具

应建立信息化管理系统和安全网络，为技术状态数据的构建、存储、维护、交互、利用与保护提供环境和手段。应积极利用先进的信息化技术，不断改进管理工具，提升技术状态数据的管理能力。

5.11 标准化

5.11.1 航空装备标准化

5.11.1.1 标准化的定义和工作原理

标准化是为了在既定范围内获得最佳秩序，促进共同效益，对现实问题或潜在问题确立共同使用和重复使用的条款以及编制、发布和应用文件的活动。

标准化基本原理主要包括：

（1）统一原理

统一原理是指在一定时期、一定条件下，对标准化对象（事物）的形式、功能或其他技术特性所确立的一致性，应与被取代的对象（事物）功能等效。

（2）简化原理

简化原理是指在一定范围内缩减对象（事物）的类型数目，使之在一定时间内满足一般需要。

（3）协调原理

协调原理是为了使标准的整体功能达到最佳，并产生实际效果，必须通过有效的方式协调好系统内外相关因素之间的关系，确定为建立和保持相互适应或平衡关系所必须具备的条件。

（4）优化原理

优化原理是指按照特定的目标，在一定的限制条件下，对标准系统的构成及其关系进行选择、设计或调整，使之达到最理想的效果。

5.11.1.2　标准化的作用

标准化的作用主要包括：

（1）统一化作用

标准化可使事物的空间和时间关系处于统一化状态，这种统一化状态使事物处于时间不变关系和空间不变关系，形成事物时间和空间的统一化作用。统一化作用是标准化的根本作用，是标准化其他所有作用的本质。

（2）复制作用

标准化的统一化实现按照其“约定”的时间域和空间域的再现，这种“约定”再现实现了与“约定”同一的时间性复制和空间性复制。

（3）简化作用

标准化建立的过程是对现状梳理、筛选、提炼以及对将来需求进行确认和整合的过程，是一个择优汰劣的过程，典型的标准化简化包含有通用化设计、系列化设计、品种规格压缩等标准化行为。

（4）秩序化作用

标准化建立一种规律化的统一化状态，这种统一化状态是严格的和稳定的状态。

（5）提高效率作用

标准化建立过程是一个淘汰无效秩序，优化流程，建立有效秩序的过程，标准化秩序比无序化和随意化秩序的运行效率显著提升。

（6）互换性作用

标准化工作将同种事物间的特征偏差控制到一定范围时，建立起这些事物偏差的统一化状态，就能实现事物间的互换。

（7）辨识性作用

事物表达性的特征关系一旦实现统一化，事物就具有了可辨识性，或者说标准化统一了辨识要素。

（8）节约作用

以下标准化工作均可以带来成本节约：统一化过程剔除多余性、选择合理性、建立有效程序、建立合理的标准化操作程序、建立有效方法避免低水平无效重复工作等。

（9）保护作用

标准化将对象的某些特定关系保持在一种统一化状态下，这种统一化不变的状态具有保护性作用。

5.11.1.3 航空装备标准化的特征

航空装备标准化工作是航空装备（含飞机及其系统、分系统、设备）研制的组成部分，并贯穿研制全过程。具有如下特征。

（1）约束性

航空装备研制重大标准贯标及标准化要求，以及研制过程每个阶段要完成的标准化工作及业务均有明确的规定。

（2）综合性

标准的主题是技术标准，因此标准化具有技术的内涵。但同时，标准的制定、实施、监督，“三化”的推行又要组织广大工程技术人员去完成，因此标准化具有管理的内涵。标准化还涉及政治、经济、文化等诸多方面，因而具有综合性。这就要求标准化人员不但要具备一定的技术水平，还要具备一定的组织管理能力。

（3）继承性

航空装备标准化结合业务工作开展，在不同型号或项目中具有一定的继承性，特别是在型号系列化发展过程中，继承性会更加凸显。

（4）先进性

航空装备产业是高科技产业，航空装备标准化也体现出先进性。随着航空技术的不断发展，标准化工作既要集成又要不断发展，融入更加先进的技术设计，同时广泛吸收国内外的经验和教训，包括移植国际标准和国外先进标准。

5.11.2　航空装备标准化主要工作

航空装备标准化工作基本任务是依据装备研制需求开展标准选用和标准制定，并组织标准的贯彻实施及监督，推进装备的通用化、系列化、组合化。

5.11.2.1　标准化文件体系建立与实施

型号标准化文件体系是指用于特定型号、相互联系的所有标准化文件的集合体。标准化对型号研制生产的支持和指导作用主要通过贯彻标准和型号标准化文件来实现。

（1）目的及意义

建立满足型号研发需要的标准化文件体系是实现型号标准化目标的基础，其目的是通过分析型号研制对标准化工作的需求，提出科学合理的标准化要求，指导型号标准化各项管理工作和技术工作有章可循、有序开展。

（2）特点

航空装备标准化文件体系应具有以下 5 个方面的特点。

①动态性

型号标准化文件体系中，已形成的文件在贯彻实施过程中根据研制需要和发现的问题进行修改、补充、完善；另外，随着型号研制阶段的发展，还会适时形成新的文件，因而型号标准化文件体系具有明显的动态性。

②从属性

型号标准化文件体系从属于型号文件体系，是后者的组成部分。它为完成特定型号研制生产任务的需要而构建，它的产生、作废、修改等都是根据型号研制生产的需要来决定，具有一定的从属性。

③完整性

型号标准化文件体系应能满足研制各阶段、各方面标准化工作的需要，包括技术要求、管理要求和评审要求等。

④层次性

型号各层次产品或研制单位都应建立完善的型号标准化文件体系，其规定的标准化要求应与所承担任务层次化对应。

⑤协调性

型号总体、分系统和设备等层级的标准化文件应协调一致，下一层次标准化文件须贯彻实施上一层次标准化文件提出的要求。各研制单位构建的型号标准化文件体系中的文件应协调一致，文件之间不应存在相互矛盾。产品标准化文件体系中的文件在内容和要求等方面也应与其他技术和管理领域的相关文件协调一致。

（3）构建程序

一般地，型号标准化文件体系构建程序如下。

①在方案设计阶段，根据系统/产品复杂程度和研制生产需要，进行标准化文件的需求分析。需求分析包括管理和技术两个方面，覆盖研制全过程对标准化文件的需求。另外，还应根据现有资源条件分析直接采用现

有文件或制定新文件的可能性、紧迫性。

②在需求分析的基础上编制初步的标准化文件体系表。

③按照初步的标准化文件体系表，安排标准化文件编制和组织实施。随着研制进展，调整和补充编制需要的文件，逐步形成满足型号研制需要的标准化文件体系。

（4）结构和框架

型号标准化文件包括型号采用的通用标准化文件和专用标准化文件。从功能上可分为 4 类。

①型号标准化管理文件

型号标准化管理文件是指组织开展和管理型号标准化工作所依据的标准化文件。例如，型号标准化有关法规和上级制度、标准化工作系统管理文件、型号标准化工作规划和计划管理文件等。型号标准化工作系统管理文件主要包括型号标准化工作管理规定、型号标准化工作系统管理规定等。型号标准化工作规划和计划管理文件主要包括型号标准化工作计划、型号标准化文件制订计划、标准制定（修订）规划与计划建议等。

②型号标准化技术文件

型号标准化技术文件是指针对型号研制生产需要，对各类技术要求和相关问题做出统一规定而编制的标准化文件，例如，综合标准化要求文件、标准体系表、选用范围、标准实施要求等。综合标准化要求文件主要包括产品标准化大纲、工艺标准化综合要求、标准化方案论证报告、标准化文件编制要求等。选用范围主要包括标准选用范围、材料选用范围、标准件选用范围、元器件优选范围等。标准实施要求主要包括重大标准实施方案、标准实施规定、标准实施有关问题处理方法及技术要求规定等。

③型号标准化评审文件

型号标准化评审文件是指在研制各阶段，标准化工作评审和数模/图样/技术文件标准化检查所产生的各种文件。主要包括数模/图样/技术文件标准化检查记录、标准化工作报告、标准化审查报告等。

④型号标准化信息资料

型号标准化信息资料是指开展型号标准化工作过程中总结、记录与反馈各种标准化信息而编制的资料，主要包括标准化问题处理记录、标准实施反馈信息记录等。

5.11.2.2 标准体系建立与运行

型号标准体系是型号研制所需的标准按其内在联系形成的科学的有机整体。型号标准体系应用于具体型号，是型号贯彻实施标准的集合体。型号标准体系作为型号标准的顶层策划，系统指导型号标准的体系研究及贯彻实施工作。

构建型号标准体系的目的是：在对型号研制所需的标准进行策划的基础上，用标准体系来指导型号标准贯彻实施工作，进而规范型号研制各项技术和管理工作。

在型号研制初期，应尽早开展标准体系建立工作，以能够保障型号研制工作顺利进行。应充分收集国内外有关标准资料，吸收相关各行业的标准化成果，充分收集科研、生产、试验和管理等方面的经验，使型号标准体系充分包含最新的、适用的标准，并在现有标准基础上创新与提升。可以在对型号技术特点开展分析的基础上，收集现有的、适用的各级各类标准资料，先基于型号 PBS 构建型号规范树，再补充所需的其他专用标准，最后补充所需的其他通用标准，形成最终的型号标准体系。

型号标准体系管理应关注以下方面：①准确性，提供型号使用的标准应是现行有效的，新编制和新要求采用的标准及有关信息要及时补充在标准体系中，已被代替或作废的标准及有关信息应及时从标准体系中删除；②及时性，补充和删除标准和信息要及时，对影响重大的新编标准或更改信息，要迅速通知使用者；③闭环性，收集标准在贯彻实施中存在的问题，并将处理意见反馈给标准使用者，标准和标准体系应定期修改和完善。

5.11.2.3 标准实施与监督

标准是科学、技术、管理等有效知识和经验的结晶，实施标准意义在于用标准的有效知识为研制、生产、管理、服务等提供解决方案、可靠依据和规范模式等。也就是说，一项标准，无论如何先进，只有通过贯彻和实施才能体现它的价值和作用。

标准实施是用标准建立标准化状态的活动。没有标准实施，就不可能迅速、广泛地形成标准化的状态。标准是标准实施的根据，标准实施是标准制定的目的，两者相互依赖、相互支持。

（1）标准实施方案

标准实施方案主要有两种：一种是全面实施方案，一种是剪裁实施方案。

全面实施方案是制订标准全部内容实施的方案。剪裁实施方案是对选用标准中的全部要求进行分析、评估和权衡后，确定其对特定型号/产品的适用程度，对标准中的一些内容进行修改、删减或补充，提出适合于特定对象的个性要求。对标准的剪裁，要结合特定需求和条件，选择确定实施标准的具体要求、指标、程序或方法等，它是一种多因素综合权衡的过程，也是对标准选用的深化和细化。

无论是全面实施方案，还是剪裁实施方案，都是基于标准内容的分析来确定的。其主要流程包括：全面分析和消化标准内容、摸清实施对象的背景和条件、综合权衡选择实施内容、核对和协调实施内容、实施方案的签署确认。

（2）标准实施准备

在制订标准实施方案后，还需进行标准实施准备工作。从技术难度上说，标准实施可能比标准制定简单，但标准实施涉及的因素往往比标准制定更复杂，这些因素包括实施方的管理现状、设备条件、人的因素等。要实施好标准，就要使相关因素为标准实施做好配合准备，包括：

标准实施的组织准备是建立标准实施的组织机构，明确标准实施的负责人和参加的各类人员，明确标准实施的机构和人员的职责。

标准实施的知识准备主要是通过编制标准实施教材和标准宣贯培训来落实。

标准实施的手段准备是建立标准实施的辅助支持手段，以帮助标准实施，如开发标准查询系统、标准实施辅助工具、标准实施的模拟学习系统等。

标准实施的物质条件准备包括标准实施的场地、设备、仪器、工装、材料、网络化环境等方面的准备，这些准备需要针对标准实施的具体内容来开展。

（3）标准实施监督

标准实施监督是对标准使用或执行的检查、指导、推进和评价等活动，其中：

标准实施监督的检查是对标准实施对象贯彻标准或执行标准的过程、结果，标准贯彻程度进行检查。

标准实施监督的指导是对标准实施的过程进行指导，主要包括标准实施程序、实施要求、实施方法的指导。

标准实施监督的推进是对标准实施过程进行督促和支持，消除标准实施过程中的障碍，使标准实施得以顺利开展。

标准实施监督的评价是对标准实施效果进行的评价和确认。

标准实施监督从监督的主体、对象、方式等方面，有不同的分类，其中：

按监督的主体可分为自我监督、使用方监督、主管部门监督和专业中介监督。

按监督的对象可分为过程监督、产品监督、服务监督、环境监督。

按监督的方式可分为检查监督、评审监督、审查监督、鉴定监督、审批监督和评定监督等。

5.11.2.4 “三化”工作

“三化”（通用化、系列化、组合化）是标准化的重要方法，开展“三化”设计能够统筹研制资源、降低研制费用、缩短研制周期、稳定产品质量、提高综合性能、降低研制风险。

制订“三化”实施方案需从系统、分系统、设备、零部件、标准件、元器件、原材料等由上到下逐步分解，方案应明确目标任务、工作原则、实施步骤、实施途径、定性与定量要求、选用范围、接口互换性要求、评审要求等内容。

“三化”工作主要包括：

（1）利用各种手段对各级各类人员开展“三化”宣传工作，使全员充分认识“三化”工作对提升型号/产品可靠性、降低研制成本的重要意义，保证“三化”工作按要求有序进行。

（2）制定有利于“三化”开展的管理性文件，如标准件、元器件、原材料、通用零部件选用目录，最大限度地压缩标准件、元器件、原材料的品种和规格，制定标准选用范围、机箱统一化要求、电气系列化要求等，指导“三化”工作的实施。

（3）开展结构通用化设计，选用常用和优先配合公差尺寸、标准结构要素、标准结构类型与尺寸、标准几何量要素等，统一接口形式，为通用连接、通用配合、互换、置换和派生建立条件。开展典型结构设计，寻找已有形式的共同点，兼顾功能扩展和技术更新，设计典型结构。

（4）电子设备要尽量采用通用模块和结构件，尽量采用大规模集成电路、大容量存储器和电源模块，减少小规模电路和分立元器件的采用，以简化设计。

（5）尽可能设计通用试验设备和通用试验方法，来满足多样化产品需求。

（6）开展典型工艺、典型路线设计，优化工艺方法及工艺流程。开展专用工艺装备“三化”设计，尽量扩大其使用范围，采用组合工装、组合夹具及通用零部件，压缩工艺装备的品种、规格，提高专用工装的“三化”程度。

（7）在零部件加工过程中尽量选用标准的刀、量、模、夹具，减少工艺装备的品种、规格，优化工作流程，提高生产效率。

（8）开展“三化”资源数据库建设，包括各类“三化”产品数据库（标准零部件和设备，自制“三化”产品，工艺装备，试验设备等）、“三化”文件库（“三化”产品图样、软件文件、接口文件、协调要求、统一化要求等技术和管理性文件等）、“三化”标准数据库（相关的国家标准、行业标准、企业标准、有关规定、制度等）。

（9）明确型号研制“三化”定量考核指标，建立“三化”评估机制和激励机制。

（10）按要求开展“三化”评审，主要包括“三化”计划落实情况，“三化”要求实施情况，“三化”产品的适用性、可靠性，“三化”指标符合情况，“三化”效果评价等。

5.11.2.5 型号标准化工作系统运行和管理

型号标准化工作由型号总设计师、标准化总师领导，跨行业、跨单位、跨部门的标准化工作系统统一组织实施，型号设计、制造、试验和管理等相关人员共同完成。

型号标准化工作系统应在研制各阶段开展标准化工作，主要包括：

（1）在标准化总师主持下，进行标准化工作策划、规划和计划，纳入研制计划统筹管理；

（2）将型号标准化要求进行分析，并分解到各相应的分系统、子系统、设备项目，纳入合同和技术协议书等形式进行约束，作为各配套承制单位开展研制工作的依据；

（3）定期或按需召开标准化工作系统会议，研究部署研制过程的标准化工作，协调解决重大问题；

（4）涉及全机性或专业性的标准化协调活动，通过标准化工作系统办公室通知有关单位共同参与协调，达成统一意见；

（5）各参研单位按型号标准化大纲要求，编制所承担项目的产品标准化大纲、标准件选用范围、材料选用范围等标准化文件，并组织标准实施；

（6）型号标准化工作系统应适时组织开展对各层级产品标准化工作的指导、监督和检查；

（7）各承研单位标准化专业应按要求开展对本单位研制任务标准化工作的指导、监督和检查。

5.12　计量保证

5.12.1　航空装备计量保证

计量是实现单位统一、量值准确可靠的一种测量。

航空装备计量是国防科技工业计量体系的重要组成部分，是计量技术在航空装备行业中的工程应用，除了国家法制计量的通用业务之外，还包括国防军工特殊计量要求和专用计量测试设备溯源等专用计量业务，有以下主要特点。

（1）工程应用性

法制计量通常更关注的是量值统一和准确，而航空装备计量则往往侧重于仪器设备和系统性能指标是否符合规定要求。

（2）强制性

法制计量只对涉及“贸易结算”“安全防护”“医疗卫生”和“环境监测”四方面被列入强制检定目录的工作计量器具实施强制检定。而国防计量，包括航空装备计量的强制范围则要广泛得多，通常它会要求对所有测量器具和量值执行强制溯源。

（3）特殊性

航空装备计量的特殊性体现在所执行的法规很多是国家军用标准和航空行业标准，多数情况下，它具有比法制计量要求更多且更严格的要求，如动态校准、抗干扰性校准、过载恢复特性校准、现场校准、在线校准、严酷环境下校准等。

（4）专用性

法制计量所涉及的多是通用计量测试仪器、系统及设备，而航空装备计量所涉及的业务范围，还包含一大批航空装备研制专用的计量测试系统。

5.12.2 航空装备计量保证主要工作

5.12.2.1 量值传递

量值传递是指通过对测量器具的检定或校准，将国家基准所复现的单位量值通过各级计量标准传递到工作计量器具，以保证被测量的量值准确和一致。

量值传递强调“建立起来，传递下去”。我国现行量值传递体系是以国家行政区划和中央有关部委为基础的，从国家计量基准开始，逐级将量值传递到工作测量器具，最终传递到产品。

在国防科技工业计量体系中，国防科技工业计量测试研究中心、专业计量站接受国家计量基准的量值传递，建立国防最高计量标准，传递到区域校准实验室的最高计量标准，再传递到企业的最高计量标准，最终传递到工作测量器具，直到产品。

5.12.2.2 量值溯源

量值溯源是指通过一条具有规定不确定度的不间断的比较链，使测量结果或测量标准的量值能够与规定的参考标准（通常是国家基准或国际测量基准）联系起来的特性。比较链是指与基准、副基准、工作基准、标准等相比较的环节，通过检定、校准、比对等形式将测量结果与基准的量值相联系，达到溯源的目的。

量值溯源强调从下至上寻求更高的计量标准，直至国家基准。量值溯源是用户的一种自主行为，不需要按严格的等级进行，中间环节少，打破地区或等级的界限。与量值传递相比，它给用户提供的是一种开放性的、平等的量值保证状态。

5.12.2.3 检定和校准

《国防科技工业计量监督管理暂行规定》中规定：国防科技工业建

立的计量标准器具、校准装置、测试系统，以及用于产品性能评定、定型鉴定和保证安全的工作计量器具，必须按规定实行计量检定。其他用于产品科研、生产、服务的工作计量器具和专用测试设备，按规定实行校准。

（1）检定

检定指由法定计量技术机构确定并为证实测量器具是否完全满足规定要求而做的全部工作。

首次检定是指对未曾检定过的新测量器具进行的一种检定，其目的是确定新生产的测量器具的计量性能是否符合其批准时型式所规定的要求。首次检定主要依据国家计量检定规程进行，对没有国家计量检定规程的可依据部门计量检定规程或省级计量检定规程进行检定。国家计量检定规程不能满足国防科技工业的特殊使用要求时，计量检定按照国防计量检定规程进行。对国外进口仪器，首次检定应依据国家计量检定规程或国际有关标准（说明书），或订货合同书的技术指标进行全面检定。

后续检定是指测量器具首次检定后的任何一种检定，其目的是确定测量器具自首次检定、投入使用后，其计量性能是否符合检定规程的要求。后续检定包括有效期内的检定、周期检定以及修理后的检定。

周期检定是法定计量检定机构的中心任务，是保证量值统一和准确的工作。周期检定必须制订周期检定计划，在检定计划中应包括送检测量器具名称、编号、检定周期、送检日期、检定单位等。周期检定统计表中应反映检定结果、受检率和合格率。

（2）校准

校准指在规定条件下，为确定测量仪器、测量系统所指示的量值或实物量具、标准物质所代表的量值与对应的测量标准所复现的量值之间关系的一组操作。

校准应按校准技术规范进行。国家计量校准规范是由国务院计量行政部门组织制定并批准颁布。根据国防科技工业实际需要，国防科技工业公用的测量器具校准，按照国防科工局计量管理部门批准的校准技术规范进行；行业或部门内部使用的校准规范由相应计量管理机构批准后执行。

5.12.2.4 计量标准建立、使用和维护

计量标准又称测量标准，通常是指其准确度低于计量基准，用于检定工作计量标准或工作计量器具的计量器具，或者是按国家规定的准确度等级，作为检定依据用的计量器具或标准物质。计量标准是量值传递和量值溯源非常重要的中间环节，起着承上启下的作用，将计量基准所复现的单位量值通过计量检定而传递到工作计量器具，以保证量值的准确、可靠和统一。

航空装备科研、生产、试验任务承担单位使用着大量的测量器具，其量值的准确、可靠，关系着型号研制过程质量和最终产品质量。因此，航空装备研制任务承担单位应根据本单位的实际需要建立计量标准，承担本单位量值传递任务，主要要求如下。

（1）国防科技工业建立的计量标准，必须经国防科技工业计量考核机构考核合格，取得《计量标准证书》方能使用。

（2）计量标准应按照计量检定系统表或国防测量器具等级图的规定以及计量检定规程、校准技术规范开展检定和校准工作。

（3）计量标准只限于有资格和被授权的人员使用，应指定专人负责。

（4）计量标准应在固定地点和环境中使用，如果因特殊情况必须在其他地点使用，应经主管负责人批准。

（5）操作人员应定期对计量标准进行检查，按计划进行检定，确保量值准确；如因某种原因对其计量性能产生疑问时应停止使用，找出原因，经重新检定合格后方能使用。

（6）妥善保存计量标准原始记录及档案资料，防止丢失、损坏或篡改。

（7）计量标准的存放、维护、运输和保存必须按一定的、认可的程序和方法进行，保证计量标准在使用中能在规定的条件下和时间内保持良好的计量性能。

（8）计量标准未经批准，任何单位和个人不得随意拆卸、改装，不得自行中断量值传递。

5. 12. 2. 5　计量确认和测量过程控制

计量确认是为确保测量设备符合预期使用要求所需的一组操作，其目的是保证使用在确认周期内的测量设备所完成的测量具有足够的准确度。但是计量确认并不能完全保证测量结果——如果使用不当，即使是准确的测量设备也可能给出一个不正确的结果。

测量过程控制将测量及其控制、处理和分析等都作为一个完整的过程来对待，从测量标准的量值溯源、校准和必要的调整开始，通过测量设备的计量确认，直到在所要求的环境条件下按照规定的操作方法运用测量设备测得结果为止。测量过程控制是对计量周期确认的一种完善，它进一步提高了测量结果的置信度。

5. 12. 2. 6　型号计量师系统运行和管理

航空装备研制一般建立计量师制度，即在设计师系统内设置计量师（包括总计量师、副总计量师、主任/主管质量师等）系统，负责型号的计量保证工作，主要要求包括如下。

（1）提出型号总体或分系统、产品等层级计量保证工作要求。

（2）根据型号总体或分系统、产品等层级的技术指标，根据量值溯源链确定计量测试的技术指标要求。

（3）提出型号总体或分系统、产品等层级研制过程中需要的计量标准器具、校准装置和专用测试设备的研究课题，并组织落实承担单位及有关保障条件。

（4）组织协调落实计量保证工作，主要包括：

①试验过程中，重点对试验设备、专用测试设备进行计量检查，确保试验数据准确可靠，同时对试验大纲、试验计划进行计量审查，从试验方法上保证数据准确可靠；

②生产过程中，重点按照工艺要求解决工装设备、测量夹具的计量问题，配备必须的计量测试手段，保证量值准确一致；

③交付使用过程中，重点对向用户提供的计量测试仪器设备以及技术

文件进行计量把关，确保满足要求。

5.13 里程碑前技术质量审查

为了降低风险，复杂航空装备系统研制普遍采取“阶段式”管理，即将研制过程划分为数个阶段进行控制，如5.1.4节论述。

在阶段划分基础上设置里程碑，在完成本阶段工作并准备转入下一阶段前，组织开展评审，审查和评估该阶段工作和交付物完成情况、需求的实现情况、相关要求的符合情况，有效控制和掌握研制进展，降低研制风险，促进研制成熟度平稳提升，为管理人员提供决策依据，确保最终交付的是满足顾客需要的产品。

对比分析多种验证途径，评审是提升质量最有效、最便捷的方法，在整个型号研发过程中的作用十分关键（见表5-8）。

表5-8　多种研发验证途径对比

	物理试验	虚拟试验	评审
经济成本	昂贵	次昂贵	便宜
验证时段	生命周期后期	生命周期较早期	生命周期早期
错误代价	每一个错误都会产生另外的工作	错误较早发现的话，解决成本较低	错误较早发现的话，解决最容易、成本也最低
	物理试验的错误，需要重新试验以进行验证	虚拟试验只需要虚拟验证，不需要物理试验	错误只需要重新评审，不需要物理和虚拟试验
验证方式	针对需求进行试验	双V：针对需求和用户场景进行试验	基于事实的评审作为验证和确认的有效手段
	按照试验固定程序进行	按照试验固定程序进行	沟通、交流，从各专业得到输入，将所有讨论信息一次性呈现

因而，里程碑评审质量的提升是型号研制研发质量和效率提升的重要内容和手段。

5.13.1　里程碑评审质量的提升

着眼于装备研发里程碑评审质量的提升，针对存在的以下几个方面的问题，分析了背后的原因，以采取针对性措施。

（1）评审要求不够明确，标准和尺度不够统一

没有针对各类里程碑评审，建立完整、清晰的评审项目、要求交付物以及合格标准的规定，或者规定形式不甚明了，导致评审标准和尺度不明确、不统一，因人而异，如果评审标准偏低、尺度过宽，就无法充分起到把关作用。

（2）评审活动不够充分，较短时间内很难细致开展审查

评审时间较短，很难开展细致的审查。究其原因是评审活动不够充分，没有在里程碑评审前动态化监控研制技术质量状态，提前分析化解风险、发现解决问题的环节，如果有这样的环节，相当于延长了评审时间。

（3）评审程序不够完善，过程不够规范

评审程序不够完善、流程不够完备，导致评审过程不够规范。包括没有明确的“准入”机制；没有会前“预审查”机制，无法充分审查把关；没有精益的评审组织、流程和方法的要求，部分评审分工不清，参与评审专业设置未覆盖评审对象涉及专业范围，导致可能有些内容审查不充分；评审遗留问题处置跟踪的要求不明确、不细致，导致评审遗留问题的归零情况，常常要等到下一个里程碑评审去确认，周期太长，效率低、效果差。

5.13.2　动态化里程碑前技术质量审查思路

基于以上对里程碑评审存在问题的分析，在原有研制阶段划分和里程碑评审基础上，增加设置里程碑前技术质量审查，并构建以“条目化表单”“动态化审查”和“前置性控制”为特点的审查工作模型（见图 5-31）。

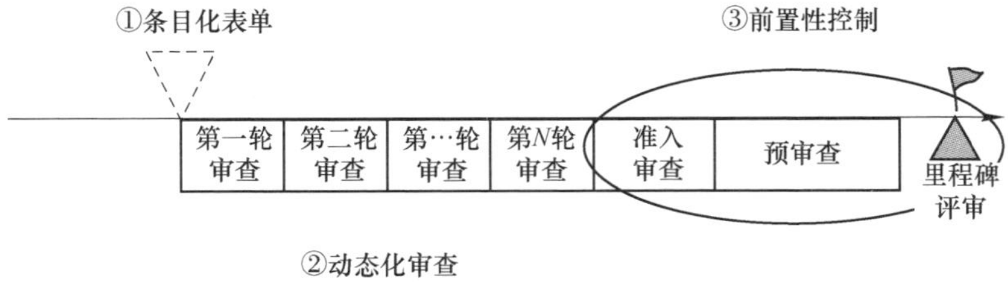

图 5-31　里程碑前技术质量审查模型

（1）条目化表单

采用以工作项目、交付物和合格标准为主要内容的 Checklist 条目化审查表单明确评审项目和要求。

（2）动态化审查

依托多轮技术质量审查，深入过程监控质量指标项目随时间的动态变化，基于成熟度管理思路，提前发现、处置风险和问题。

（3）前置性控制

在里程碑评审前增设“准入审查”和“预审查”，严控评审准入并提前梳理问题，规范评审流程和内容等要求。

里程碑前技术质量审查是装备研发项目管理的重要环节（见图 5-32）。编制里程碑前技术质量审查指标和 Checklist 表单的输入，包括了项目整合管理、项目范围管理、项目风险管理等项目管理工作输出的项目管理计划、需求文件和风险登记册等文件。而基于里程碑前技术质量审查开展风险分析、变更请求、管理改进和绩效评价，其结果可以为其他项目管理领域工作提供依据和输入。

项目质量管理领域内部，规划质量管理的重要输出就是里程碑前技术质量审查指标和 Checklist 表单，通过管理质量和控制质量过程，输出技术质量审查量化结果，可指导开展质量改进，即更新质量管理规划。同时，通过审查结果数据分析，以及与装备研发其他项目管理领域的输入输出的“互动”，针对性完善监控项目指标，调整对某项指标的关注程度，调整成熟度等级划分标准等，实现里程碑前技术质量审查模型、内容和实施流程的“自我完善”。

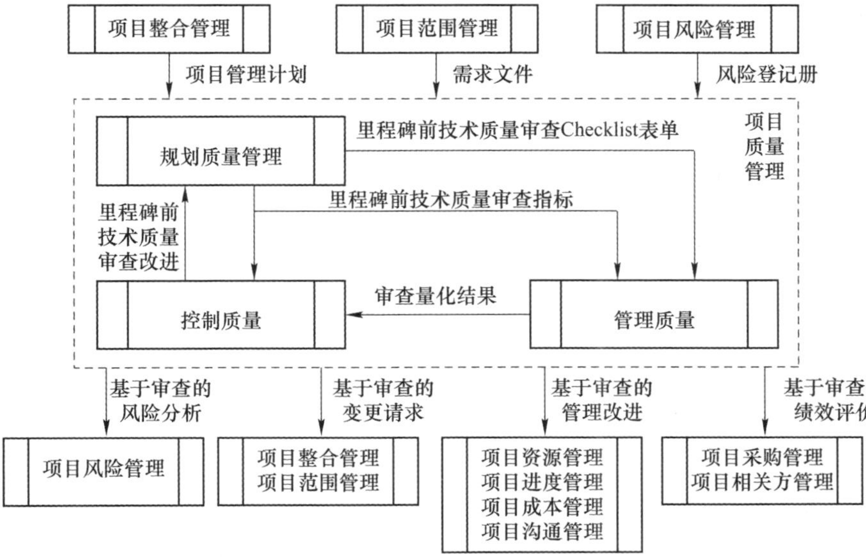

图 5-32　里程碑前技术质量审查融入装备研发项目管理示意图

5.13.3　整体策划与部署

国内外相关标准，例如，美国国防部 MIL-STD-1521B《系统、设备和软件的技术审查和审核》、美国电子工业协会 EIA IS-632、美国电气电子工程师学会 IEEE P1220，以及 GJB 3273《研制阶段技术审查》等均规定了一系列技术质量审查项目（见表 5-9）。

表 5-9　相关标准规定的技术质量审查项目

美国国防部 MIL-STD-1521B	美国电子工业协会 EIA IS-632	美国电气电子工程师学会 IEEE P1220	GJB 3273
—	Alternative Systems Review（ASR）	Alternative Concept Review（ACR）	—
System Req Review（SRR）	SRR	—	SRR
System Design Review（SDR）	System Functional Review（SFR）	SDR	SDR

表5-9(续)

美国国防部 MIL-STD-1521B	美国电子工业协会 EIA IS-632	美国电气电子工程师学会 IEEE P1220	GJB 3273
Software Spec Review (SSR)	SSR	—	SSR
Preliminary Design Review (PDR)	PDR	PDR	PDR
Critical Design Review (CDR)	CDR	Detail Design Review (DDR)	CDR
Test Readiness Review (TRR)	TRR	TRR	TRR
Production Readiness Reviews (PRR)	—	Production Approval Review (PAR)	PRR
Formal Qualification Review (FQR)	System Verification Review (SVR)	—	—
Functional Configuration Audit (FCA)	FCA	FCA	FCA
Physical Configuration Audit (PCA)	PCA	PCA	PCA

参考国内外标准要求，在不改变型号原有的研制阶段划分和里程碑节点设置的前提下，可以结合型号技术特点和研制过程质量控制要求，有针对性地在系统设计与综合，以及配套新成品研制两条主线上，在里程碑评审前增加设置系统级、产品级里程碑前技术质量审查，并纳入研制流程，典型的审查活动包括：

（1）面向装备（飞机）各子系统

①SDR 方案设计审查；

②PDR 初步设计审查；

③CDR 关键设计审查；

④FFRR 首飞准备状态审查；

⑤SVR 系统验证审查。

（2）面向配套新成品；

①F 转 C（方案阶段转初样研制阶段）评审前技术质量审查；

②C 转 S（初样研制阶段转试样研制阶段）评审前技术质量审查；

③FFRR 首飞准备状态审查（放飞评审前技术质量审查）；

④S 转 D（试样研制阶段转鉴定阶段）评审前技术质量审查；

⑤鉴定前技术质量审查。

应根据型号研发技术特点、管理模式，以及实际的具体情况，在以上典型的技术质量审查活动基础上增加或裁剪。

5.13.4　具体实施

5.13.4.1　条目化表单：策划审查项目，提升评审要求明确性

结构化研制过程质量控制要求，并分析历史技术质量问题的质量影响因素，以此为依据，策划、部署里程碑前技术质量审查项目，明确具体的审查内容。

以面向配套新成品的鉴定前技术质量审查为例，审查内容主要包括：

（1）设计需求验证满足情况

检查需求管理情况，利用需求验证矩阵逐条清理设计需求及其验证满足情况。

（2）技术状态管理情况

检查成品技术状态管理，包括技术状态标识、控制、记实、审核等情况。

（3）技术管理情况

检查包括组织机构设立、质量责任落实、设计过程管理、风险管理、生产过程管理、试验管理、采购过程管理、产品交付验收管理、质量问题归零管理、评审管理、技术计划管理、文档管理、软件研发管理、元器件管理、通用质量特性管理等技术管理情况。

（4）研制过程发现/技术质量问题情况

梳理成品在研制过程中，设计、试制、试验、试飞等过程中暴露的故

障问题，以及评审、审查、检查中提出的问题/建议项，及其处置情况，并进行技术原因以及管理原因分析。

（5）鉴定风险分析

梳理成品现状态对于鉴定的风险，包括未完成的工作、未验证的设计需求、未满足的设计需求、未归零的问题、未闭环的手续，以及本次审查发现的问题等，分析风险并制订后续处置计划。

审查要求和项目以 Checklist 条目化表单的形式呈现，并落实在型号质量保证文件中。具体的审查项目主要分为三类：一是聚焦工作项目，审查应完成的工作项目是否已完成；二是聚焦交付物，审查应形成的交付物是否已形成；三是聚焦合格标准，审查应达到的合格标准是否已达到。

条目化表单的形式提高了审查要求的完整性，避免缺漏项；同时结构化的形式较以往传统的复查报告更加明确、更加清晰、易操作，对照表单填报结果数据即可；而且，方便对审查结果进行量化的统计分析，提升审查效果。

5.13.4.2 动态化审查：依托多轮成熟度审查，提升评审活动充分性

梳理明确具体的里程碑前技术质量审查及数据传递、统计、分析的流程和方法，落实在型号质量保证文件中。

面向装备子系统的技术质量审查一般纳入型号总体设计单位的研发流程，并列入科研生产计划分解和监控平台，各专业按条目化表单要求形成审查报告，提交至协同设计平台线上审查。

面向配套新成品的技术质量审查依托于跨研制全线的质量师系统办公室（设在总体设计单位）工作，列入质量师系统工作计划。各新成品配套单位按要求组织实施，按条目化表单要求形成审查报告，传递至总体设计单位开展文审和必要的现场审查。

视情开展多轮同一类技术质量审查，例如，配套新成品首飞准备状态审查，可以从计划首飞时间点倒排计划，视情安排多轮审查工作。根据各轮审查结果，监控质量指标状态随时间推移的动态变化。例如，汇总全机

各项成品、各轮首飞准备状态审查结果，统计分析整机数据，形成全机质量指标监控曲线（见图5-33）。同时，基于成熟度管理思路，提前发现系统性的风险和问题，针对性采取纠正措施，并利用后续的动态化审查监控、验证措施执行效果。

基于结构化的审查监控数据，还可以监控某一项指标在某个时间点，各家配套单位、每项成品的质量状态，以完成供应商级、产品级的风险和问题的识别、分析、处置和效果评估。

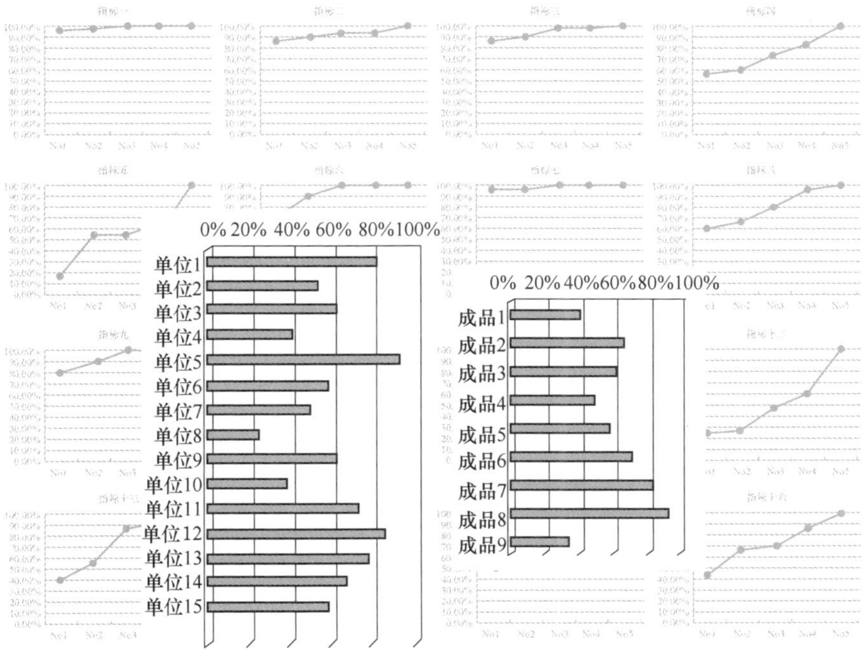

图5-33　基于动态化审查的质量指标监控示意图

通过量化的质量指标成熟度监控，更为清晰明了地提早掌控研制过程实际的质量状态，可帮助发现、处置系统性问题和风险，并向型号行政指挥系统、设计师系统提供决策的数据和信息支持。

同时，通过多轮技术质量审查，可积累研制过程质量数据，支撑型号质量知识库构建；保证研制过程质量翔实、清晰、完整“可追溯”；辅以知识推送，与工作包有效关联，发挥质量支持作用；数据智慧挖掘，预判质量趋势，鼓励流程改进，找准型号、各供应商、各产品的改进方向，推进预防性质量管理；为供应商研制质量绩效评价提供数据支持；支撑“质量能力中心”建设。

5.13.4.3 前置性控制：规范评审准入和过程，提升程序完善性

为提高里程碑评审的质量，强化把关作用，基于里程碑前技术质量审查强化评审准入，并开展前置性预审查，按照评审前、评审中和评审后三个阶段，细分为策划、准入审查、预审查、正式评审、问题处置及问题跟踪六个子过程（见图 5-34）。

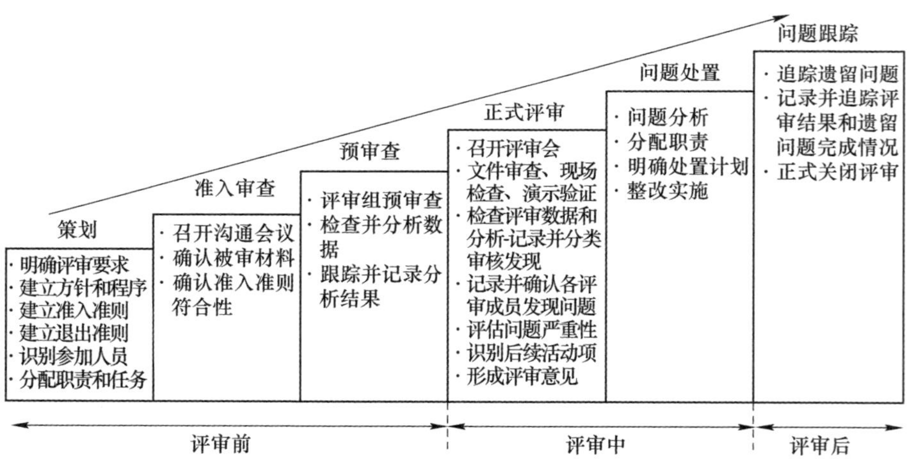

图 5-34 基于过程审查的前置性里程碑评审程序

以配套新成品 F 转 C（方案阶段转初样研制阶段）评审、C 转 S（初样研制阶段转试样研制阶段）评审，以及 S 转 D（试样研制阶段转鉴定阶段）评审，三类转阶段评审为例，在完成了对应的里程碑前技术质量审查活动后，根据审查结果数据开展“准入审查”和总体单位“预审查”，相继通过后，才能开始启动正式评审程序（见图 5-35）。

基于本阶段核心的研制质量控制要求，明确转阶段评审“准入”基本条件，分别制定三类转阶段评审“准入”审查表，组织配套单位按要求开

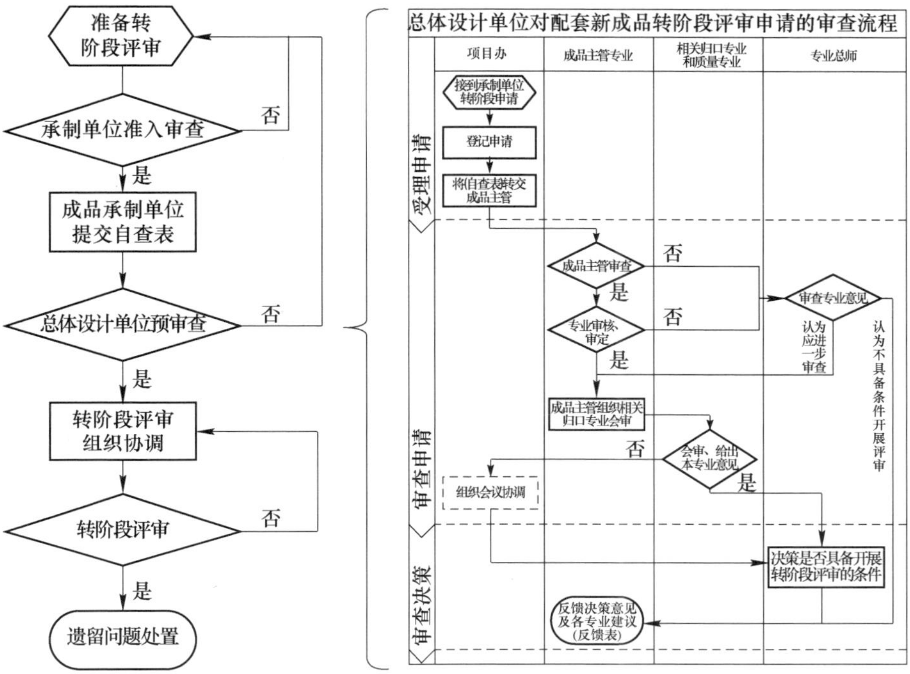

图 5-35　配套新成品转阶段评审前“准入审查”和“预审查”程序

展自查，形成审查表单，并传递至总体单位文审，保证评审具备基本条件。

通过“准入审查”之后，进入总体单位“预审查”环节，重点对本阶段成品研制文档，基于转阶段评审前技术质量审查结果，相关的归口各专业（不一定都参加最后的正式评审）参与线上“预审查”。在预审查中提出问题，由成品主管专业汇总反馈，并组织处置。

在正式评审中，更多的是确认预审查提出问题的处置情况，有效提升了评审质量和效率。

规范转阶段评审实施流程和要求，以条目化形式明确评审通用内容和三类转阶段评审分别的评审重点（见表 5-10~表 5-13）。

表 5-10　三类转阶段（F 转 C、C 转 S、S 转 D）评审通用内容

（注：F-方案阶段、C-初样设计阶段、S-试样研制阶段、D-鉴定阶段）

序号	三类转阶段（F 转 C、C 转 S、S 转 D）评审通用内容
1	本阶段研制采用的标准、规范和总体文件等输入的合理性
2	成品功能、性能、四性（可靠性、维修性、测试性、保障性）、环境适应性、适航和安全性等指标满足本阶段研制任务和技术协议、产品规范要求
3	对照技术协议，本阶段应开展的文档编制和提交工作完成情况、设计验证（分析计算、试验等）工作完成情况及发现问题归零情况
4	按照飞机配套产品技术状态管理要求，技术状态管理工作开展情况，该研制阶段应形成的技术状态记实报告完成情况
5	对照技术协议和总体单位要求，机载软件开发、测试、评审和文档编制工作完成情况
6	质量保证、标准化、重量控制、经济性、四性、适航和安全性、强度设计、热设计、环境适应性、电磁兼容性、风险控制、技术状态管理等工作开展情况
7	前一次转阶段评审及本阶段开展的各类设计评审、工艺评审和产品质量评审中遗留问题及建议项的处置情况，研制过程中发生的技术质量问题归零情况

表 5-11　F 转 C（方案阶段转初样研制阶段）评审重点内容

序号	F 转 C 评审重点内容 侧重审查技术方案满足技术协议要求（功能、性能、外形尺寸、接口等）以及产品实现策划文档满足相关法规、标准和总体单位要求
1	产品规范、验收试验规范和验收试验程序（是否已编制、提交总体单位并经会签，产品需求分析是否正确，验证、确认、使用、服务及生产工艺稳定性方法的规划）
2	质量保证、标准化大纲，可靠性、维修性、测试性、适航与安全性工作计划
3	设计数模（通过分区协调）
4	强度分析、重量报告（是否已提交总体单位并经审查，计算模型是否符合实际工况）
5	原理方案设计、性能计算及试验报告（设计原理、试验验证原理方案正确性）
6	F 阶段研制总结（对原理选择及试验中出现的问题、关键技术攻关情况进行总结）

表 5-12　C 转 S（初样研制阶段转试样研制阶段）评审重点内容

序号	C 转 S 评审重点内容 侧重审查产品指标满足技术协议要求，试验或计算分析的充分性、阶段文档的编制和提交、二次配套的供应商质量以及产品软、硬件交付进度的落实
1	产品规范、验收试验规范和验收试验程序（在本阶段完善迭代情况）
2	性能设计详细计算报告
3	强度及重量详细计算分析报告（检查计算模型、安全系数是否符合实际工况，并应有迭代优化过程）
4	电磁兼容设计报告、供电功率设计计算报告
5	性能、功能试验报告（检查功能的完整性和性能的准确性）
6	软件研制任务书、开发计划、需求规格说明、测试报告和软硬件综合试验报告等（针对含软件的成品，检查是否符合 GJB 5000 以及总体设计单位要求）
7	热鉴定试验报告（针对有制冷需求的成品）
8	故障模式影响及危害性分析、故障树分析等，可靠性、维修性、测试性、寿命分析、健康管理、适航与安全性报告等
9	保障设备需求、备件需求分析报告
10	C 型件（通过系统验证试验，检查与数模一致性）
11	C 阶段研制总结（对功能性能的完整性、正确性，工艺性和六性工作中出现的问题、关键技术攻关的情况进行总结）

表 5-13　S 转 D（试样研制阶段转鉴定阶段）评审重点内容

序号	S 转 D 评审重点内容 侧重审查系统试验、机上地面试验和科研试飞过程中暴露问题的解决、产品规范规定的试验完成情况以及研制总结和标准化审查（完整、准确、协调、规范性）
1	按照产品规范要求，通过规定的功能、性能、可靠性、测试性等试验，保证科研试飞的寿命试验等，软件通过自测试
2	完成首飞安全试验遗留问题处置，完成装机，并通过一定时间的科研试飞考核
3	试验、软件自测试和检查在科研试飞过程中发现的问题、故障已处置归零，证明产品的关键技术问题已解决，主要战术技术指标能够达到要求
4	产品技术状态已确定
5	总师系统根据成品在科研试飞中的表现，结合累积工作时间以及无故障工作时间，给出的《新成品科研试飞结论》

表5-13(续)

序号	S转D评审重点内容 侧重审查系统试验、机上地面试验和科研试飞过程中暴露问题的解决、产品规范规定的试验完成情况以及研制总结和标准化审查（完整、准确、协调、规范性）
6	阶段研制总结（对飞行及使用适应性进行总结）
7	按照相关规定和标准，已具备申请鉴定/定型试验的条件

规范评审分工，针对每一条目的评审内容，明确重点审查专业/人员。规范评审退出形式，包括通过、带遗留问题通过、不通过的条件。规范评审遗留问题处置跟踪、归零确认的要求。

5.14 适应航空装备研发特点的质量问题归零管理

5.14.1 在“双五归零”原则基础上适应性改进

“双五归零”的理念，即“技术五归零——定位准确、机理清楚、问题复现、措施有效、举一反三”和“管理五归零——过程清楚、责任明确、措施落实、严肃处理、完善规章”，在我国军工行业得到了普遍的运用，也成为航空装备质量问题归零管理的原则基础。

同时，在“双五归零”的原则基础上充分考虑航空装备的研发特点做适应性改进。例如，航空装备在飞行过程中出现质量问题，按照“双五归零”的要求组织开展分析和归零工作，制定纠正措施，经地面验证有效，但是此时尚不具备归零条件，而是需要在改进方案装机使用，经过一定架次或时间的试飞验证后，才能给出归零结论。那么，如何控制改进方案装机放飞，这是航空装备质量问题归零管理中的关键点。另外，以飞机为代表的航空装备是重复使用载具，飞机定型前一般需要众多架次的试飞验证，用户外场也需要保持一定的装备可出动率，所以质量问题发生后，通常可以在认真分析、试验、论证的基础上，由设计师系统和用户决策，先制定应急处置措施以保障飞机可继续飞行，这也是航空装备质量问题归零管理的重点。

因此，需要在“双五归零”原则基础上，适应航空装备研发特点，创新管理流程、具体方法和特别的控制环节。

具体来说，需要适应航空装备研发特点，实施质量问题的分类、分级管理，明确各级质量问题归零管理的归口职责分工和问题处置进展的动态监控要求。加强质量问题应急处置措施装机控制、改进方案放飞控制和问题归零评审“预审查”等控制环节。细化航空装备质量问题的“双五归零”具体要求，以及归零评审的组织、审查和遗留问题处置跟踪要求，形成适应航空装备系统研发特点的质量问题“双五归零”管理流程（见图 5-36）。

5.14.2　明确职责，分级开展问题处置的动态监控

对装备质量问题常用的分级管控依据是 GJB 5711《装备质量问题处理通用要求》，按偏离规定要求的严重程度和发生损失的大小，将装备质量问题分为三类，即一般质量问题、严重质量问题、重大质量问题。

一般质量问题指对装备的使用性能有轻微影响或造成一般损失的事件。严重质量问题指超出一般质量问题，导致或可能导致装备严重降低使用性能或造成严重损失的事件。重大质量问题指超出严重质量问题，危及人身安全、导致或可能导致装备丧失主要功能或造成重大损失的事件。

在实际工作中，一般根据问题严重等级，分质量师系统办公室管控和责任单位内部管控两个管理层级，建立质量问题清单，分级开展问题处置动态监控。对于责任单位内部管控的质量问题，质量师系统办公室监督责任单位制订归零计划，明确归零责任人，动态维护本单位配套产品质量问题清单或通过技术质量问题管理信息化系统进行管控，使用《质量信息单》向质量师系统办公室报告归零进展情况。

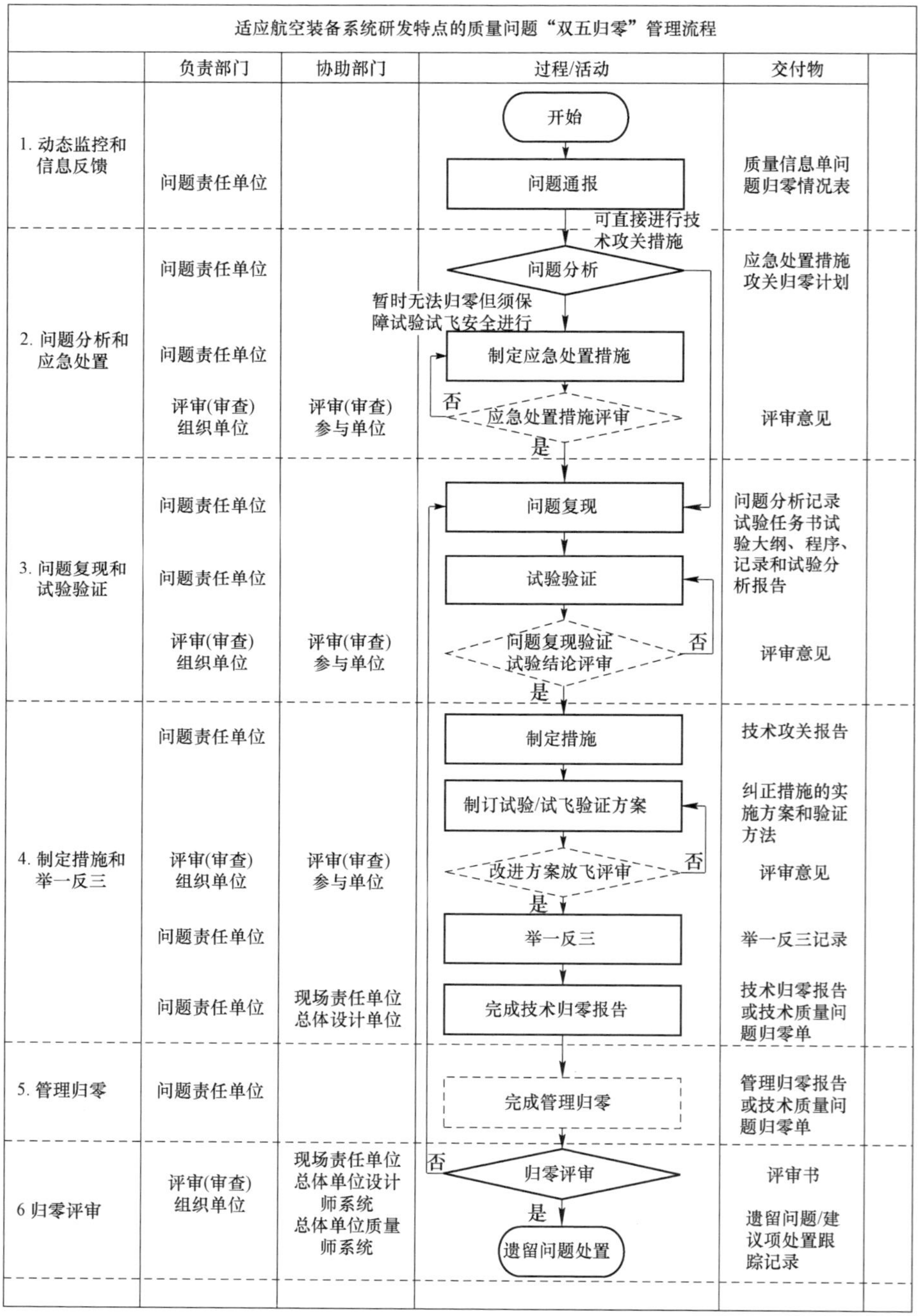

图 5-36　适应航空装备系统研制特点的质量问题“双五归零”管理流程

5.14.3　应急处置措施装机控制

适应航空装备研发特点，按技术归零的“定位准确、机理清楚”要求开展问题原因分析后，对由于客观原因归零时间较长（一般是由于措施验证时间较长）的问题，经认真分析、试验、论证，在采取有效措施后，可确保该问题不影响后续试验、试飞、外场使用等情况下，由设计师系统决策，可先行制定应急处置措施以保障飞机继续飞行，要求如下：

（1）应急处置措施应能保障试验、试飞或外场使用持续进行；

（2）应急处置措施应足以保证飞行安全和任务成功；

（3）攻关归零计划应能够满足管理要求。

满足以上要求后，问题责任单应编制问题应急处置措施报告（内容包括问题概述、问题定位、机理分析、问题复现、问题影响分析、应急处置措施、恢复飞行风险分析等）和归零计划，评审通过后方可在机上实施应急处置措施。

5.14.4　改进方案放飞控制

5.14.4.1　问题机理复现和试验验证

为确保问题原因分析定位准确和机理清楚，原则上，所有技术质量问题都应开展复现试验，一般工作程序是：编写试验任务书、试验大纲及程序等试验文件，并按试验文件要求进行试验，做好试验记录。试验结束后，编写试验报告。确实无法或无须进行复现试验时，应采取其他分析方法进行验证，并在问题归零报告中加以说明。

当出现问题机理较复杂、影响较大等情况时，应按要求组织开展问题复现验证试验方案评审，以及试验结论评审。

5.14.4.2　问题纠正措施制定和改进方案放飞控制

落实技术归零的“措施有效”要求，应确保：

（1）制定的纠正措施应包括实施方案和验证方法，纠正措施应进行验证，必要时应组织评审，确认措施有效性。

（2）经验证或评审确认的纠正措施应落实到设计、工艺、试验文件、使用维护说明和产品中；对于设计原因的问题，应检查之前的设计分析方法的正确性。

适应航空装备研发特点，制定的问题纠正措施落实到装机产品开展试飞验证前，应编制问题技术攻关报告（内容包括问题概述、问题定位、机理分析、问题复现、采取措施、装机试飞验证风险分析等内容），评审通过后方可实施改进，开展试飞验证。

5.14.5 问题举一反三

应落实技术归零的“举一反三”要求，根据问题的性质，在本型号和相关型号范围内开展举一反三工作，从技术上“拔除病根”，确保不再重复发生类似问题。

举一反三对照排查的内容可以考虑如下几方面。

（1）产品设计方面

①产品功能逻辑设计是否相同；

②设计方案是否存在继承性、相似性；

③软件逻辑是否一致或相似；

④设计规范、公差等是否依据同一标准。

（2）产品制造方面

①配套成品型号是否相同或为同一谱系；

②生产（供货）单位是否相同；

③生产线（生产设备）是否相同；

④操作人是否相同（必要时核查）；

⑤零部件（标准件、原材料、元器件）批次是否相同；

⑥生产工艺及过程控制标准是否相同。

（3）产品检验方面

①同类型软件的仿真检测方法是否相同；

②同类或同型号产品检验验收程序是否相同；

③同类或同型零部件（标准件、原材料、元器件）验收方法是否相同；

④同类或同型产品进厂验收检查方法和标准是否相同；

⑤同类或同型产品出厂验收检验方法和标准是否相同；

⑥试验人、检验人是否相同。

（4）修理方面

①同类或同型产品修理单位是否相同；

②同类或同型产品修理线（设备）是否相同；

③同类或同型产品修理人是否相同；

④同类或同型产品的修理标准和工艺是否相同；

⑤修理所用的零备件（原材料、标准件、元器件）批次是否相同。

（5）使用维修方面

①用户技术资料中相关内容是否相同或相似；

②同类或同型产品的使用维护要求是否相同或相似；

③同类或同型产品维护设备型号是否相同；

④同类或同型产品外场故障现象是否相同。

5.14.6　管理归零

应组织认真分析质量问题的原因，当涉及管理因素时，应开展管理归零，一般包括以下情况：

（1）重大、严重质量问题；

（2）重复性技术质量问题；

（3）有章不循、违章操作等人为责任质量问题；

（4）无章可循、规章制度不健全造成的质量问题；

（5）技术状态管理问题；

（6）既有设计或工艺等技术因素，又有管理方面的漏洞或薄弱环节造成的技术质量问题；

（7）行政指挥系统、设计师系统和质量师系统确认需要进行管理归零的技术质量问题。

可参考表 5-14 的 5W1H 分析方法开展质量问题的管理原因分析。

表 5-14　质量问题的管理原因 5W1H 分析方法

5W1H	分析内容
What（现象）	1. 问题属哪一类（对照管理归零范围）？ 2. 问题属什么性质（重大、严重、一般、轻度）？ 3. 产品处于什么研制阶段？ 4. 问题现象是什么？ 5. 问题影响是什么？
Who（人员）	1. 设计、校对、制造、检验、测试、试验、审核、批准等环节的直接和间接责任部门和责任人是谁？ 2. 由该部门、该人员承担该任务，是否符合相关制度和流程？ 3. 是否可以由别人做，其他人承担此任务是否也会出现此类问题？ 4. 谁该承担主要责任、谁该承担次要责任？ 5. 谁该对这件事承担对应的管理责任？
When（时间）	1. 问题在何时发生？ 2. 发生问题时产品处于何技术状态？ 3. 后续阶段是否也存在类似隐患？ 4. 为什么会在此时发生问题？ 5. 是否存在质量与进度冲突问题？
Where（地点）	1. 问题在何地发生？ 2. 问题在何位置发生？ 3. 为何会在该处发生？ 4. 现场采取了什么临时处理措施？ 5. 在别处是否也存在隐患或风险？

表5-14(续)

5W1H	分析内容
Why (原因)	1. 为什么会产生缺陷? 2. 为什么没有检测出来? 3. 为什么没有控制? 4. 为什么能够流转? 5. 为什么被接受?
How (方法)	1. 产品实现过程，主要设计方法、工艺方法或流程? 2. 为何要采取这种方法做? 是否有别的方法做? 3. 哪种方法更适合? 4. 流程方法是否存在系统性问题?

应落实管理归零的“过程清楚、责任明确、措施落实、严肃处理、完善规章”要求，落实责任，梳理流程并加以改进，从管理上“祛除病灶”，确保不再重复发生类似问题。

5.14.7　问题归零评审控制

5.14.7.1　问题归零材料“预审查”

适应航空装备研发特点，当质量问题的纠正措施（改进方案）经过要求时间或架次的试飞验证，具备归零状态后，责任单位整理编制问题归零材料，包括《技术归零报告》《管理归零报告》及相关证明材料。型号质量师系统办公室应按照“双五归零”的要求，明确问题归零材料的内容和模板。

问题归零材料编制完成后，在召开归零评审会议前，组织问题责任单位内部相关专业，对照“双五归零”要求，开展准备状态检查，包括归零状态具备情况、准入准则满足情况和评审材料准备情况等，形成《质量问题归零评审准备状态检查表（申请表）》，与归零材料一起提交型号总体单位和问题归零评审组织单位，经审查认可后方可召开问题归零评审会议。

5.14.7.2 问题归零评审过程控制

质量问题归零评审会议应成立评审组，针对问题归零报告和其他相关证明材料进行认真的检查、讨论和质询，按照“双五归零”标准逐条予以评价及确认，给出归零评审结论。如问题归零评审未能获得通过，则责任单位应重新或继续开展归零攻关工作。

归零评审可从问题类别控制、问题定位和过程清理、机理分析和问题复现、应急处置、措施制定和举一反三、管理责任认定、措施落实和完善规章、责任处理以及归零评审有效性等方面进行检查，具体内容见表 5-15。

表 5-15 问题归零评审检查单

问题类别控制有效性检查	
序号	检查项
1	是否明确质量问题的严重程度，并进行分类？
2	技术问题的分类是否符合判定要求？
3	现场情况及装备状态（故障情况）是否得到记录？拍照、录像、收集实物，以及封存操作记录、数据和相关工具、仪器、设备等记录活动的操作是否满足后续分析需要？
4	造成飞行事故的质量问题，事故等级是否得到最终确认？
5	造成人员伤亡的质量问题，伤亡情况是否得到最终确认？
6	造成装备停飞、返厂的质量问题，停飞、返厂范围是否得到最终确认？
7	造成经济损失的质量问题，经济损失情况是否得到最终核定？
8	造成用户投诉的质量问题，投诉范围、等级情况是否得到最终确认？
9	与用户、集团公司、上级机关及所内对问题等级认定不一致时，是否报请上级裁定？
问题定位和过程清理有效性检查	
序号	检查项
1	是否对照问题装备的实现（研发和生产）过程和发现问题的过程中涉及的管理和过程控制的文件规定，清理相应的执行情况和过程记录？
2	是否明确问题主要责任单位和次要责任单位？

表 5-15（续）

问题定位和过程清理有效性检查	
序号	检查项
3	是否针对本次出现的问题，清理以往类似问题的表现及解决情况？
4	是否查明问题发生过程中可能存在的所有人为因素？
5	过程中是否存在有章不循、违章操作、规章制度不健全或无章可循因素？
6	问题发生过程中是否存在违反技术状态管理的情况？
7	是否有行政指挥系统、设计师系统和质量师系统确认需要进行管理归零的情况？
8	涉及问题发生的产品、相关设备及工作状态与要求是否一致？
9	针对定位的故障产品或部件，是否可以排除其他产品和部件发生故障的可能？
机理分析和问题复现有效性检查	
序号	检查项
1	适用时，下列检查与测试是否完成，包括：功能测试、产品分解、集成测量、理化检查、失效分析等？
2	适用时，是否利用 FMECA、FTA、因果图等方法来帮助查明故障模式和原因之间的逻辑关系？
3	适用时，是否利用观察、测试、理化分析、X 射线检查、扫描电子显微镜观测等方法，查明物理结构、工艺过程可能产生的缺陷？
4	适用时，是否利用故障产品累计工作时间、发生故障次数、相似的故障出现的次数或概率等数据，进行系统的整理和统计分析？
5	问题原因和机理分析过程中，是否采用理论分析或试验等必要方法？是否完成复现试验？
6	对于无法或无须进行实物复现试验的情况，是否采取有效措施，并经实际分析或试验验证等方法进行验证，确保不产生后续影响并在技术归零报告中进行说明？
7	复现试验现象是否与故障现象一致？如存在差异，是否从理论上说明差异的影响程度和有效性？
8	重大质量问题的问题定位和机理分析人员是否包括参与产品设计、生产、试验和使用等有关部门和单位的代表、可靠性、标准和质量专业代表？
9	用户要求或本单位不具备必要资质的情况下，是否有指定的专业机构提供的鉴定结果作为旁证？

表 5-15（续）

应急处置有效性检查	
序号	检查项
1	应急处置时，应急处置措施能否保障试验、试飞或外场使用持续进行？
2	应急处置时，应急处置措施能否保证飞行安全和任务成功？
3	应急处置时，攻关归零计划能否满足管理要求？
措施制定和举一反三有效性检查	
序号	检查项
1	对于设计原因导致的质量问题，针对设计输入、输出，特性分析与设计，以及设计质量管理程序等进行的改进是否充分？
2	对于工艺问题导致的质量问题，针对工艺设计的优化性、合理性，工装设计的合理性和制造商的系统缺陷，产品实际质量稳定性进行的改进是否充分？
3	对于制造问题导致的质量问题，针对操作人员资质、制造环境符合性、检验、试验和计量方面的管理，不合格品控制，产品储存、运输、包装、防护和交付，质量信息传递问题等进行的改进是否充分？
4	对于供方因素导致的质量问题，针对外包和采购技术规范的完整性，现场验收或入场复验等方面的改进是否充分？
5	对于使用维护问题导致的质量问题，针对使用维护说明书的规范性，用户技术资料的正确性、充分性、可操作性、与实际状态的一致性等，培训的有效性等方面的改进是否充分？
6	纠正措施是否会产生新的问题或风险？
7	纠正措施是否具备经济可行性和可实施性？是否制定出验证实施效果和有效性的计划和方法，并得以实施？
8	经验证或评审确认的纠正措施是否落实到设计规范、工艺文件、试验大纲或使用手册、维护指南、修理方案、保障规程和产品中？
9	对于设计原因问题造成的质量问题，是否检查之前所采用的设计分析方法、校核方法、设计标准以及工具软件的正确性和适用性，并进行改进？
10	是否针对质量问题总结经验教训，提炼明确质量问题深层次的警示，必要时形成案例、知识？
11	是否检查故障产品本型号、本批次产品范围内是否存在类似的质量隐患并进行改进？
12	根据质量问题情况，是否按要求知会同批产品用户，提出停飞、停用、复查等的建议？

表 5-15（续）

措施制定和举一反三有效性检查	
序号	检查项
13	检查故障产品本型号其他批次或使用本型号其他机种范围内是否存在类似的质量隐患并进行改进？
14	是否对故障产品其他类似产品进行协同检查和改进？
15	是否落实用户、集团提出的举一反三要求？
管理责任认定有效性检查	
序号	检查项
1	是否对全过程、全要素进行自查分析，查明质量问题的过程和责任，形成完整的问题因果链条和输入输出关系，分析造成问题的过程管理和控制文件的规定、执行方面的原因，查找管理上的错误和不足
2	过程记录是否完整、有效？
3	采购和供应商管理是否受控？需要供应商进行管理归零的，是否责成相关单位开展管理归零活动？
4	涉及供方的管理归零，合同和协议提出单位是否将“双五归零”要求向承制单位或供应商传递？
5	适用时，合同和协议提出单位是否将用户在上一级合同和协议中已明确质量责任以及损害赔偿标准等条款解释、传递至承制单位或供应商？
6	是否依据问题发生的分析结果、直接证据，认定问题的管理责任，明确质量问题发生的管理责任、直接责任和间接责任主体，形成责任认定正式结论？
7	研制过程是否遵守相关研制程序和管理要求？相关管理规章制度和操作说明是否完整、适用？
8	用户要求是否得到充分理解和落实？
9	设计中是否考虑了稳健性与防错容错？
10	四新管理与风险预防是否受控？
11	设计输出和产品的验证、确认是否符合相关要求？
12	相关资源，包括质量保证资源是否充足？
13	相关设计、生产、检验人员的教育与适岗性是否充分？是否遵守程序与纪律？
14	过程管理与技术状态管控是否受控？
15	质量管理人员是否能够独立行使监督职权？

表 5-15（续）

措施落实和完善规章有效性检查	
序号	检查项
1	是否针对造成质量问题管理上的薄弱环节或漏洞，采取纠正措施和预防措施？
2	针对确属无章可循，型号质量管理以及单位质量管理体系要求、规章制度不健全造成的质量问题，是否完善规章制度和程序？
3	适用时，是否优化工作流程？
4	适用时，是否细化责任分工？
5	适用时，是否规范实施过程？
6	适用时，是否明确验证标准？
7	适用时，是否完善检查监督和责任追究要求？
责任处理有效性检查	
序号	检查项
1	是否根据造成质量问题的管理原因总结经验教训，加强人员的思想教育和制度的宣贯与培训？
2	是否根据造成质量问题的管理原因理顺各级组织的质量职责？
3	是否根据造成质量问题的管理原因对各项工作流程进行梳理和优化，完善规章制度和程序文件？
4	是否根据造成质量问题的管理原因，将管理不善者、工作失职者、不具备资质者调离原岗位？
5	对确属重复性质量问题和人为责任质量问题的责任单位和责任人，以及弄虚作假、隐瞒不报的有关责任人，是否依据管理权限和规章制度，给予处罚？
6	是否对预先发现规章制度或流程不完善、不健全等管理薄弱环节，能够主动提出并采取可操作、可落实、可检查的纠正措施的责任单位和责任人，根据情况给予奖励？
归零评审有效性检查	
序号	检查项
1	严重、重大、一般质量问题是否由责任单位编制归零报告？
2	针对同一类问题的管理归零报告，是否说明涉及的范围？
3	无法完成归零的问题，是否参照归零报告格式和要求，编写质量问题分析报告，报告中应详细说明理由，并按规定签署、上报？
4	归零评审前，问题是否已通过试验、试飞验证？

表 5-15（续）

归零评审有效性检查	
序号	检查项
5	对未通过归零评审的质量问题，是否重新或继续开展归零攻关工作？
6	对通过归零评审，但评审组认为需进一步完善的质量问题，是否将建议项纳入管理，并处置解决？

5. 14. 7. 3　问题归零评审遗留问题/建议项处置跟踪

如质量问题归零评审获得通过，但评审组有进一步完善工作的措施、要求，可以遗留问题/建议项的形式提出，纳入归零评审意见。

责任单位应对问题归零评审中提出的遗留问题/建议项建账管理，跟踪处置，并形成记录，包括遗留问题/建议项描述、责任人（单位）、原因分析、处置措施、落实情况、验证情况、举一反三及处置结论等，与归零评审书一并归档管理。

5. 15　配套新成品研发质量量化评价

从型号配套新成品研发质量保证要求出发，结合国军标等顶层要求，以及型号技术特点、研发模式和事件/里程碑，综合考虑研制技术目标和管理目标，梳理产品研制过程质量影响因素，结合研制过程中暴露问题反映出的质量保证薄弱环节，建立配套新成品研发质量量化评价模型，即评价内容或指标，可以考虑以下因素。

（1）型号主机单位、质量师系统要求贯彻落实

例如，《产品规范》《质量保证大纲》等主机编发的技术、质量、管理顶层文件的传递、宣贯、落实情况等。

（2）研制过程质量保证能力

例如，面向产品的质量保证体系建设，重点体现在：质量保证团队组织结构；角色、责任定义；研制过程的事件/里程碑设置；质量保证工具、

技术和方法；评审或审查的流程等。

（3）研制过程质量控制

例如，设计、工艺、试制、试验、生产、交付等研制过程的质量控制情况，对型号顶层要求的贯彻落实情况等。

（4）问题处置归零

例如，研制过程中暴露的质量问题、各级各类评审遗留问题、专项质量检查/审查提出问题等的拉条挂账、跟踪处置归零情况。既包括暴露问题情况（反映质量实际），也包括对问题的管理情况（反映质量管理）。

（5）实物质量

例如，配套成品开箱验收合格率、试验通过率、试飞合格率、外场使用质量情况等。

（6）其他评价要素

例如，配套成品装机数量、重要等级、研制技术难度，承制单位管理创新，单位数字化虚拟产品研发（VPD）成熟度，质量管理体系资质等。

应分解、细化每一项评价内容，整理出可检查、考核的监控指标，以此建立评价模型，形成量化评价表。评价可采取扣分制，需在评价制度中规定各类情况的扣分分值。

评价工作可由型号质量师系统牵头，由总体设计与制造单位协同，基于配套新成品研制过程质量监督审查（包括常说的质量检查、复查、审查、审计等，见 5.8.4 节），以及里程碑前技术质量审查（见 5.13 节），收集掌握相关研发质量数据，开展评价工作。

遵循 PDCA 方法，在每一轮配套新成品研发质量量化评价后，确认实施效果，持续完善量化评价模型。同时，从量化评价中发现配套新成品质量保证的改进机会，针对性完善顶层策划、促进产品质量保证能力提升和问题处置、风险规避。

5.16 以质量知识工程推进预防性质量管理

推进预防性质量管理，应重视型号研发质量知识库建设，可包括 6 个方面（见图 5-37）：质量要求（规范和约束设计活动的质量保证要求文件等）、质量流程（已定义并规范化的质量流程和控制点等）、质量经验教训（质量问题、典型质量案例、质量管理创新成果等）、质量工程方法（质量工具、技术和方法及优秀实践）、质量模板（质量文件、记录模板，质量审查的结构化 Checklist 等）和质量 BOM 视图（以集成方式汇总提炼的质量信息）。

持续完善型号研发质量知识库，辅以知识推送机制，与工作包有效关联，发挥质量支持作用。同时，加强知识转化，预判型号质量状况发展趋势，推动预防性质量管理。

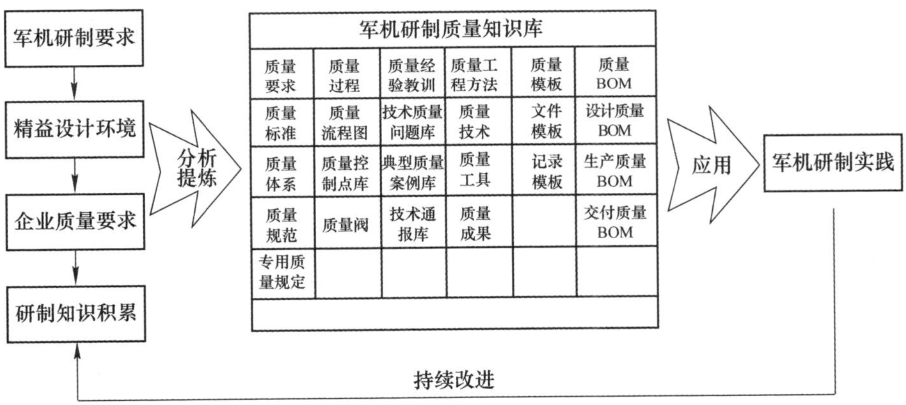

图 5-37　型号研发质量知识库示意图

面向配套新成品研制，可结合信息化手段，基于质量监控数据包，实现时间、指标、供应商/产品等多维度的质量指标数据自动分析，以及质量成熟度智能预判，风险自动预警和改进建议自动推送（见图 5-38）。

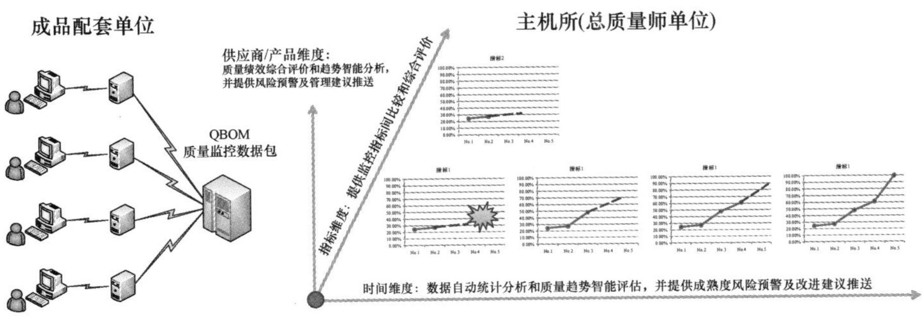

图 5-38　面向配套新成品研制的质量数据管理系统示意图

第 6 章　发展与展望

随着后续航空装备系统研发的进一步转型升级，新的研发模式和质量要求的出现，需要进一步深入开展数字化环境下的航空装备系统研发质量保证技术研究，可以考虑的重点方向如下。

（1）质量保证基本流程库技术研究

为提升装备研发质量保证流程的敏捷性，应面向不同的装备建立有针对性的质量保证流程以及相应的技术、工具和方法。这就需要首先综合各类型号质量管理要求，构建质量保证基本流程库，梳理质量保证活动项目，并面向同一活动项目研究可采取的不同管控流程，给出选择条件的建议，供不同装备的质量师匹配型号的不同技术特点和分类研制程序选择使用。

（2）全 MBSE 研发模式下的质量保证技术研究

先进航空装备系统数字化研发正在由全 MBD（基于模型的定义）向全 MBSE（基于模型的系统工程）转变。在全 MBSE 研发模式下，如何分析型号质量影响因素，构建 MBSE 研发模式下的质量保证规范体系，建立适用的质量保证技术、工具和方法，有效融入 MBSE 研发流程开展过程质量管理，都需要开展更加深入的研究。

（3）研产用并行研制模式下的质量保证技术研究

航空装备系统研产用并行模式特点愈加突出，装备研制程序并行交叉，增加了质量管理的复杂性；产品多种技术状态并存，增大了质量管控的风险。适应研产用并行模式，需要开展质量工程技术攻关，研究基于单机状态的装备设计质量管控技术、工艺制造质量管控技术和精准保障技术等，研产协同模式下的产品多技术状态管理技术，建立装备质量管理快速评估、决策及反应机制。

（4）设计质量评价技术研究

装备系统研发过程是一个从无到有的创新探索过程，在同样满足用户需求的前提下，如何对设计质量进行评价，一直是困扰质量工程专业的难题，需要基于MBD、MBSE研发模式开展研究，建立具体的设计质量评价模型和实践方法。

（5）配套产品“技术质量数据包”工具研究

配套产品研制质量对装备整机质量的影响愈加凸显，为做好型号总体设计单位（总质量师单位）对供应商的“穿透式”质量管理，需要进一步开展相关技术研究。例如，研究建立新成品研发“技术质量数据包”的自动构建技术，并基于“技术质量数据包”，推进质量影响因素指标提取和分析，以及质量状态快速评估技术研究，生成各级产品“质量画像”，动态驱动质量改进。在产品交付阶段，要求配套单位交付产品实物的同时，交付结构化的“技术质量数据包”（如批次合格率、超差/偏离、生产/检验过程记录、厂内试验/验收暴露问题处置等信息和数据），以全面掌握产品的技术质量状态。

（6）质量知识工程技术研究

进一步深入装备研发质量知识工程技术研究，深化子知识库建设，与研发流程各项活动有效关联，完善知识推送机制。基于知识工程推动预防性质量管理。

（7）质量保证“工具箱”技术研究

研究建立型号质量保证“工具箱”，向设计师系统和质量师系统赋能，并能与具体研发流程相关联，实现技术工具信息化自动推送。例如，QFD、DFX、FMECA、FTA、特性分析；质量核对单、质量核查表、质量审计；精益、六西格玛；面向组织的质量保证能力评价模型、面向产品的研发质量评价模型；根因分析（鱼骨图、5WHY等）；数据收集、表现、分析工具；“双五归零”；群众性质量活动（QC小组、质量信得过班组、精益班组）等。

（8）质量问题数据增值技术研究

继续完善装备研制过程质量问题管理，基于型号质量问题拉条挂账，研究质量问题“全集分析+个例剖析”等分析技术，以问题为导向，支持质量知识工程建设，推进质量问题数据增值。

（9）多场景的状态就绪审查技术研究

航空装备系统研产用并行模式下，传统的节点、节点评审的概念和内涵也在发生变化，需要开展多场景的状态就绪审查技术研究，建立审查模型和工作程序，推进灵活、精简、快速的内部审查机制运行。

（10）数字化模型技术质量审查技术研究

基于 MBD、MBSE 研发模式，基于知识工程进一步深化数字化模型的技术质量审查技术研究，完善专业针对性和技术深入性强的审查表单，利用信息化手段融入数字化模型审签流程，并推动数字化的自动审查校验工具开发。

缩略语

缩略语	全称	中文含义
5W1H	what, when, where, why, who, how	项目、时间、地点、目标、负责人、工具
5WHY	—	5 个 WHY 方法
ACD	allocated configuration documents	分配技术状态文件
ACR	alternative concept review	备选方案评审
AD	axiomatic design	公理设计
AIMM	aerospace improvement maturity model	航空航天改进成熟度模型
AO	assembly order	装配大纲
APQP	advanced product quality planning	产品质量先期策划
AQAP	allied quality assurance publication	盟军质量保证出版物
AV	all view	全景视图
BOM	bill of material	物料清单
C	—	（新成品）初样研制阶段
CAX	computer aided X	计算机辅助技术
CCB	configuration control board	配置控制委员会
CDD	capability development document	能力开发文件
CDD	configuration description document	构型描述文件
CDR	critical design review	关键设计审查
CI	configuration item	技术状态项
CM	configuration management	技术状态管理
CMMI	capability maturity model integration	能力成熟度模型集成
CMT	configuration management team	技术状态管理团队
COP	customer oriented process	顾客导向过程
CPD	capability production document	能力生产文件
CSCI	computer software configuration item	计算机软件配置项
CV	capability view	能力视图
D	—	（新成品）鉴定阶段

缩略语(续)

缩略语	全称	中文含义
DDR	detail design review	详细设计评审
DFM	design for manufacturability	面向制造的设计
DFMEA	design failure mode and effect analysis	设计故障模式和影响分析
DFSS	design for six sigma	六西格玛设计
DFX	design for X	面向 X 的设计
DIV	data and information view	数据和信息视图
DOE	design of experiment	试验设计
ECO	engineering change order	工程更改指令
ECP	engineering change proposal	工程更改建议
ECR	engineering change request	工程更改请求
EIRD	equipment installation requirement document	设备安装需求文档
EVOP	evolutionary operations	调优算法
F	—	(新成品)方案阶段
FCA	functional configuration audit	功能技术状态审核
FCD	functional configuration documents	功能技术状态文件
FFRR	first flight readiness review	首飞准备状态审查
FMEA	failure mode and effect analysis	故障模式与影响分析
FMECA	failure mode, effect and criticality analysis	故障模式、影响与危害性分析
FO	fabrication order	制造大纲
FQR	flight qualification review	飞行资格审查
FRACAS	failure report, analysis & correct action system	故障报告、分析和纠正措施系统
FTA	fault tree analysis	故障树分析
Gage R&R	gage repeatability and reproducibility	量具再现性与重复性分析
IAQG	International Aerospace Quality Group	国际航空航天质量组织
ICD	interface control document	接口控制文件
ICD	initial capabilities document	初始能力文件
IEC	International Electrotechnical Commission	国际电工委员会
IEEE	Institute of Electrical and Electronic Engineers	电气和电子工程师协会
IMP	integrated master plan	综合主计划
IMS	integrated master schedule	综合主进度

缩略语(续)

缩略语	全称	中文含义
INCOSE	International Council on Systems Engineering	国际系统工程协会
IPD	integrated product development	集成产品开发
IPT	integrated product team	综合产品组
IRIS	international railway industry standard	国际铁路行业标准
ISO	International Standardization Organization	国际标准化组织
KPI	key performance index	过程关键绩效目标
KPP	key performance parameter	关键性能参数
KSA	key system attributes	关键系统属性
L	—	(新成品)论证阶段
LRU	line replacement unit	外场可更换单元
M&S	modeling and simulation	建模与仿真
MBD	model based definition	基于模型定义
MBOM	manufacturing bill of material	制造物料清单
MBSE	model-based systems engineering	基于模型的系统工程
ME	maturity evaluation	成熟度评价
MP	management process	管理过程
MSA	measurement system analysis	测量系统分析
NATO	North Atlantic Treaty Organization	北大西洋公约组织
OV	operational view	作战视图
PAR	production approval review	生产批准审查
PBS	product breakdown structure	产品分解结构
PCA	physical configuration audit	物理技术状态审核
PCD	product configuration documents	产品技术状态文件
PDCA	plan, do, check, action	计划、实施、检查、改进
PDM	product data management	产品数据管理(系统)
PDR	preliminary design review	初步设计审查
PDSA	plan-do-study-act	计划—执行—学习/评估—运用
PFMEA	process failure mode and effect analysis	过程失效模式与影响分析
PLM	product life management	产品生命周期管理
PM	project management	项目管理

缩略语（续）

缩略语	全称	中文含义
PMI	project management institute	项目管理协会
PMR	program management review	项目管理评审
PPAP	production part approval process	生产件批准程序
PRR	production readiness review	生产完备性评审
PV	project view	项目视图
QC	quality control	质量管理（小组）
QFD	quality function deployment	质量功能展开
R&D	research & development	研究和开发
RD	robust design	健壮设计
RFV	request for variance	不一致审理单
S	—	（新成品）试样研制阶段
SDCA	standard-do-check-action	标准化维持循环
SDD	system description document	系统描述文件
SDG	system design group	系统设计组
SDR	system design review	系统（方案）设计审查
SEPG	software engineering process group	软件工程过程组
SFR	system function review	系统功能审查
SIPOC	suppliers, input, process, output, customers	供应商、输入、过程、输出、顾客模式
SIRD	system installation requirement document	系统安装需求文档
SMG	software management group	软件管理组
SOI	the system of interest	所感兴趣之系统
SOW	statement of work	工作说明
SP	supporting process	支持过程
SPC	statistical process control	统计过程控制
SQA	software quality assurance	软件质量保证
SQC	statistical quality control	统计质量控制
SRR	system requirement review	系统需求审查
SSR	software specification review	软件规范评审
StdV	standards view	标准视图
SV	system view	系统视图

缩略语(续)

缩略语	全称	中文含义
SvcV	service view	服务视图
SVR	system verification review	系统验证审查
SWOT	strengths, weaknesses, opportunities and threats analysis	优势、劣势、机遇、威胁分析
TPM	technical performance measure	技术性能度量
TQM	total quality management	全面质量管理
TRR	test readiness review	试验完备性评审
V&V	verification & validation	验证和确认
VM	vibration management	波动管理
VMP	validation master plan	验证总计划
VPD	virtual product development	虚拟产品开发
VV&A	verification, validation and accreditation	验证、确认与认可
WBS	work breakdown structure	工作分解结构

参考文献

[1] 国际系统工程协会（INCOSE）. 系统工程手册——系统生命周期流程和活动指南［M］. 4版. 张新国，译. 北京：机械工业出版社，2017.

[2] ISO国际标准化组织/IEC国际电工委员会/IEEE电气与电子工程师协会. ISO/IEC/IEEE 15288：2015 systems and software engineering—system life cycle processes 系统和软件工程——系统生命周期流程：terms and definitions 术语和定义［S］. ISO/IEC/IEEE，2015.

[3] 伊恩·莫伊尔，阿伦·西布里奇. 飞机系统设计和研制导论：Design and development of aircraft systems［M］. 凌和生，译. 北京：航空工业出版社，2012：7-8.

[4] Magnaye R，Sauser B，Patanakul P，et al. Earned readiness management for scheduling，monitoring and evaluating the development of complex product systems［J］. InternationalJournal of Project Management，2014，32（7）：1246-1259.

[5] Naghizadeh，M.，et al. Managing integration in complex product systems：the experience ofthe IR-150 aircraft designprogram，Technol. Forecast. Soc. Change（2016），http：//dx. doi. org/10. 1016/j. techfore. 2016. 06. 002

[6] Dedehayir O，Nokelainen T，Mä，kinen S J. Disruptive innovations in complex product systems industries：a case study［J］. Journal of Engineering and Technology Management，2014，33：174-192.

[7] Liu L P，Zhu F，Chen J，et al. A quality control method for complex product selectiveassembly processes［J］. International Journal of Production Research，2013，51（18）：5437-5449.

[8] Chen J，Zhu F，Li G Y，et al. Capability index of a complex-product machining process［J］. International Journal of Production Research，2012，50（12）：3382-3394.

[9] Liu Y，Hipel K W. A hierarchical decision model to select quality control strategies for acomplex product［J］. IEEE Transactions on Systems，Man，and Cybernetics-Part A：Systemsand Humans，2012，42（4）：814-826.

[10] 芮菡萏. 灰信息背景下的复杂装备可靠性增长AMSAA模型研究［D］. 南京：

南京航空航天大学，2016.

[11] Hansen K L, Rush H. Hotspots in complex product systems: emerging issues in innovationmanagement [J] . Technovation, 1998, 18 (8-9): 555589-561590.

[12] Hobday M, Rush H, Tidd J. Innovation in complex products and system [J] . Research Policy, 2000, 29 (7): 793-804.

[13] Sosa M E, Eppinger S D, Rowles C M. The misalignment of product architecture andorganizational structure in complex product development [J] . Management science, 2004, 50 (12): 1674-1689.

[14] 王路．复杂装备备件库存预测与控制方法及其应用研究［D］．杭州：浙江大学，2016.

[15] 龚勋．面向复杂装备的工况适应性设计理论，方法及其应用研究［D］．杭州：浙江大学，2014.

[16] 方志耕，杨保华，朱建军，等．基于 ACPI 系统的复杂装备研制过程关键管理优化与计算实验问题分析［J］．第十三届中国管理科学学术年会论文集，2011.

[17] 中国标准化研究院．GB/T 19000-2016/ISO 9000：2015 质量管理体系 基础和术语：术语和定义［M］．北京：中国标准出版社，2017.

[18] PMI（美国项目管理协会）．项目管理知识体系指南（PMBOK 指南）［M］. 6 版. 北京：电子工业出版社，2018.

[19] James R. Evans, William M. Lindsay. 质量管理与质量控制［M］.7 版，焦叔斌，主译．北京：中国人民大学出版社，2010.

[20] 中国新时代认证中心．GJB 9001C－2017 质量管理体系要求：术语和定义［S］．北京：国家军用标准出版发行部，2017.

[21] ISO 国际标准化组织．ISO/TC 176/SC 2/N544 管理体系的过程方法概念和应用的指南：纠正措施和过程改进［S］．ISO，2008.

[22] NASA Headquarters. NASA 系统工程手册：NASA systems engineering handbook［M］．朱一凡，译．北京：电子工业出版社，2012：4-5.

[23] 陈利安，肖明清，赵鑫，等．复杂武器系统技术成熟度评估方法研究［J］．仪器仪表学报，2020，33（10）：2395-2400.

[24] 张新国．国防装备系统工程中的成熟度理论与应用［M］．北京：国防工业出版社，2013.

[25] 徐吉辉，梁颖，亓尧．制造成熟度评价方法在装备方案论证中的应用［J］．火

力与指挥控制 . 2015，40（10）：104-111.

[26] 李王军．三大质量奖的比较研究及其启示［J］．世界标准化与质量管理，2004，7：37-39.

[27] 田武 . 世界著名质量奖概述［J］. 世界标准化与质量管理，1998，7：22-23.

[28] 彼得·斯科尔特斯 . 戴明领导手册［M］. 钟汉清，译. 北京：华夏出版社，2001.

[29] W. 爱德华兹·戴明. 戴明论质量管理［M］. 钟汉清，戴久永，译. 海口：海南出版社，2003.

[30] Anderson，J. C.，Rungtusanathan，M. &Sehroeder，R. G. A theory of quality management underlying the Deming management method［J］. The Aeademy of Management Review，Vol. 19，No. 3，1994，P. 472-509.

[31] 苏强 . 波多里奇质量标准浅析［J］. 世界标准化与质量管理，1999，5：7-11.

[32] 欧洲质量管理基金会. EFQM 模式与欧洲质量奖［J］. 世界标准信息 . 1998，12：9-12.

[33] 罗运模. 软件能力成熟度模型（CMMI）培训教程［M］. 北京：清华大学出版社，2003.

[34] 黄锡伟. CMMI 解析与实施［M］. 北京：人民邮电出版社，2004.

[35] 胡兢玉 . 测试能力成熟度模型［J］. 计算机工程，2003，9（15）：102-104.

[36] 五百井俊宏，李忠富 . 项目管理成熟度模型（PMMM）研究与应用［J］. 建筑管理现代化，2004，2（75）：5-8.

[37] 郝进 . 质量管理体系有效性评价的理论和方法［D］. 北京：北京工业大学，2002（5）：48-65.

[38] 刘晓宇 . 卓越绩效标准导向的绩效测评体系［J］. 中国质量，2006（4）：22-25.

[39] 中国标准化研究院 . GB/T 20000. 1-2014 标准化工作指南第 1 部分：标准化和相关活动的通用术语：标准化、标准化的目的［M］. 北京：中国标准出版社，2015.

[40] 国防科技工业标准化研究中心 . GJB/Z 114A-2015 产品标准化大纲编制指南：总则［S］. 北京：总装备部军标出版发行部，2016.

[41] 金烈元，曾繁雄 . 装备标准化实践与探索［M］. 北京：中国标准出版社，2018：5-15.

[42] 戚维明，罗国英 . 质量文化建设方略［M］. 北京：中国标准出版社，2011.